掌尚文化

Culture is Future

尚文化·掌天下

中国社会科学院产业金融研究基地文库系列

Research on Collaborative Innovation Between Commercial Banks and FinTech Companies

商业银行与金融科技公司协同创新研究

王小彩 著

经济管理出版社

图书在版编目（CIP）数据

商业银行与金融科技公司协同创新研究/王小彩著.—北京：经济管理出版社，2023.9

ISBN 978-7-5096-9334-6

Ⅰ.①商… Ⅱ.①王… Ⅲ.①商业银行—关系—金融公司—协调发展—研究—中国 Ⅳ.①F832.33 ②F832.3

中国国家版本馆 CIP 数据核字（2023）第 189167 号

组稿编辑：宋　娜
责任编辑：宋　娜
责任印制：许　艳
责任校对：王淑卿

出版发行：经济管理出版社
　　　　　（北京市海淀区北蜂窝 8 号中雅大厦 A 座 11 层　100038）
网　　址：www.E-mp.com.cn
电　　话：（010）51915602
印　　刷：唐山昊达印刷有限公司
经　　销：新华书店
开　　本：720mm×1000mm/16
印　　张：18.75
字　　数：288 千字
版　　次：2023 年 11 月第 1 版　2023 年 11 月第 1 次印刷
书　　号：ISBN 978-7-5096-9334-6
定　　价：98.00 元

·版权所有　翻印必究·

凡购本社图书，如有印装错误，由本社发行部负责调换。
联系地址：北京市海淀区北蜂窝 8 号中雅大厦 11 层
电话：（010）68022974　邮编：100038

产业金融研究基地简介

2010年，中国社会科学院批准设立了产业金融研究基地，根据促进我国经济、金融高质量发展的需要，专门从事产业金融相关的理论、政策和实务研究，并为政府部门、监管机构、各类金融机构和企业提供咨询服务，致力于成为产业金融领域的理论研究基地、政策咨询基地和实践交流基地。

研究基地的团队由专职研究人员、特约研究员和博士后等组成。主要宗旨是：围绕中国国情，把政府政策选择、产业优化与组织创新、区域经济发展、数字化变革等与金融发展结合起来，从而实现学科建设与理论前沿的突破；在新发展格局下持续深入研究金融如何服务于实体经济；加强与产业、企业的联系，广泛拓展金融政策分析的微观基础，深化金融研究成果的应用领域；针对政府产业政策与金融政策的有效结合，提供具有建设性的对策建议，积极参与地方经济与金融发展规划设计。基地通过不定期举办研讨会、开展课题研究、出版相关重要成果等形式，努力为推动"科技—产业—金融"良性循环做出贡献。研究基地网站：http：//www.rbif.org.cn/。

序 Preface

党的二十大报告明确提出"坚持把发展经济的着力点放在实体经济上"。金融与科技融合是一个不断深入的过程,一方面科技赋能金融,从金融电子化和信息化到互联网金融再到金融科技,技术创新不断推动金融机构提质增效;另一方面金融赋能科技,为科技型公司提供全周期金融服务,助力科技产业高质量发展。这纷繁复杂的金融与科技融合问题,实质上都是围绕"金融如何更好地服务实体经济发展"这一主线开展的。在诸多有关金融与科技融合问题的研究中,以商业银行与金融科技公司协同创新为视角进行切入,具有重要的研究价值和实践意义。

首先,监管机构鼓励银行业数字化转型,并高度关注商业银行与金融科技公司协同创新问题。尤其是 2022 年以来,《金融科技发展规划(2022—2025 年)》《关于银行业保险业数字化转型的指导意见》等一系列政策文件密集出台,以数字化转型推动银行业高质量发展成为必然趋势,而"自主可控"始终是监管机构对商业银行技术研发与应用的核心要求之一。自主研发、自主创新、自主可控这些概念既有内在的逻辑一致性,也存在一些差异。例如,《关于银行业保险业数字化转型的指导意见》明确提出,"坚持关键技术自主可控原则,对业务经营发展有重大影响的关键平台、关键组件以及关键信息基础设施要形成自主研发能力,降低外部依赖、避免单一依赖"。中小银行信息技术基础差、研发力量薄弱,难以在短期内形成自主研发能力,因此应当特别关注中小银行的技术创新与自主可控问题。如何推动中小银行数字化转型，如何规范中小银行与金融科技公司协同创新模式，需要全面考量与科学引导。

其次，对于何为不同类型的商业银行技术研发的最优路径还未形成统一的结论。从实践来看，商业银行与金融科技公司开展了大量的内部协同与外部联动活动。一方面，商业银行不断优化内部管理和组织模式，通过设立金融科技（或数字金融）部门、共建技术创新实验室、组建科技子公司等方式，将加强技术创新能力作为推动数字化转型的核心动能。银行系金融科技公司已经成为我国金融科技产业链的重要主体之一，但是由于技术本身的不确定性及监管政策变化，银行系金融科技公司的合规性、独立性、风险传染、赋能机制等问题需要重点关注。另一方面，商业银行与市场化金融科技公司开展股权、外包、外购、战略协议等各种类型的合作，致力于构建互利共赢、资源共享的外部金融科技发展生态。由于监管政策要求和生态建设复杂性，商业银行与金融科技公司协同创新的边界还需要进一步探索，如商业银行外包（或外购）科技产品与服务的风险管理、金融科技公司股东的"利益协同"和"隧道"效应等。

最后，商业银行与金融科技公司协同创新具有交叉学科的特点，相关理论研究仍明显不足。从经济学视角来看，商业银行与金融科技公司协同创新本质上是"研发自制或外购"决策，且具有一些特殊性，包括平台型科技公司的跨界经营、新型研发外包和定制化产品模式、商业银行自主研发与外部赋能等。因此，研究商业银行与金融科技公司协同创新问题，亟须构建一个合理的经济学理论框架，分析协同创新的理论动因、理论机制、理论影响等，才能形成一个科学、缜密的研究逻辑，进而指导商业银行与金融科技公司协同创新实践。

"道阻且长，行则将至。"面对这一极具挑战性的金融前沿问题，《商业银行与金融科技公司协同创新研究》一书基于预算软约束理论构建了一个商业银行与金融科技公司协同创新的理论框架，分析商业银行选择不同协同创新模式的影响因素，并重点选择商业银行与金融科技公司股东、银行系金融科技公司、银行科技服务商三种协同创新模式进行理论分析、实证检验和案例研究，得到了一些有价值、有启发性的研究结论。金融科技研究任重道远，希望本书能够为读者提供一种分析金融与科技融合问题的新视角，为深入研究商业银行与金融科技公司协同创新问题提供有价值的参考。

前言 Foreword

  稳妥发展金融科技是"十四五"时期我国金融改革的重点内容。为了应对实体经济下行、需求端数字化需求增加、供给端跨界竞争加剧等一系列变革，商业银行加快推动数字化转型，对内转变管理和组织模式，建立前中后台密切协作、母子公司合作研发的内部协同创新组织架构，对外与金融科技公司开展市场化合作，初步形成多维度、复杂化、常态化的协同创新网络格局。

  当前商业银行与金融科技公司协同创新尚处于实践探索阶段，相关理论研究和监管政策也滞后于实践发展。目前，我国监管部门对商业银行协同创新实践的监督管理，零散分布于地方监管政策、银行业信息技术外包政策中。例如，2019 年中国银行保险监督管理委员会（以下简称"中国银保监会"）北京监管局下发的《关于规范银行与金融科技公司合作类业务及互联网保险业务的通知》，要求商业银行与金融科技公司依法、审慎开展合作，银行需加强对合作机构的管理；2021 年中国银保监会下发的《关于印发银行保险机构信息科技外包风险监管办法的通知》对商业银行信息科技外包业务进行了规范。近年来，我国金融科技顶层规划文件不断提及协同创新问题，如《金融科技发展规划（2022—2025 年）》明确提出要加强金融机构与科技企业合作的规范管理，《关于银行业保险业数字化转型的指导意见》要求有效管控价值链中与第三方合作企业相关的集中度风险和供应链风险。从整体来看，这些政策文件为商业银行与金融科技公司协同创新指明了方向，但不足以对复杂的协同创新实践进行有效的指导与规范。

从商业银行的角度来看，一些商业银行数字化转型存在同质化、盲目性、短视化等问题。尤其是研发基础相对薄弱的中小银行，内部协同创新周期长、整合慢，难以在短时间内开展自主创新。因此，中小银行普遍利用金融科技公司的技术、渠道和数据等资源开展线上业务。目前，监管部门和学术研究开始关注银行科技服务商对商业银行的影响，但还未有系统的研究支撑；商业银行与金融科技公司共同出资建立直销银行也存在诸多问题；银行系金融科技公司在服务母行的同时开始对外进行技术输出。因此需要对商业银行与金融科技公司协同创新的实际效果及风险进行深入分析。

从金融科技公司的角度来看，在坚持金融业务与非金融业务严格隔离的原则下，需要进一步明确银行系金融科技公司、银行科技服务商、平台型科技公司等各类科技型企业的业务边界和监管边界。《金融领域科技伦理指引》明确地划定了金融机构与科技公司的合作边界，即由金融机构直接提供金融服务，由科技公司为金融机构提供技术支持。因此，研究商业银行与不同类型的金融科技公司协同创新模式具有重要的理论意义和实践价值。

在此背景下，本书按照"协同创新的动因—协同创新发展现状—协同创新的影响"这一思路，将商业银行与金融科技公司协同创新分为前（决策）、中（实践）、后（影响）三个阶段，综合采用数理模型、实证模型、案例分析、实地调研等方法，初步构建起一个较为完整的研究框架。

本书共分为九章。第一章为绪论，包括：研究背景与研究意义，主要概念界定，文献综述，研究思路、研究内容与研究方法，研究创新点与不足。第二章为理论基础与理论动因，将预算软约束理论应用到商业银行技术创新领域，进而推导出商业银行与金融科技公司开展协同创新的理论动因。第三章为国内外商业银行与金融科技公司协同创新发展现状，构建了商业银行协同创新度评价指标体系。第四章和第五章分别通过数理模型和实证模型，证实了商业银行开展协同创新具有不同的目标和风险偏好。第六章到第八章分别对商业银行与金融科技公司股东协同创新模式、商业银行与银行系金融科技公司协同创新模式、商业银行与银行科技服务商协同创新模式进行了系统分析。第九章为总结及展望。综合来看，本书既从理论上分析了商业银行与金融科技公司开展协同创新的动机和决策，又通过实证模型检验了协同创新对商业银行技术创新、经营效率和风险承担的影响，并基于实践调研深入分析了商业银行与金融科技公司协同创新的典型案例，兼具学术性、专业性和实用性，能够满足不同领域读者的需求。

　　本书是国内较早对商业银行与金融科技公司协同创新问题进行的研究探索，必然面临诸多困难和挑战。在写作过程中，有幸得到了杨涛、程炼、李广子、费兆奇等中国社会科学院金融研究所专家的指导，以及中国人民大学国家发展与战略研究院的宋鹭、金融科技50人论坛的闵文文、光大科技有限公司的王硕等专家的帮助，并在工作过程中得到了华夏银行战略发展部王耀增、王琪、金肖红等专家的指导，在此表示深深的感谢。由于时间、精力和研究水平有限，书中仍存在一些不足与疏漏之处，后续将进一步完善。希望本书能起到"抛砖引玉"的作用，引发人们对商业银行与金融科技公司协同创新问题开展更深层次的研究。

目录 Contents

第一章　绪　论 …………………………………………………………… 001

　第一节　研究背景与研究意义 ………………………………………… 001
　　一、研究背景 ………………………………………………………… 001
　　二、研究意义 ………………………………………………………… 003
　第二节　主要概念界定 ………………………………………………… 005
　　一、金融科技 ………………………………………………………… 005
　　二、金融科技公司 …………………………………………………… 006
　　三、创新及协同创新 ………………………………………………… 007
　　四、主要概念之间的关系 …………………………………………… 009
　第三节　文献综述 ……………………………………………………… 010
　　一、商业银行与金融科技公司协同创新动因 ……………………… 010
　　二、商业银行与金融科技公司协同创新模式 ……………………… 011
　　三、商业银行与三类金融科技公司协同创新研究 ………………… 013
　　四、总结 ……………………………………………………………… 016
　第四节　研究思路、研究内容与研究方法 …………………………… 017
　　一、研究思路 ………………………………………………………… 017
　　二、研究内容 ………………………………………………………… 018

三、研究方法 ·· 021

第五节 研究创新点与不足 ·· 022

一、研究创新点 ·· 022

二、研究不足 ··· 023

第二章　理论基础与理论动因 ·· 025

第一节　商业银行协同创新的理论基础 ··· 025

一、技术进步、企业自制或外购决策与商业银行研发
外包 ·· 025

二、协同、协同创新与商业银行协同创新 ··· 027

三、创新、金融创新与商业银行技术创新和组织创新 ························ 028

第二节　预算软约束理论及商业银行预算软约束症状 ······························ 030

一、预算软约束理论研究框架 ··· 031

二、商业银行预算软约束症状的普遍性与异质性 ······························ 032

三、商业银行预算软约束概念拓展与分解 ··· 034

第三节　预算软约束理论在商业银行技术创新中的应用 ··························· 038

一、研究基础 ··· 039

二、技术创新依附性预算软约束概念界定及分析 ······························ 040

三、技术创新嵌入性预算软约束概念界定及分析 ······························ 042

第四节　协同创新对商业银行技术创新预算软约束的影响 ······················· 044

一、依附性预算软约束与外部协同创新 ·· 044

二、嵌入性预算软约束与内部协同创新 ·· 046

三、协同创新的复杂性及效果的不确定性 ··· 048

第五节　理论模型构建与分析 ··· 049

一、模型基本设定 ··· 050

二、事前甄别机制对技术研发的影响 ··· 052

三、事后甄别机制对技术研发的影响 ··· 053

四、绩效考核机制对技术研发的影响 ··· 054

五、监管政策对技术产品应用的影响……………………………055

　第六节　本章小结………………………………………………057

第三章　国内外商业银行与金融科技公司协同创新发展现状…………059

　第一节　商业银行与金融科技公司协同创新的现实动因…………059

　　一、商业银行开展协同创新的动因分析……………………………059

　　二、金融科技公司开展协同创新的动因分析………………………061

　　三、监管机构推动协同创新的动因分析……………………………063

　第二节　国外商业银行与金融科技公司协同创新发展现状………064

　　一、商业银行购买技术供应商产品或服务…………………………064

　　二、商业银行收购、投资或设立金融科技公司……………………065

　　三、金融科技公司申请银行牌照……………………………………067

　　四、替代性贷款平台协同创新模式…………………………………069

　　五、开放银行协同创新模式…………………………………………071

　第三节　我国商业银行与金融科技公司协同创新发展现状………072

　　一、商业银行与金融科技公司内部协同创新模式…………………072

　　二、商业银行与金融科技公司外部协同创新模式…………………076

　　三、我国商业银行协同创新度评价体系及协同创新网络…………083

　第四节　本章小结………………………………………………086

第四章　决策阶段（一）：商业银行协同创新理论决策模型…………089

　第一节　模型设定与分析思路…………………………………089

　第二节　商业银行内部与外部协同创新决策……………………092

　　一、基于技术产品确定性的商业银行内外部协同创新
　　　　决策……………………………………………………………092

　　二、基于技术产品不确定性的商业银行内外部协同
　　　　创新决策………………………………………………………095

　第三节　内部协同创新：股东利益最大化与银行利益最大化……100

一、模型假设条件 ……………………………………………… 100
　　二、两种经营目标下商业银行最优产量及比较 ………………… 101
　第四节　外部协同创新：监管政策硬性约束 ……………………… 104
　　一、模型假设条件 ……………………………………………… 104
　　二、监管政策硬性约束对商业银行协同创新决策的影响 ……… 105
　第五节　本章小结 …………………………………………………… 107

第五章　决策阶段（二）：基于我国 100 家商业银行的实证检验 …… 109
　第一节　研究样本与研究变量 ……………………………………… 109
　　一、研究样本 …………………………………………………… 110
　　二、研究变量 …………………………………………………… 111
　第二节　商业银行内外部协同创新决策的影响因素 ……………… 115
　　一、研究设计 …………………………………………………… 115
　　二、回归结果及分析 …………………………………………… 116
　第三节　商业银行引入金融科技公司股东的影响因素 …………… 119
　　一、研究设计 …………………………………………………… 120
　　二、回归结果及分析 …………………………………………… 121
　第四节　商业银行设立银行系金融科技公司的影响因素 ………… 123
　　一、研究设计 …………………………………………………… 124
　　二、回归结果及分析 …………………………………………… 125
　第五节　本章小结 …………………………………………………… 128

第六章　商业银行与金融科技公司股东协同创新模式研究 ………… 129
　第一节　理论分析与研究假设 ……………………………………… 129
　第二节　实证分析：金融科技公司股东对商业银行的影响 ……… 131
　　一、实证模型构建 ……………………………………………… 131
　　二、研究样本与研究变量 ……………………………………… 134
　　三、金融科技公司股东对商业银行技术创新的影响 ………… 138

目 录

　　　四、金融科技公司股东对商业银行绩效和风险的影响 ……… 141

　　　五、基于分位数回归模型的异质性分析 …………………… 146

　　　六、小结 ……………………………………………………… 150

　第三节　案例分析：民营银行与金融科技公司股东协同
　　　　　创新实践 …………………………………………………… 150

　　　一、金融科技公司股东与民营银行战略定位 ……………… 150

　　　二、金融科技公司股东与民营银行关联交易 ……………… 153

　　　三、金融科技公司股东与民营银行信用风险 ……………… 157

　　　四、金融科技公司股权变动与经营状况对民营银行的
　　　　　影响 ……………………………………………………… 160

　第四节　本章小结 ………………………………………………… 162

第七章　商业银行与银行系金融科技公司协同创新模式研究 ………… 164

　第一节　理论分析与研究假设 …………………………………… 164

　第二节　银行系金融科技公司对商业银行绩效和风险的影响 …… 166

　　　一、基础回归模型 …………………………………………… 166

　　　二、稳健性检验（一）：PSM-DID 模型 ………………… 170

　　　三、稳健性检验（二）：Heckman 两阶段模型 ………… 179

　第三节　银行系金融科技公司对商业银行绩效与风险的
　　　　　影响机制 …………………………………………………… 182

　　　一、技术创新两阶段模型构建及变量说明 ………………… 182

　　　二、第一阶段回归结果及分析 ……………………………… 184

　　　三、第二阶段回归结果及分析 ……………………………… 186

　　　四、稳健性检验 ……………………………………………… 188

　第四节　案例分析：银行系金融科技公司运营实践 …………… 189

　　　一、研究设计 ………………………………………………… 189

　　　二、银行系金融科技公司初始股权结构与盈利能力 ……… 191

　　　三、银行系金融科技公司组建模式与研发能力 …………… 196

Ｖ

           四、知识产权专利与银行系金融科技公司技术创新能力 …… 198
           五、小结 …………………………………………………… 201
    第五节 本章小结 …………………………………………………… 202

第八章 商业银行与银行科技服务商协同创新模式研究 ……………… 204
    第一节 理论分析与研究假设 ……………………………………… 204
    第二节 研究方法 …………………………………………………… 207
           一、核心解释变量及说明 ………………………………… 207
           二、研究样本与回归模型 ………………………………… 209
    第三节 银行科技服务商对商业银行投入产出效率的影响及
           影响机制 …………………………………………………… 210
           一、银行科技服务商对商业银行投入产出效率的影响
              分析 ………………………………………………… 211
           二、投入要素影响机制分析 ……………………………… 214
           三、产出要素影响机制分析 ……………………………… 220
    第四节 基于门限回归模型的进一步分析 ………………………… 227
           一、门限回归模型及门限变量说明 ……………………… 227
           二、门限值估计结果及检验 ……………………………… 229
           三、门限效应显著性检验 ………………………………… 230
           四、门限估计值真实性检验 ……………………………… 233
    第五节 本章小结 …………………………………………………… 235

第九章 总结及展望 ……………………………………………………… 237
    第一节 三种协同创新模式比较及分析 …………………………… 237
           一、三种协同创新模式对商业银行技术创新的影响 …… 237
           二、三种协同创新模式对商业银行经营效率的影响 …… 239
           三、三种协同创新模式对商业银行风险承担的影响 …… 240
    第二节 主要研究结论 ……………………………………………… 241

一、商业银行与金融科技公司开展协同创新具有必然性 …… 241
　　二、协同创新给商业银行带来系统性变革与冲击 ………… 242
　　三、金融科技公司股东对商业银行的影响具有不确定性 … 243
　　四、银行系金融科技公司是银行业未来金融科技发展的
　　　　重点 …………………………………………………… 244
　　五、商业银行与银行科技服务商协同创新存在一些
　　　　风险点 ………………………………………………… 244
　第三节　建议与展望 ……………………………………………… 245
　　一、完善金融科技监管体系，对协同创新进行有效监管 … 245
　　二、强化商业银行技术吸收能力，提高内外部协同创新
　　　　绩效 …………………………………………………… 246
　　三、正确认识数字化转型，重点关注中小银行协同创新
　　　　问题 …………………………………………………… 247

参考文献 …………………………………………………………… 249

附　录 1　协同创新网络图代码说明 ………………………………… 270

附　录 2　我国 100 家商业银行全要素生产率的测算及分析 ……… 271

附　录 3　我国主要银行科技服务商上市公司 ……………………… 278

第一章 绪 论

当前金融科技创新领域的理论分析滞后于实践发展,尤其是对基本概念的界定及普遍性实践背后的经济金融学理论仍存在不清晰之处。第一节介绍研究背景与研究意义;第二节界定金融科技、金融科技公司、创新及协同创新等主要概念,厘清本书的研究对象和研究内容;第三节梳理和评述商业银行与金融科技公司协同创新[1]相关文献;第四节阐述本书的研究思路、研究内容与研究方法;第五节总结本书的创新点与不足。

第一节 研究背景与研究意义

一、研究背景

习近平总书记强调"不断做强做优做大我国数字经济",推动数字技术与实体经济深度融合。目前,数字技术已经进入生产协同阶段[2],金融行业数字化转型势在必行。稳妥发展金融科技是"十四五"时期我国金融改革的重要内容。商业银行由于体制机制固化、内部差异大、技术基础薄弱等问题,在数字技术研发与应用过程中存在诸多困难。

为了加快数字化转型,一方面,商业银行转变内部管理和组织模式,

---

[1] 为了文字表述的简洁,在没有歧义或明确标注的情况下,本书中"商业银行协同创新""协同创新"均指商业银行与金融科技公司协同创新活动。

[2] 一般认为技术的扩散分为"识别与导入""生产协同""成熟"三个阶段,目前人工智能、区块链等数字技术已经进入生产协同阶段。具体可见程文(2021):《人工智能、索洛悖论与高质量发展:通用目的技术扩散的视角》,《经济研究》,第10期。

适应技术研发、数字化运营和科技赋能的要求，建立前中后台密切协作、母子公司合作研发的内部协同创新组织架构；另一方面，商业银行与金融科技公司开展各类合作，搭建互利共赢、资源共享的外部金融科技发展生态。总体来看，商业银行与金融科技公司通过内部协同与外部联动，形成了多维度、复杂化、常态化的协同创新网络格局，最终目的是促进各类生产要素的协同生效及经营效率的整体提升。

从金融科技发展历史来看，各方研究者早期关注金融科技公司对传统金融机构的颠覆性影响，强调金融科技模式与商业银行传统业务模式的差异。近年来，受金融监管政策调整、银行业数字化升级、银行科技服务商业务转型等因素的影响，商业银行与金融科技公司之间的合作逐渐增多，广泛采取战略联盟、股权投资、平台合作、技术外包等方式降低研发风险、实现资源互补。传统的金融创新理论、产权理论、企业理论等为商业银行开展协同创新提供了一定的理论支撑，但在解释复杂的协同创新实践时仍存在一定的局限性。例如，产权理论从契约不完备性、企业剩余控制权等角度提出企业一体化的重要性，与商业银行协同创新实践并不一致。由于商业银行的特殊性及金融科技公司的复杂性，已有研究大多是基于商业银行协同创新实践来进行浅层次的分析，相关经济金融学理论研究还处于空白状态。

此外，金融监管机构开始关注商业银行与金融科技公司协同创新问题，强调"在审慎监管前提下有序推进金融创新"。例如，美国银行监管部门[1]通过商业银行对金融科技公司进行间接监管，要求商业银行必须对合作的金融科技公司进行详细的尽职调查，并完善风险管理体系；欧盟银行业管理局（European Banking Authority，EBA）直接授予监管者对金融科技公司的访问权、审计权和制裁权等。我国对商业银行协同创新活动的金融监管规定零散分布于地方监管政策、银行业信息技术外包政策中。例如，2019年中国银保监会北京监管局印发《关于规范银行与金融科技公

---

[1] 美国对金融业实行"功能性监管"，对商业银行的监管权力分散在美国联邦储备委员会、美国货币监理署、储蓄机构监管署等。

司合作类业务及互联网保险业务的通知》，要求商业银行与金融科技公司依法、审慎开展合作，银行需加强对合作机构的管理；2021年中国银保监会办公厅发布《关于印发银行保险机构信息科技外包风险监管办法的通知》，对商业银行信息科技外包业务进行规范；《金融科技发展规划（2022—2025年）》明确提出要加强金融机构与科技企业合作的规范管理；《关于银行业保险业数字化转型的指导意见》明确要求有效管控价值链中与第三方合作企业相关的集中度风险和供应链风险。这些政策文件为今后商业银行与金融科技公司协同创新指明了方向。

综合来看，当前各国商业银行与金融科技公司协同创新已经成为一种普遍实践和发展趋势，但是相关理论研究滞后于实践发展，产生了两个问题：一是商业银行与金融科技公司协同创新缺乏理论指导，对一些基本问题研究不足；二是对商业银行与金融科技公司协同创新的动机、决策、影响等问题缺少系统、深入的研究。目前，商业银行对"什么是协同创新""要不要协同创新""怎样协同创新""如何最大程度地发挥协同创新绩效""如何防范协同创新风险"等焦点问题的认识不清晰、不科学，从而在数字化转型与技术创新过程中遇到阻碍。因此，基于现实热点、难点问题，对我国商业银行与金融科技公司协同创新问题进行系统、全面、深入的研究具有重要意义。

二、研究意义

本书既从理论上分析商业银行与金融科技公司开展协同创新的动机、决策和影响机制等重要问题，又通过实证方法和案例方法检验并分析协同创新对商业银行技术创新、经营效率和风险承担的影响及其机制。研究意义主要体现在理论和实践两个方面。

1. 理论意义

尽管商业银行与金融科技公司协同创新是新现象，但并非完全是研究的新领域。企业协同创新理论、产业组织理论等各学科理论已经对企业合作问题进行了较多的探讨，但具体到商业银行与金融科技公司合作问题的研究非常少，整体上缺少缜密的理论支撑和理论指导。为此，本书研究的理论意义体现在以下三个方面：

一是基于预算软约束理论，创新性地提出商业银行依附性预算软约束和嵌入性预算软约束的概念，将其应用到商业银行技术创新领域，推导出协同创新有助于降低商业银行应用高风险技术产品的概率，促进高质量项目的研发。本书既丰富和拓展了预算软约束理论在商业银行及技术创新领域的应用，也为研究商业银行协同创新问题提供了合适的理论支撑。

二是基于企业理论，提出商业银行协同创新理论决策模型。在企业协同创新模型的基础上，考虑商业银行在风险偏好、市场竞争、监管政策等方面的特殊性，梳理商业银行选择协同创新模式的内在逻辑，分析商业银行基于银行利益最大化与股东利益最大化、长期盈利与短期盈利等多重目标的协同创新最优决策。

三是拓展商业银行生产函数，完善商业银行经营与管理理论。本书重点分析三种协同创新模式对商业银行生产函数的影响及其机制，将银行科技服务商生产的中间技术产品、银行系金融科技公司导致的银行组织变革和金融科技公司股东纳入商业银行生产函数，探讨协同创新对商业银行生产要素、产出要素和函数形式的具体冲击。

2. 实践意义

为了加强技术研发与应用，银行业普遍开展各类协同创新实践。但商业银行数字化转型同质化、盲目性、短视化等问题突出，加之金融科技监管体系还不完善，商业银行协同创新的实际效果及风险需要深入分析。为此，本书研究的实践意义体现在以下三个方面：

一是明确收益与风险，辅助商业银行协同创新决策。本书系统梳理国内外商业银行协同创新发展现状，构建协同创新理论决策模型并进行实证检验，分析三种协同创新模式的优势与劣势，能够为商业银行在具体运营过程中的协同创新决策提供参考。

二是深挖协同创新的影响机制，助力商业银行充分发挥协同创新的效能。本书基于预算软约束理论及协同创新实践，分析三种协同创新模式对商业银行技术创新、经营绩效和风险承担的影响及其机制，并提出相关建议。

三是加强审慎监管，建立良好的金融科技生态环境。本书聚焦商业银行与金融科技公司协同创新这一视角进行系统而深入的分析，能够为金融监管部门制定和完善协同创新领域的监管政策和操作指引提供理论依据，推动金融监管部门对协同创新问题的关注，促进金融科技的稳妥发展。

第二节 主要概念界定

一、金融科技

关于金融科技（Financial Technology，FinTech）的内涵，金融稳定理事会（Financial Stability Board，FSB）强调通过技术手段推动金融市场、机构及金融服务的创新（FSB，2016）[1]。之后政府文件、国际组织报告及学术研究大多直接使用了FSB这一定义。巴塞尔银行监管委员会（以下简称巴塞尔委员会）（Basel Committee on Banking Supervision，BCBS）认为，FSB提出的这一宽泛的定义符合金融科技发展的动态特点。

一些学者认为需要根据具体情景对金融科技进行定义。例如，Schueffel（2016）对金融科技在不同语境的含义进行了分析，认为金融科技不存在单一的定义，实践与学术研究很难达成一致意见；李文红和蒋则沈（2017）认为，金融科技既指可应用于金融领域的各类新技术，也指希望涉足金融领域、与现有金融机构形成合作或竞争关系的科技企业或电信运营商，且随着实践的进一步发展，其含义将不断调整、充实和完善。

一些学者对FSB的定义进行了补充和拓展。Chiu（2016）认为，金融科技利用技术改变传统的融资方式。Thakor（2020）认为，金融科技的核心是通过技术改进或提供新的金融服务，金融科技是金融创新的一部分。

---

[1] 2016年，金融稳定理事会发布了《金融科技的描述与分析框架报告》（Fintech: Describing the Landscape and a Framework for Analysis），对金融科技做出了初步定义，即金融科技是指通过技术手段推动金融创新，形成对金融市场、机构及金融服务产生重大影响的业务模式、应用、流程或产品，主要涉及支付清算、存贷款与筹资、保险、投资管理、市场设施五大类金融活动。

杨东（2018）认为，金融科技主要代表新兴金融业态，是数字经济和数字文明发展的驱动力。李广子（2020）认为，金融科技是底层技术在金融产品、机构、基础设施等各领域的应用。

维基百科从多个角度对金融科技进行了定义。从技术角度来看，金融科技是指在提供金融服务方面与传统金融方法进行竞争的技术。从行业角度来看，金融科技是一个新兴行业，利用技术改进金融活动，如使用智能手机、加密货币等。

本书主要依据金融稳定理事会对金融科技的界定，强调商业银行、金融科技公司等各类主体通过技术手段推动金融创新，提高金融服务效率。

二、金融科技公司

金融科技公司是金融科技活动的重要参与主体。中国人民银行发布的两版《金融科技发展规划》中均提到了"科技公司""科技企业""高新技术企业""金融科技市场主体"等概念。由此可以看出，与金融科技公司相似或相关的概念众多，需要加以界定和区分。

基于对金融科技的不同理解，现有研究分别从技术视角和业务视角对金融科技公司进行界定。其中，"技术视角"强调以数字技术在金融领域应用为主要目标的科技公司；"业务视角"强调提供新型金融业务的互联网企业（BIS, 2019[①]；陈生强, 2017；李明肖, 2019；袁康、唐峰, 2021）。从现有监管政策来看，大型科技公司开展类金融业务需要获得相应的金融牌照，其本质上是金融控股公司（方意等, 2021）；大型科技公司其余业务仍然强调技术研发与服务，其本质上是科技公司。

关于金融科技公司的具体划分，李扬（2021）将金融科技公司分为大型金融科技公司和中小型金融科技公司，分别突出"平台"属性和"公司"属性。Frost 等（2019）认为，大型科技公司的业务范围更广，与金融科技公司具有明显的差别。吴晓灵和丁安华（2021）认为，需要从金融

---

① 根据国际清单银行 2019 年发布的年度经济报告整理，具体见 http://www.bis.org/publ/arpdf/ar2019e3.htm。

功能的角度重新界定金融科技公司。郭树清（2020）将金融科技公司分为互联网金融机构、第三方支付公司、科技公司、大型科技公司四类。此外，维基百科将金融科技公司分为：初创科技企业和老牌金融机构，以及试图取代现有金融机构或加强其金融服务能力的科技公司。

基于已有研究及本书的研究目的，笔者将金融科技公司定义为：通过技术产品与服务推动金融业务发展的科技公司，具体包括三类：商业银行或所在集团成立的银行系金融科技公司[①]、提供技术产品与服务的市场化银行科技服务商[②]、通过技术手段提供创新金融服务的大型科技公司。其中，大型科技公司开展的业务及提供的金融服务较为广泛[③]，与商业银行的竞合关系复杂并具有特殊性，且其"平台"性质导致垄断与效率问题突出。基于本书研究目的，主要从协同创新角度研究商业银行与大型科技公司的关系，对垄断与效率问题暂不作重点分析。

三、创新及协同创新

熊彼特（1912）[④] 最早提出创新理论，认为创新是"企业家对生产要素的重新组合"，是"生产函数的变动"，用来解释长期经济增长问题。熊彼特区分了五类创新[⑤]，强调企业家精神在技术创新活动中的重要性，并将利润作为技术创新的报酬。以科斯为代表的制度经济学强调制度创新。Williamson（1975）对制度进行了具体细分，包括市场、企业、公司

---

① 银行系金融科技公司也称"商业银行金融科技子公司"。从实践来看，银行系金融科技公司是商业银行或商业银行所在集团成立的专门进行技术研发与服务的科技公司，既有银行金融科技子公司，也有集团金融科技子公司，因此"商业银行金融科技子公司"的表述并不准确。本书主要使用"银行系金融科技公司"这一表述，在个别地方会出现"金融科技子公司"，不影响本书的分析与研究。

② 为商业银行等金融机构提供技术产品与服务的科技公司，目前有银行科技服务商、银行业金融科技服务商、银行IT服务商、金融技术服务商、银行技术外包公司等各种表述。本书基于普遍性、准确性等原则，使用"银行科技服务商"这一表述。

③ 根据国际清算银行发布的2019年年度经济报告，大型科技公司的核心业务是信息技术和咨询（如云计算和数据分析），约占总收入的46%，金融服务约占11%，具体见 https：//www.bis.org/publ/arpdf/ar2019e3.htm。

④ 约瑟夫·熊彼特（2009）：《经济发展理论》，中国社会科学出版社。

⑤ 五类创新分别是：产品创新、技术创新、市场创新、资源配置创新、组织创新。

治理等形式。North（1990）进一步区分了制度与组织的关系，认为制度和组织之间连续的相互作用是制度变迁的关键。

随后，创新的概念和形式不断拓展，合作创新、开放式创新等新型创新模式出现。企业合作是一种介于市场和层级组织之间、存在资源交易行为的关系（Williamson，1975）。Fritsch 和 Lukas（2001）认为，合作创新指企业创新活动的任何一阶段有其他创新主体的参与，涉及企业与其他经济组织的合作。现有大部分研究认为，合作创新是技术创新的一种模式，区别于自主创新和模仿创新（唐未兵等，2014）。Chesbrough（2003）最早提出了"开放式创新"的概念，即专指企业利用内外部资源进行的创新活动，与"封闭式创新"相对应。高良谋和马文甲（2014）认为，开放式创新只是一种管理创新模式，没有达到理论标准。

协同创新建立在协同理论的基础上。协同是指经济组织在知识、资源、行为、绩效等领域的全面整合（Haken，1976）。Gloor（2006）最早对协同创新进行了界定①，强调人员或组织合作的共同目标。国内学者对协同创新问题进行了较多的研究，强调不断沟通、协同生效的过程（陈劲、阳银娟，2012）。因此，协同创新是创新的一种具体形式，包括技术、组织等各方面。协同创新不等同于合作创新，在企业自主创新和模仿创新阶段也涉及协同创新问题。协同创新也不等同于开放式创新，其范围更广。整体来看，协同创新既包括内部资源的创新配置，也包括与外部经济组织的协作生效。

基于此，本书所指的协同创新主要依照 Gloor（2006）的定义，强调商业银行与金融科技公司在技术、资源、人员等领域的全面整合和配置。按照熊励等（2011）的分类方法，本书将商业银行与金融科技公司协同创新分为内部协同创新和外部协同创新。内部协同创新指商业银行在组织框架内与金融科技公司进行的协同创新；外部协同创新指商业银行与金融科技公司在市场机制中的协同创新。

---

① Peter Gloor（2006）认为，协同创新是由自我激励的人员或组织所组成的网络形成共同愿景，借助网络交流思路、信息及工作状况，合作实现共同的目标。

四、主要概念之间的关系

本书研究的商业银行主要基于《中华人民共和国商业银行法》的界定①，研究样本为我国100余家商业银行②。

本书主要概念之间的关系见图1-1。商业银行和金融科技公司是两个既独立又有一定交叉的概念，交集部分构成了商业银行与金融科技公司的主要协同创新模式。

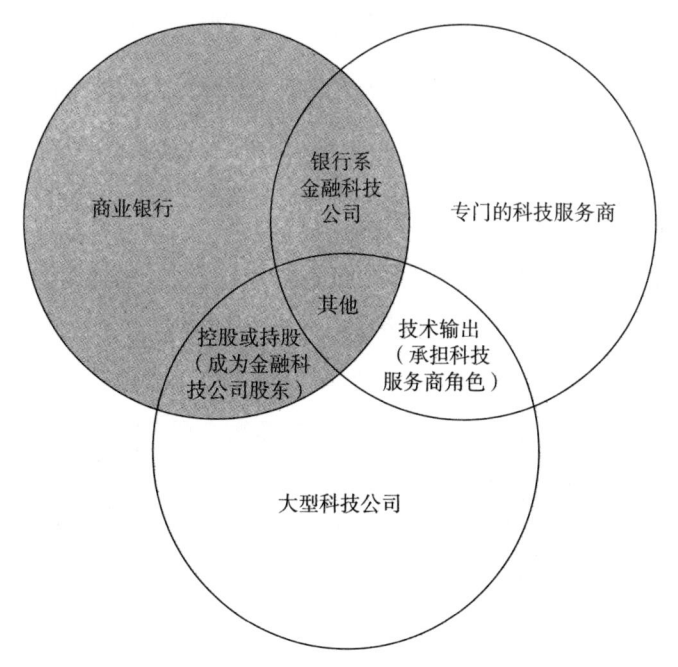

图1-1 主要概念之间的关系

资料来源：笔者根据对主要概念的界定绘制而成。其中，灰色部分代表内部协同创新，白色部分代表外部协同创新，交叉部分兼具内部和外部协同创新的特点。

---

① 商业银行是指按照《中华人民共和国商业银行法》和《中华人民共和国公司法》设立的吸收公众存款、发放贷款、办理结算等业务的企业法人。

② 本书研究样本涵盖大型商业银行、全国性股份制商业银行、城市商业银行、农村商业银行、民营银行等各种类型的商业银行。具体见第五章第一节。

银行系金融科技公司是商业银行或银行所在集团设立的科技公司，属于组织内部协同创新。在实践中，银行系金融科技公司在进行对内技术赋能的同时也在开展同业技术输出，且银行全资子公司和银行兄弟公司[①]的股权结构不同，兼具外部协同创新的特点。大型科技公司将涉及的银行业务剥离出来申请银行牌照，发起设立或参股入股商业银行，属于内部协同创新；此外，大型科技公司承担银行科技服务商的角色，为商业银行提供市场化的技术产品与服务，属于外部协同创新模式。传统的银行科技服务商，与商业银行进行市场化合作，也属于外部协同创新模式。因此，本书重点研究的三种协同创新模式分别为：商业银行与金融科技公司股东协同创新、商业银行与银行系金融科技公司协同创新、商业银行与银行科技服务商协同创新。

第三节　文献综述

　　尽管商业银行与金融科技公司协同创新实践已经相当普遍，但是相关研究分散在金融科技、信息技术外包、研发战略联盟等领域的文献中。近年来，关于大型科技公司的效率、垄断和风险等问题的研究较多，但还未形成完整的研究体系。商业银行协同创新领域的研究集中出现在2016年之后，主要基于各国协同创新实践，分析协同创新的动因、模式、绩效与风险等问题。本节主要对商业银行与金融科技公司协同创新相关文献进行梳理和评述，为本书后续写作奠定基础。

一、商业银行与金融科技公司协同创新动因

　　早期研究聚焦金融科技公司与商业银行的竞争和冲突，强调金融科技模式的高效率与传统商业银行业务模式的低效率（Lee and Teo，2015；刘春航等，2017）。近年来的实践及研究表明，金融科技公司对银行业没有形成颠覆性的力量，而是起到了鼓励银行部门提高服务客户效率的作用

---

① 具体见第三章商业银行和金融科技公司协同创新现状分析。

(Pu et al.，2021）。Grima 等（2016）认为，金融科技公司的崛起要求商业银行增加对金融科技的投资、重新思考服务分销渠道、进一步提高后台功能和服务的标准化水平等，商业银行与金融科技公司合作可以获得比较优势。

与企业协同创新类似，商业银行与金融科技公司协同创新可以降低研发成本、实现资源优势互补等。例如，Drasch 等（2018）认为，商业银行通过与金融科技公司开展合作，可以开发新的客户、产品和服务，从扩展新市场、开发新能力和获取新技术中获利；作为回报，金融科技公司可以得到金融资源、基础设施、客户访问和安全声誉等。潘卫东（2018）基于商业银行协同创新实践认为，商业银行与金融科技公司合作可以提高技术研发速度和应用速度，金融科技公司也需要具体的场景对技术的可靠性进行验证。Romānova 和 Kudinska（2016）认为，商业银行和不同类型的金融科技公司既可以是竞争对手，也可以是合作伙伴。Mundra（2017）认为，银行的实地市场、客户知识和现有客户基础对金融科技公司具有巨大的吸引力。

此外，商业银行与金融科技公司开展协同创新还受到监管政策、银行业垄断性等因素的影响。尽管商业银行与金融科技公司的合作协议有不同的形式和内容，但目标相同，即实现外包银行的关键职能、促进新参与者进入市场、克服监管障碍等（Enriques and Ringe，2020；Dapp et al.，2014）。Pu 等（2021）认为，银行业的高盈利性吸引了科技公司进入金融业，并提供与银行业类似的服务。商业银行技术外包是一种成本控制策略，有助于降低商业银行技术创新的风险和不确定性（Baldwin et al.，2001）。

整体来看，现有研究主要基于企业协同创新理论及实践，多角度解释商业银行开展协同创新的动因，但未对理论动因和实践动机进行区分，也未进行深层次的动因分析，导致各方对"为什么协同创新"这一基本问题看似观点一致，但又难以统一。本书将从理论动因和实践动因两个角度对商业银行与金融科技公司协同创新的动因进行全面分析。

二、商业银行与金融科技公司协同创新模式

在金融科技的冲击下，商业银行与金融科技公司开展了多种形式的协

同创新实践。已有学术研究和行业报告对商业银行与金融科技公司协同创新模式尚未形成比较统一的划分标准，本部分只罗列2016—2020年的部分学术研究结论。

Romānova和Kudinska（2016）认为，当前商业银行正在不回避地与金融科技公司开展合作，包括通过风险基金间接控股、直接设立、开展市场化合作等模式。与金融科技公司建立市场化合作关系，是商业银行成本最低、风险相对较低的选择。

Drasch等（2018）基于136家商业银行和金融科技公司合作的真实案例和相关专家访谈，总结了联盟、收购、孵化培育和合资企业四种模式及特征。其中，联盟指公司之间共享资源和知识以实现共同目标的合同安排；收购指商业银行收购金融科技公司的大部分股权，并将其整合到现有组织结构中；孵化培育指金融科技公司申请银行牌照；合资企业指商业银行和金融科技公司的资源集中在一个特别独立但共享的实体中，其风险和责任由实体组织承担。

Enriques和Ringe（2020）认为，商业银行与金融科技公司协同创新主要有两种形式：一是银行为金融科技公司的客户提供银行服务，称为"银行即服务"；二是金融科技公司向银行提供技术产品，以改善银行的产品组合或客户体验，称为"软件即服务"。此外，"银行即平台"模式正在逐渐兴起，科技公司和商业银行共同发起平台，持牌商业银行是进行银行贷款活动的实体，但发放贷款的所有活动都由贷款平台负责。

国内研究方面，朱莉妍（2020）总结了商业银行与金融科技公司四种不同的合作模式，分别是内部开发（金融科技子公司）、收购、战略合作和风险投资。刘岳平和许德友（2020）研究了德国金融科技公司与商业银行协同创新的四种模式，分别是白标银行、白标金融科技[①]、联合品牌营销、联合开发产品。温国华和盛宜韬（2018）认为，金融与科技的跨界合

---

① 白标银行和白标金融科技主要指合作银行授权金融科技公司贴上自己的商标销售产品或金融科技公司直接把自己的产品给合作银行，合作银行贴上自己的标签，利用自有渠道和平台销售金融科技公司的产品。

作主要有三种模式：投资与并购、合作协议、共建实验室，目前国外主要采取第一种模式，国内主要采取后两种模式。吴朝平（2018）主要从业务、技术和资本三个维度梳理了商业银行和金融科技公司合作创新模式。

整体来看，上述研究的分类方法均存在一定的局限性：一是很难明确界定战略合作协议模式，要么过于空泛，要么包含具体的合作内容；二是商业银行与金融科技公司协同创新涉及的业务和技术往往交叉在一起，很难明确区分开来；三是商业银行协同创新实践不断发展，不宜将协同创新模式进行过于具体的分类。

三、商业银行与三类金融科技公司协同创新研究

1. 商业银行与银行系金融科技公司协同创新研究

银行系金融科技公司是一个较新的行业主体，目前这一领域的研究主要基于实践探讨其成立的意义、现状、发展建议等。从动因来看，银行系金融科技公司是商业银行金融科技生态建设的重要内容，致力于促进金融系统与科技系统的有机结合（陆岷峰、周军煜，2019），摆脱传统银行体制机制的束缚，深化内部组织变革，避免与其他科技公司合作产生的诸多问题（李岩玉等，2019）。与市场化金融科技公司相比，银行系金融科技公司在业务、品牌、监管等方面具有优势，在同业技术输出方面具有较强的竞争力（修永春、庞歌桐，2019）。在具体运作中，银行系金融科技公司具有一定的独立性和自主权，实现了权责利统一，能够在控制风险的同时加大技术创新与应用力度（周月秋，2019；侯鑫、尹振涛，2019）。从未来发展来看，加强银行系金融科技公司与商业银行的协同创新形成了共识，即在商业银行或集团金融科技发展战略的统一协调下，对内服务银行数字化转型，对外进行市场化运行（李岩玉等，2019；修永春、庞歌桐，2019；周月秋，2019；侯鑫、尹振涛，2019）。

整体来看，商业银行与银行系金融科技公司在协同创新领域的研究角度单一、深度不够，有关银行系金融科技公司成立背后的经济金融理论、商业银行绩效和风险的影响机制等研究还处于空白状态，尤其是对其背后

反映的银行研发组织创新问题缺少深入的分析。

2. 商业银行与银行科技服务商协同创新研究

早期的银行科技服务商主要为商业银行提供信息技术外包服务。银行和金融服务业是全球外包服务的主要部门，仅次于制造业（Ackermann et al.，2006），以基础信息系统为主的技术外包是银行业外包业务的主要形式。

大多数文献基于不完全契约角度解释研发外包成本问题（Aghion and Tirole，1994；Lerner and Malmendier，2005）。具体到银行业，国外研究大多基于本国银行业信息技术外包业务实践，重点分析技术外包的收益和风险。例如，Gewald 和 Dibbern（2009）研究了德国银行业业务流程外包的诸多好处，指出其风险主要在于技术供应商可能难以达到预期的服务水平。Adeleye 等（2004）基于尼日利亚商业银行信息系统外包实践，提出监管部门需要制定实质性的指导方针或程序规则，否则容易遭受信息系统失败或欺诈。Lancellotti 等（2003）基于欧洲银行业外包业务实践认为，外包业务中具有较大的信息不对称性，且维持外包关系非常困难。Tayauova（2012）基于哈萨克斯坦银行业外包实践认为，银行外包的主要优势包括专注核心技术、节约成本、获得技术、性能改进、灵活性强等，缺点主要是丧失管理控制权、对安全和机密性造成威胁等。

国内学者对银行业技术外包业务也进行了大量研究。王晓燕（2000）分析了各行业信息技术外包的重要价值，并从研发能力、竞争优势、可行性等角度分析了商业银行开展信息技术外包的重要性。李志辉和王珏（2014）系统分析了商业银行信息技术外包服务风险的识别、预警、监测等问题。刘述忠等（2016）根据服务的内容将银行业外包项目分为四类，而外包技术项目模式主要存在产品质量、项目进度与预期不符的风险。陈斌彬（2007）、金永红和吴江涛（2007）等对金融服务业外包监管制度进行了国际比较，并提出了关于建立和完善我国金融服务业外包监管制度的建议。

随着金融科技的发展，传统技术供应商既不局限于信息技术，也不局限于外包模式。银行科技服务商开始提供容易标准化、基于网络和数据的知识密集型产品或服务，但是数据完整性和隐私性等相关风险也更加突出（Romānova and Kudinska，2016）。李文红和蒋则沈（2017）指出，一些银行科技服务商在信息科技风险管理方面存在局限性，有可能导致技术风险在金融机构、科技公司和其他企业之间相互传递，增加系统性风险。因此，随着银行科技服务商技术产品和服务模式的变化，有必要对商业银行与银行科技服务商协同创新问题进行跟踪与研究。

3. 商业银行与大型科技公司协同创新研究

大型科技公司（BigTech）进入金融领域，提供支付、货币市场基金、保险、信贷等广泛的金融服务（BIS，2019）。[①] 现有研究基于大型科技公司"数据—网络—行为"的特点，聚焦平台经济、治理模式、垄断与反垄断等问题，并从金融监管的角度进行重点分析（傅瑜等，2014；胡滨等，2021；程炼，2021）。随着监管政策的逐步完善，大型科技公司以金融控股公司的方式从事金融业务，与商业银行形成了复杂的股权联系。本部分主要从大型科技公司与商业银行竞争与合作的角度对已有研究进行梳理和分析。

大型科技公司基于已有的数据资源，以技术推动传统金融业务模式创新和金融效率的提高，进一步挤压了传统商业银行的市场空间。大型科技公司有利于促进金融创新，发挥规模经济作用，且有潜力在金融服务领域占据主导地位，因此不能限制其在金融市场的发展。[②] 从实践来看，大型科技公司在支付、信用卡、简单储蓄等领域挤占了商业银行的市场份额，使银行业面临额外的利润压力（Romānova and Kudinska，2016）。目前，大型科技公司通过成立网上银行和互联网银行等方式开展金融科技贷款业务，但是以零售存款开展的信贷业务规模有限，因此为商业银行提供贷前

---

① 根据国际清算银行 2019 年发布的年度经济报告整理。具体见 https://www.bis.org/publ/arpdf/ar2019e3.htm。

② 引自欧盟金融科技工作组第七次会议论文 *Big Techs in Finance: Opportunities, Risks and Supervisory Challenges*。网址：https://www.europarl.europa.eu/cmsdata/237364/Draft%20minutes%20-%20Fin Tech%20WG%20-%207th%20meeting%20-16%20June%202021.pdf。

数据分析是大型科技公司最广泛的业务模式（BIS，2019）。我国大型科技公司主要是通过申请民营银行牌照的方式剥离银行业务，但民营银行的准入及民营银行对中小微企业的服务作用存在较多的争议，大型科技公司发挥的作用有待进一步验证（王自力，2002；熊继洲、罗得志，2003；戴小平、王玉兴，2015；蒋晓妍等，2019；郭金良、于骁骁，2021）。

大型科技公司利用数字技术降低信贷成本、提升金融包容性，是商业银行与其开展合作的主要原因之一，但金融科技信贷模式的绩效与风险需要持续检验与分析。Jagtiani 和 Lemieux（2018）发现金融科技贷款平台的消费贷款活动已经渗透到银行分支机构较少的地区和高度集中的银行市场，但金融科技平台借款人的平均风险要高于传统借款人。Bazarbash（2019）使用最大似然法对金融科技信用贷款进行评估，发现借款人伪造某些指标的风险较高。Cheng 和 Qu（2020）认为，商业银行利用金融科技技术显著降低了信用风险，但大型商业银行的负效应相对较弱。整体来看，金融科技贷款模式弥补了传统金融服务的不足，但也使商业银行信用风险的肥尾特征更加突出、风险损失的补偿机制进一步失衡（吴晓灵，2021）。

大型科技公司与商业银行存在竞争和合作，但在合作领域的监管和学术研究还相对较少（奥古斯丁·卡斯滕斯等，2021）。彭恒文等（2020）认为，大型科技公司与商业银行的合作包括：大型科技公司为商业银行提供技术产品与服务、大型科技公司充当商业银行和消费者的中介、商业银行为大型科技公司提供金融服务。本书认为，这三种合作模式可以归于银行科技服务商、互联网贷款、高新技术企业融资等具体问题的研究。随着监管政策的逐步完善，大型科技公司的技术业务和金融业务得到进一步规范，基于协同创新角度研究大型科技公司具有重要的价值。

四、总结

通过对这一领域的文献进行初步梳理和评述发现，目前商业银行与金融科技公司协同创新问题少有形成定论和共识，研究分散，尚未形成系统性的研究框架。关于商业银行与金融科技公司协同创新的动因、模式、影响和风险等问题，已有研究大多是基于实践进行的浅层次分析，很少从经济金融学理论的角度进行深入分析，导致实践发展缺乏理论指导。此外，基于已有文献可知：从协同创新角度研究金融科技和商业银行数字化转型等问题具有可行性和必然性。纷繁复杂的金融科技发展、商业银行数字化转型实践及当前的数字经济和数字金融等问题，都可以从协同创新这一角度进行探索。因此，本书将为未来这一领域的深入研究"抛砖引玉"，尝试并努力对商业银行与金融科技公司协同创新问题进行系统研究，重点探讨协同创新的动因、决策、现状、影响及其机制等问题。

第四节　研究思路、研究内容与研究方法

一、研究思路

当前商业银行与金融科技公司协同创新尚处于实践探索阶段，相关理论研究和监管政策制定更是滞后于实践发展。因此，研究过程中，首先需要回答一系列基础问题，如"协同创新是什么""为什么要进行协同创新""如何选择具体的协同创新模式"等；其次，基于实践发展，分析并检验协同创新对商业银行经营绩效与风险承担的影响及其机制。

按照这一思路，本书将商业银行与金融科技公司协同创新分为以下三个阶段：一是协同创新"前"阶段。对于"协同创新是什么"，需要对商业银行、金融科技公司、协同创新等主要概念进行界定，并进行文献梳理；对于"为什么要进行协同创新"，需要从经济学理论和发展实践两个层面进行探讨；对于"怎么选择协同创新模式"，需要基于商业银行的特殊性、监管政策调整、金融科技行业发展等诸多因素进行综合分析。二是协同创新"中"阶段，即国内外协同创新发展现状，需要系统了解国内外商业银行采取的主要协同创新模式及特点。三是协同创新"后"阶段，即

协同创新的实际影响。需要综合利用理论分析、实证检验、案例调研等方法，全面剖析各类协同创新模式对商业银行技术创新、经营绩效与风险分担的影响及其机制。

商业银行与金融科技公司协同创新的三个阶段具有内在逻辑的一致性。协同创新"前"阶段直接影响协同创新发展现状和协同创新效果；协同创新"后"阶段基于协同创新实践进行实证检验与案例分析，并影响了新一轮协同创新决策。

通过上述研究思路，本书构建了一个较为完整的研究框架，并重点从动因、现状、决策、影响等角度分析商业银行与金融科技公司协同创新问题。

二、研究内容

本书共九章，各章节的主要研究内容如下：

第一章为绪论，包括：研究背景与研究意义，主要概念界定，文献综述，研究思路、研究内容与研究方法，研究创新点与不足。

第二章为理论基础与理论动因。第一节对商业银行协同创新问题涉及的各学科理论进行梳理与评述。第二节基于预算软约束理论，对商业银行预算软约束概念进行拓展与分解。第三节聚焦技术创新领域，分析两类预算软约束在商业银行技术创新领域的应用。第四节分析协同创新模式对技术创新预算软约束的影响，以及产生的新问题。第五节构建理论模型对本章研究结论进行分析。

第三章为国内外商业银行与金融科技公司协同创新发展现状。第一节从主体角度，分析商业银行、金融科技公司和监管机构开展或推动协同创新的实践动因。第二节系统梳理国外商业银行与金融科技公司协同创新发展现状。第三节全面分析我国商业银行与金融科技公司协同创新发展现状，并构建了商业银行协同创新度评价指标体系。

第四章为商业银行协同创新理论决策模型。首先提出模型设定条件与分析思路；其次提出在中间技术产品确定和不确定两种情形下，商业银行基于"利润最大化"的内外部协同创新决策模型；最后分别从股东利益最大化与银行利益最大化、监管政策硬性约束等角度，进一步分析内部协同创新决策和外部协同创新决策。

第五章基于我国 100 家商业银行的数据，对商业银行协同创新决策进行实证检验。第一节提出研究样本与研究变量。第二节、第三节和第四节分别对商业银行内外部协同创新、是否引入金融科技公司股东、是否成立银行系金融科技公司三种情形的影响因素进行分析，检验第四章理论分析结论。

第六章为商业银行与金融科技公司股东协同创新模式研究。首先，基于我国 51 家商业银行的数据，检验金融科技公司股东持股比例、具有金融科技公司工作经验的高管比例对商业银行技术创新、经营绩效和风险承担的整体性和异质性影响。最后，以我国 17 家民营银行为例，分析商业银行与金融科技公司股东协同创新实践。

第七章为商业银行与银行系金融科技公司协同创新模式研究。第一节为理论分析与研究假设。第二节综合利用基础回归模型、PSM-DID 模型、Heckman 两阶段模型等方法，分析银行系金融科技公司对商业银行绩效与风险的影响，尽力解决内生性问题。第三节为影响机制分析，构建技术创新两阶段模型，分析银行系金融科技公司是否通过硬化技术创新预算约束，对商业银行绩效与风险产生影响。第四节选取四家银行系金融科技公司进行案例分析。

第八章为商业银行与银行科技服务商协同创新模式研究。首先，分析银行科技服务商对商业银行劳动力生产要素的整体性和异质性影响。其次，综合使用基础回归模型、异质性检验等方法，分析银行科技服务商对商业银行三大产出目标和投入产出效率的影响及其机制。最后，利用门限回归模型，分析商业银行资本充足率、银行科技服务商发展程度、国家知识产权保护强度对协同创新实际效果的非线性影响。

第九章为总结及展望。本书的技术路线如图 1-2 所示。

商业银行与金融科技公司协同创新研究

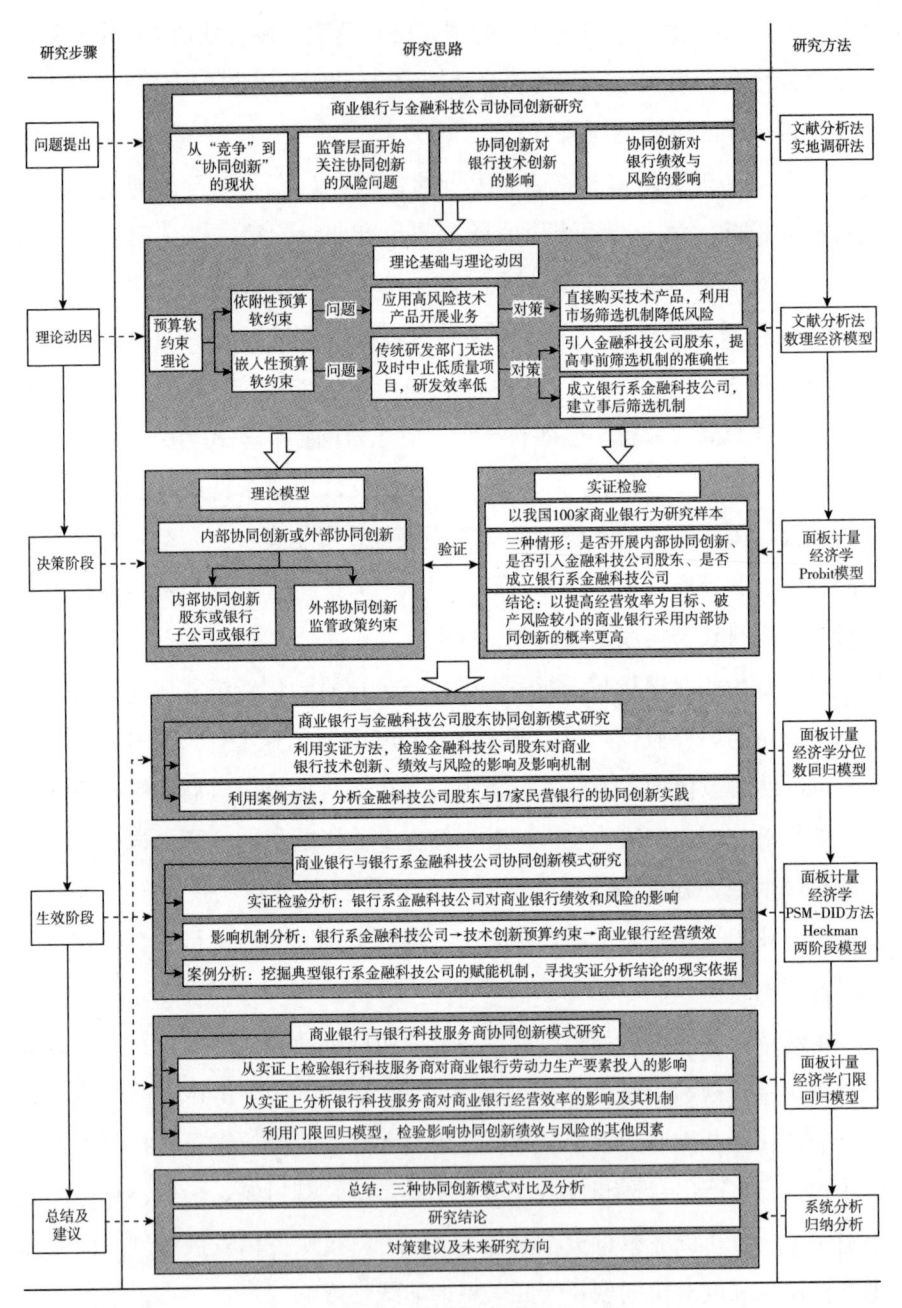

研究步骤	研究思路	研究方法
问题提出	**商业银行与金融科技公司协同创新研究** 从"竞争"到"协同创新"的现状 / 监管层面开始关注协同创新的风险问题 / 协同创新对银行技术创新的影响 / 协同创新对银行绩效与风险的影响	文献分析法 实地调研法
理论动因	**理论基础与理论动因** 预算软约束理论 — 依附性预算软约束 [问题] 应用高风险技术产品开展业务 [对策] 直接购买技术产品,利用市场筛选机制降低风险 嵌入性预算软约束 [问题] 传统研发部门无法及时中止低质量项目,研发效率低 [对策] 引入金融科技公司股东,提高事前筛选机制的准确性 / 成立银行系金融科技公司,建立事后筛选机制	文献分析法 数理经济模型
决策阶段	**理论模型** 内部协同创新或外部协同创新 内部协同创新股东或银行子公司或银行 / 外部协同创新监管政策约束 [验证] **实证检验** 以我国100家商业银行为研究样本 三种情形:是否开展内部协同创新、是否引入金融科技公司股东、是否成立银行系金融科技公司 结论:以提高经营效率为目标、破产风险较小的商业银行采用内部协同创新的概率更高	面板计量经济学Probit模型
生效阶段	**商业银行与金融科技公司股东协同创新模式研究** 利用实证方法,检验金融科技公司股东对商业银行技术创新、绩效与风险的影响及影响机制 利用案例方法,分析金融科技公司股东与17家民营银行的协同创新实践	面板计量经济学分位数回归模型
	商业银行与银行系金融科技公司协同创新模式研究 实证检验分析:银行系金融科技公司对商业银行绩效和风险的影响 影响机制分析:银行系金融科技公司→技术创新预算约束→商业银行经营绩效 案例分析:挖掘典型银行系金融科技公司的赋能机制,寻找实证分析结论的现实依据	面板计量经济学PSM-DID方法Heckman两阶段模型
	商业银行与金融科技服务商协同创新模式研究 从实证上检验银行科技服务商对商业银行劳动力生产要素投入的影响 从实证上分析银行科技服务商对商业银行经营效率的影响及其机制 利用门限回归模型,检验影响协同创新绩效与风险的其他因素	面板计量经济学门限回归模型
总结及建议	总结:三种协同创新模式对比及分析 研究结论 对策建议及未来研究方向	系统分析 归纳分析

图 1-2 本书的技术路线

资料来源:笔者自绘。

三、研究方法

由于协同创新问题具有实践性较强的特点,本书除了使用文献分析法、数理模型分析法、实证检验法等研究方法之外,还采取案例分析法、实地调研法等,力图对商业银行与金融科技公司协同创新问题进行深入分析。具体研究方法包括以下五种:

一是文献分析法。系统学习预算软约束理论、企业协同创新理论、金融创新理论等各个领域的书籍和文献,为本书的研究和写作打下了良好的文献基础。

二是数理模型分析方法。在 Qian 和 Xu (1998) 建立的预算软约束和预算硬约束下的创新和官僚主义理论模型的基础上,构建商业银行技术创新预算软约束问题的数理分析模型;在 Claude D'Aspremont 和 Alexis Jacquemin (1988) 提出的 AJ 模型及 Samiran Banerjee 和 Ping Lin (2003) 提出的纵向研发合作企业模型的基础上,构建商业银行与金融科技公司协同创新理论决策模型。

三是实证分析法。本书以我国 100 家商业银行为研究对象,综合使用基础回归模型、分位数回归模型、PSM-DID 方法、Heckman 两阶段模型、门限回归模型、异质性检验等实证分析方法,检验商业银行与金融科技公司协同创新决策的影响因素,分析三种协同创新模式对商业银行技术创新、经营绩效和风险承担的影响及其机制。

四是案例分析法。由于实证分析方法在检验影响机制方面存在一定的局限性,本书针对两种内部协同创新模式,选取典型案例进行深入分析,提升研究成果的理论可信性与实用性。本书暂未对商业银行与银行科技服务商协同创新进行案例分析,原因在于:①基于理论分析,银行科技服务商对商业银行生产函数的影响机制较为明确,实证分析较为全面和系统;②我国银行业与银行科技服务商普遍开展协同创新活动,在选取典型案例时存在一定的困难;③外部协同创新模式作为典型的"外购决策",积累了大量的前期研究,案例分析已经较为完善。

五是实地调研法。为了深入了解商业银行与金融科技公司协同创新发展现状，笔者对中国建设银行、华夏银行、天津银行、辽宁振兴银行等多家商业银行以及四家银行系金融科技公司进行了实地调研，了解相关领导和工作人员对协同创新问题的看法和感受，为本书提供了思路和素材。

第五节　研究创新点与不足

一、研究创新点

本书属于金融科技创新领域的研究，具有交叉学科的特点。商业银行与金融科技公司协同创新已经成为较普遍的实践活动，但是经济金融学理论研究仍显不足，监管政策具有一定的滞后性，协同创新实践存在诸多难点。本书的研究创新点主要包括以下四点：

一是研究角度的创新。目前，金融科技、数字金融等领域的研究大多着眼于其外部影响，忽略了金融机构内部组织变革及内部决策的重要性。无论是纷繁复杂的金融科技发展现状，还是银行业数字化转型这一现实问题，都可以从商业银行与金融科技公司协同创新这一角度切入。

二是理论分析的创新。基于预算软约束理论，本书分析商业银行与金融科技公司开展协同创新的理论动机，厘清三种协同创新模式对商业银行生产函数的影响机制；基于企业理论，考虑商业银行的特殊性，构建商业银行与金融科技公司协同创新理论决策模型。本书为商业银行与金融科技公司协同创新研究提供了一个较完整的经济学分析框架。

三是研究方法的创新。现有商业银行与金融科技公司协同创新领域的研究，主要基于实践案例进行浅层分析，未作系统梳理和深入分析。本书综合使用数理模型、实证分析、案例分析、实地调研等方法，沿着"基于实践、理论分析、回归实践"的思路，从动因、决策、现状、影响及其机制等角度深入分析商业银行与金融科技公司协同创新问题。

四是研究结论的创新。一些商业银行通过直接购买技术产品推进数字化转型,其风险问题已经得到监管部门和学术研究的关注,但其中的风险点仍不清晰。本书基于理论分析和实证检验,证实外部协同创新存在业务导向性、技术产品高风险性、自主创新能力不足等问题,且先后提升了商业银行的操作风险和信用风险。

二、研究不足

本书是国内较早对商业银行与金融科技公司协同创新问题进行的研究探索,必然面临诸多困难和挑战。笔者在写作过程中尽量解决并完善,但是仍存在如下不足之处:

一是商业银行与金融科技公司协同创新是一个"小"的研究角度,但包括"大"而"多"的研究内容,涉及的模式及问题纷繁复杂。围绕研究主线,本书仅对三种协同创新模式进行了重点分析。未来在明确金融科技公司概念界定、持续跟踪协同创新实践发展的基础上,可以进一步拓展研究内容,并进行深入分析。

二是理论分析模型在抓住"本质"的同时,需要结合实践特点进一步拓展和完善。商业银行与金融科技公司协同创新理论决策模型可以进一步考虑商业银行高杠杆率、金融科技公司垄断性、监管政策调整等影响因素。此外,可以进一步区分协同创新技术和非协同创新技术、各类数字技术对商业银行生产函数的差异性影响。

三是实证分析模型需要进一步完善,并结合其他研究方法深入分析。由于金融科技公司的界定和统计口径还不明确,且金融科技公司披露的财务数据等信息有限,本书以商业银行为研究主体,弱化了对金融科技公司这一主体的研究,从而导致如下两个问题:一是本书的实证分析较为简单,难以找到非常准确的核心解释变量;二是协同创新评价指标体系难以进行测度和分析。未来可以综合利用大数据、实地调研等方法,获得更加准确和全面的数据。

四是商业银行与金融科技公司协同创新,既涉及组织形式变革,也涉及各类技术的研发与应用,还涉及业务模式的调整。在统计层面上,很难对"数字技术"进行明确界定和划分。因此,本书仅聚焦组织形式变革及整体技术进步,未来还需要综合运用其他方法对"技术构成"进行更深入的研究。

第二章　理论基础与理论动因

商业银行与金融科技公司开展各类协同创新已经成为一种普遍现象，但其背后的理论基础和理论动因还不清晰，导致进一步深入分析协同创新问题较为困难。本章基于预算软约束（Soft Budget Constraint）理论[①]，对传统预算软约束概念进行拓展，提出依附性预算软约束和嵌入性预算软约束的概念，并将其应用到商业银行技术创新领域，进而推导出商业银行与金融科技公司开展协同创新的理论动因。

第一节　商业银行协同创新的理论基础

商业银行与金融科技公司协同创新是一个新的研究角度，多条研究主线都可为其提供理论支撑。本节从"技术进步→企业自制或外购决策→商业银行研发外包""协同→协同创新→商业银行与金融科技公司协同创新""创新→金融创新→商业银行技术创新和组织创新"等多条理论主线出发，对商业银行协同创新涉及的理论基础进行梳理与评述。

一、技术进步、企业自制或外购决策与商业银行研发外包

技术进步对企业组织结构的影响是近年来经济学和管理学共同关注的问题（Melville et al., 2004）。一方面，技术创新对组织变革和进化具有根

---

① 由于翻译和表述的不同，本书对"预算软约束""软预算约束""软化预算约束"等概念不作区分。

本重要性（熊彼特，1912）；另一方面，组织和制度通过激励和约束机制深刻地影响了研发和创新的效率（许成钢，2017）。

目前已经形成的共识是：企业技术应用在从低级到高级的各个阶段具有不同的组织特征，传统层级制组织结构难以适应技术研发和应用的需要（Nolan，1979；Synnott，1987；刘英姿等，2004；石书玲，2002；宁光杰、林子亮，2014）。但对于企业自制或外购决策问题还未形成一致的观点，即技术研发应该在企业组织内还是企业组织外进行，技术应用会导致企业一体化程度提升还是降低。这个基本问题与协同创新密切相关。以科学管理理论、行政管理理论等为代表的管理学理论，以及以交易费用理论、产权理论、博弈理论等为代表的经济学理论都对这一问题进行了研究，但并未形成一致的结论。

从理论和实践发展来看，只从某一个角度或只用某一种理论解释企业边界（自制或外购）问题是不完全的（科斯，1990；Chandler，1992）。基于交易费用视角，比较企业内部交易费用与市场交易费用，虽然可以很好地分析企业纵向一体化和市场交易的转变，但是很难具体量化和分析交易费用。交易费用的内涵和构成具有不同的维度，因此在实际应用过程中存在困难，具体可见沈满洪和张兵兵（2013）的综述性文章。基于产权理论，威廉姆森（1975）[1]认为由于签约双方具有事后"敲竹杠"或毁约的动机，企业纵向一体化可以消除不完全契约的弊端。Hart（1995）[2]从企业剩余控制权的角度切入，认为企业为了得到具有互补性资产的剩余控制权，实行纵向一体化是最优决策；但是对于独立资产的剩余控制权，纵向一体化企业反而会降低效率。产权在企业技术研发与应用过程中发挥着重要作用，而企业纵向一体化有利于保护知识产权。产权理论在技术创新领域的应用主要集中于知识产权保护对技术创新的重要性（易先忠等，2007；王华，2011；刘思明等，2015），关于企业组织形式的研究则相对较少，且产权理论难以解释大型高科技企业外部研发问题。

在企业自制或外购决策问题的基础上，企业研发外包问题得到了进一

---

[1] 吴晓灵（2021）：《平台金融科技公司监管研究》，《清华金融评论》，第7期。
[2] Hart, O. D. (1995)："*Firms, Contracts and Financial Structure*", Clarendon Press.

步拓展。R&D投资具有溢出效应，对其他产业或其他国家的就业、技术创新和生产率均产生了影响（Coe and Helpman，1995；陈启斐等，2015）。费方域等（2009）认为，现实中存在的治理机制可以解决不完全契约问题，如具有创新关联特征（Bhattacharya and Guriev，2006）、战略联盟等合同性机制（Lerner and Tsai，2004）、知识产权保护强度（Arora and Merges，2004）等，因此企业研发外包模式具有普遍性。经过实证检验，陈启斐等（2015）认为研发外包可以显著地促进制造业的创新能力和创新效率提升；孟雪（2011）认为服务外包短期内会抑制我国生产率增加，长期内规模效应才会逐渐显现。商业银行长期处于研发基础薄弱的状态，倾向于采用外包模式进行技术研发，相关研究可见第一章第三节商业银行与银行科技服务商协同创新的相关文献综述。

基于这一理论主线，商业银行与金融科技公司协同创新本质上是"研发自制或外购"决策，是制造业与服务业普遍存在的问题，但具有以下一些特殊性：一是伴随着数字技术与金融业务的融合程度不断加深，二者之间的界限越来越模糊，一些金融科技公司以技术提供类金融服务，给商业银行带来了巨大冲击；二是数字技术改变了商业银行组织形式和研发模式，银行整体架构数字化转型使传统研发外包模式产生了一些新变化，并出现了一些新问题。

二、协同、协同创新与商业银行协同创新

协同学（Synergetics）主要研究一个复杂系统中各个子系统如何相互影响并产生协同作用（Hermann Haken，1976），其中协同处于核心地位（吴彤，2000）。由于复杂系统的广泛存在，协同学理论被广泛应用到社会学、经济学、管理学、生物学等各个学科中。

协同创新理论建立在协同学基础上，主要形成了三个研究方向：一是从国家创新视角，研究国家创新系统及内部各创新主体之间的作用机制，并在此基础上产生区域协同创新理论；二是从高等院校创新视角，研究产学研一体化创新模式的作用及机制；三是从企业创新视角，研究企业内部组织与外部合作的创新行为。协同创新已经成为企业技术创新的主要模

式，目的在于降低内部研发成本和市场交易成本、共享或独享知识产权、弥补自身创新能力不足等（Branstetter and Sakakibara，1998；解学梅、陈佳玲，2021；熊励等，2011）。网络关系强弱、企业知识吸收能力高低、融资约束、具体模式、政府行为等都对企业协同创新绩效具有显著的影响（蔡宁、潘松挺，2008；解学梅、左蕾蕾，2013；周开国等，2017；解学梅、刘丝雨，2015）。总体来看，研究企业协同创新问题大多基于调研和问卷获得数据，属于企业管理的研究思路。

目前，协同学理论开始应用到金融领域的研究中，金融体系中的监管政策协同、市场协同波动、机构协同合作、各类业务协同生效等方面的研究已经取得一些进展。例如，童中文等（2017）分析了货币政策与金融监管的协同机制；鲍丹（2008）认为金融创新是一个系统性的过程，可以运用协同学的相关理论进行研究；王宏起和徐玉莲（2012）将科技创新和科技金融作为复合系统进行整体研究和内部机制研究；汪莉等（2021）构建了105家商业银行的"银行—股东"网络，考虑网络位置、网络广度等因素对银行经营绩效的影响，从非正式制度视角考察了银行股权结构问题。在监管政策文件、商业银行年度报告、行业分析报告等文件中[①]，"金融""协同""创新"等概念也越来越多地组合在一起，说明了商业银行与金融科技公司协同创新的重要性。

基于这一理论主线，经济组织协同创新已经成为一种普遍趋势，具有非经济学的理论支撑。由于商业银行存在诸多特殊之处，企业协同创新理论不能直接应用到银行协同创新研究中，需要从经济学视角探索商业银行与金融科技公司协同创新的理论动因。

三、创新、金融创新与商业银行技术创新和组织创新

创新理论最早用来解释实体经济发展（菲利普、尼达尔，1999）。20

[①] 如《金融科技发展规划（2022—2025年）》中提到："稳妥开展跨界合作创新，推动与供应链、产业链上下游数据贯通、资源共享和业务协同。"中国工商银行2019年年报中提到："搭建跨专业、跨区域的协同创新平台。"

世纪70年代，伴随着金融市场发展与冲突，人们开始将创新理论应用到金融领域，逐渐发展成为金融创新理论。从广义角度来看，金融创新既包括金融工具、金融机构、金融市场等领域的创新，也包括金融创新的扩散和推广（Tufano，2002；Rogers，1983）；从狭义角度来看，金融创新主要指金融产品和金融业务的创新。陈岱孙和厉以宁（1991）认为，金融创新泛指金融领域的各类创新活动。

早期人们主要研究金融创新产生的原因，并形成了"内因说"和"外因说"两种观点。"内因说"强调金融机构追求利润、降低风险、满足市场需求等内部动因，是"生产技术"的引进和"生产组织"的创新（Greenbaum and Haywood，1971；Niehand，1983；Molyneux and Shamroukh，1996）。技术进步可以降低金融活动的交易成本，为金融企业降低生产成本创造便利，因此成为金融创新的重要原因之一。"外因说"强调金融机构为了适应外部环境、技术进步及监管政策的变化而从事大量的金融创新活动（Allen and Gale，1994；Hannon and McDowell，1984；Finnerty，1988；Bhattacharyya and Nanda，2000）。20世纪90年代之后，人们对金融创新的解释不再局限于内部因素和外部因素的划分，而是从金融功能的角度进行解释。例如，BIS认为金融创新主要执行转移风险、增强流动性、资金融通三项功能。Finnerty（2001）将多项金融创新活动分配到五项功能中[1]，但金融创新具有开放性特征，金融功能会相应拓展。

一方面，商业银行具有"严监管"的特点，组织创新活动较少；另一方面，长期以来技术进步只起到辅助支撑作用，商业银行对技术创新的重视程度不高。这两种因素导致有关商业银行技术创新和组织创新的研究较少。先前研究重点关注信息技术应用对商业银行业务风险的冲击（刘明勇，2010），当前研究关注数字化转型对商业银行组织变革的影响（丁蔚，2016）。传统的金融业分业经营与混业经营问题依然存在，当前大型科技公司跨业经营使金融控股公司问题再次凸显，这其中都包含大量的商业银

---

[1] 五项功能包括配置风险、增加流动性、减少代理成本、降低交易成本、规避税收和管制约束。

行组织创新问题（唐双宁，2001；王鹤立，2008；邢会强、姜帅，2021）。从实践来看，随着技术与业务的融合程度逐步加深，商业银行开始重视技术创新和组织变革，主要采取三种措施：一是加强自主研发能力，在现有组织基础上加大科技投入；二是通过成立银行系金融科技公司等方式变革组织形式，对商业银行内部生产要素和生产形式进行整合和优化；三是基于市场化方式，强化与金融科技公司等机构的外部联动机制。这三种措施都涉及了大量的协同创新问题。

因此，商业银行开展协同创新实践，是在金融创新理论的大框架下进行的。相较于传统的金融创新问题，协同创新以"技术"为核心，推动组织、业务、产品等各方面的变革，是金融创新研究的一个全新领域。在金融创新理论的研究框架下，分析技术进步对金融创新的内外部影响，能够为商业银行与金融科技公司协同创新寻找理论支撑和研究重点。

综上所述，三条理论主线都能为商业银行与金融科技公司协同创新问题提供一定的理论支撑，也说明协同创新具有重要的研究价值。但是，协同创新具有"技术创新和组织创新"的特殊性，上述理论很难直接应用到协同创新问题上，也无法解释商业银行与金融科技公司协同创新的大规模实践和复杂模式。因此，本章需要在已有理论的基础上，寻找一个合适的角度，为商业银行与金融科技公司协同创新问题建立一个完整的理论分析框架。

第二节　预算软约束理论及商业银行预算软约束症状

预算软约束理论除了解释中央计划经济与国有企业问题之外，还可以与金融危机、企业创新、经济增长等问题结合在一起来讨论。Qian 和 Roland（1994）认为，只要存在经济隶属关系，就会产生预算软约束问题。商业银行是预算软约束理论框架中的重要主体，自身预算软约束症状也是研究的焦点问题。随着我国银行业外部约束机制不断健全，商业银行内部治理问题更加突出。为此，在已有研究的基础上，本节创新性地提出商业银行依附性预算软约束和嵌入性预算软约束的概念，作为后续研究的基础。

一、预算软约束理论研究框架

Kornai（1980）最早提出预算软约束这一概念，主要指社会主义国家中央政府无法承诺不对国有企业进行事后干预，与市场机制中的硬预算约束相对应。后续研究将预算软约束这一概念拓展到计划经济之外的各类市场组织，并和厂商理论、MM定理、研发创新、经济增长理论等联系在一起（艾里克·马斯金、许成钢，2000；Kornai et al.，2003）。根据已有研究，预算软约束与传统"优胜劣汰"的硬预算约束机制对应，即"劣项目""劣企业""劣银行"等由于各种原因没有被淘汰。"劣"的具体判断标准包括入不敷出、高风险、低盈利等。

预算软约束理论领域的研究，基本遵循着"形成原因—救助动机—影响后果"的逻辑展开（Kornai et al.，2003；林毅夫、李志赟，2004）。Berglof 和 Roland（1998）认为，预算软约束可以理解为"一般动态承诺"问题，主要是由于缺乏清算威胁的可信度，导致事前激励机制失效。预算软约束不能被简单地归为"缺乏破产威胁"，而是更一般的"承诺"问题（艾里克·马斯金、许成钢，2000）。预算软约束的成因可以分为政治经济制度环境导致的外生性因素和经纪人追求利益最大化及信息不对称导致的内生性因素（许罗丹、梁志成，2000；李山、李稻葵，1998；陈俊龙，2017）。

按照预算约束主体，预算软约束理论可分成三个研究领域：一是研究中央政府对地方政府的救助。过度集权导致的低效率与预算软约束有关（Kornai，1980），但在财政分权体制下，中央政府提供救助会进一步激励地方政府过度举债（Wildasin，2004；Bordignon et al.，2001；龚强等，2011）。王叙果等（2012）进一步指出，政府具有经济和政治参与人的双重角色，导致我国地方政府融资平台过度负债。二是研究商业银行预算软约束问题，包括：商业银行和政府具有亲密的关系（Berglof and Roland，

1995)、银行体系的分散化与集中性（Dewatirpont and Maskin，1995；黄海洲、许成钢，1999)、商业银行的寻租行为（Mitchell，1997)、中央银行的最后贷款人职能（Goodhart and Huang，1998；Huang and Xu，1998）等，具体可参见廖国民（2004）对银行业预算软约束研究的综述性文章。三是研究企业预算软约束问题。在研究国有产权改革时，利用预算软约束理论解释国有企业低效经营，为国有企业改革提供了理论依据和对策建议（林毅夫、刘培林，2001；田利辉，2005）。

　　三个领域的研究并不孤立，政府、商业银行和企业之间的预算软约束问题往往交织在一起，形成了一个政府、商业银行和企业的预算软约束分析框架（辛清泉、林斌，2006）。中央计划经济代表的"家长式作风"，主要通过集中的金融制度对国有企业进行干预（艾里克·马斯金、许成钢，2000）。由于商业银行是大多数企业最重要的外部资金来源，政府为企业提供援助主要通过政策性或干预性贷款的方式（田利辉，2005），而商业银行对经营不善的企业进行融资，导致了商业银行资产质量问题。因此，企业预算软约束主要来自商业银行预算软约束，研究商业银行预算软约束问题能够增强对预算软约束理论的了解（Du and Li，2007）。

二、商业银行预算软约束症状的普遍性与异质性

　　商业银行预算软约束研究从国有企业信贷融资问题，逐渐发展到商业银行不良贷款、银行业市场结构、商业银行内部治理等一系列问题。商业银行具有资产负债率高、风险传染快、外部性等特征，使银行业预算软约束问题更加突出。

　　从定性角度来看，Kornai（1980）提出判断企业硬预算约束的五个必要条件[1]，Berglof 和 Roland（1998）总结了商业银行存在预算软约束问题

---

[1] 五个必要条件分别是：一是企业是其投入品和产出品的价格接受者；二是企业不能影响税则，国家税则应建立在可观测的硬性标准基础上，并且就税收数额或征集日期而言，所有企业无一获得豁免；三是企业内部不存在用以弥补日常开支费用的国家或其他方面的无偿拨款；四是企业完全依赖本身的资金，并且所有交易必须用现金进行；五是企业的投资不存在外部资金来源。

的五个原因①，这些都说明商业银行普遍存在预算软约束症状。从定量角度来看，Hart 等（1997）、Li 和 Liang（1998）、辛清泉和林斌（2006）、曹玉平和徐宏亮（2019）等使用国有资本持股比例来判断商业银行的预算软约束程度；谢平和焦瑾璞（2002）、施华强和彭兴韵（2003）基于商业银行不良债权与自有资本之间的关系，认为国有商业银行和城市商业银行普遍处于"技术性破产"状态；吴军和白云霞（2009）基于亏损国有企业新增银行贷款，测算商业银行预算软约束程度；江曙霞等（2006）从商业银行信贷过度扩张的角度，分析预算软约束投资冲动；林光彬（2011）从企业组织形式角度，分析有限责任公司存在四层预算软约束，可见现代公司治理模式仍然存在较大的问题。

基于已有研究的评价和度量标准，本部分分析了我国五类商业银行预算软约束的程度，具体见表 2-1。Kornai（1980）列举的五个必要条件中，商业银行自有资本低，财务杠杆率高，普遍存在预算软约束症状。基于资产规模、国有资本持股比例、国有企业客户比例、盈利能力和不良贷款率五个维度可知，民营银行资产规模普遍较小，股东全部为民营企业，主要服务小微企业客户，盈利能力和风险管控能力较强，预算软约束程度最低；而综合各个指标，城市商业银行预算软约束程度最高。大型商业银行在盈利能力和风险管理方面表现较好，预算软约束程度有所下降。

表 2-1　我国不同类型商业银行预算软约束程度

类型	大型商业银行	股份制商业银行	城市商业银行	农村商业银行	民营银行
价格接收者	√	√	√	√	√
不影响税则	√	√	√	√	√

---

① 五个原因分别是：一是再融资的事后收益；二是当银行和企业之间存在很强的相互依赖关系时，清算成本很高；三是质量差的竞争项目作为替代方案，只能为现有贷款进行再融资；四是隐藏不良贷款的动机，在存款保险制度下，"赌博"心理复活；五是银行寻租活动。

续表

类型	大型商业银行	股份制商业银行	城市商业银行	农村商业银行	民营银行
国家拨款	√	√	√	√	√
自有资金	×	×	×	×	×
外部资金来源	×	×	×	×	×
资产规模	+++++	++++	+++	++	+
国有资本持股比例①	+++++	++++	++++	+++	+
国有企业客户比例	+++++	+++++	+++++	+	+
盈利能力②	++	+++	+++++	++++	+
不良贷款率③	++	+++	++++	+++++	+

注：前五个判断条件若满足，则为"√"，否则为"×"；后五个指标按照该指标反映的预算软约束程度，最低为+，最高为+++++。

资料来源：笔者根据公开资料整理所得。

三、商业银行预算软约束概念拓展与分解

已有研究主要集中在商业银行双重预算软约束问题，偏向商业银行、监管机构和企业三者的关系，即商业银行的外部预算约束。本部分对商业银行预算软约束概念进行拓展和分解，主要基于以下三个方面的原因：

一是预算软约束概念不断拓展，给商业银行预算软约束研究带来了一些新思路。在 Kornai（1980）的基础上，黄海洲和许成钢（1999）、Maskin 等（2000）、Kornai（2009）等将预算软约束从经济体制问题拓展

---

① 按照我国商业银行 2021 年年度报告中公布的前十大普通股股东性质和持股比重进行判断。

② 根据中国银行保险监督管理委员会官网公布的 2021 年上半年不同类型商业银行资产利润率统计得到。资产利润率最低，代表预算软约束程度高，记作+++++；资产利润率最高，代表预算软约束程度低，记作+。

③ 根据中国银行保险监督管理委员会官网公布的 2021 年上半年不同类型商业银行不良贷款率统计得到。不良贷款率最高，代表预算软约束程度高，记作+++++；不良贷款率最低，代表预算软约束程度低，记作+。

到公司治理和企业财务问题,强调企业内部自我激化和自我强化的预算软约束。崔之元(1999)将西方市场经济中存在的预算软约束分为制度性和政策性两类。Kornai 等(2003)将预算软约束分为对企业的政治干涉和内部控制工具两种。田利辉(2005)区分了广义的预算软约束和狭义的预算软约束。[①] 周雪光(2005)、马骏和刘亚平(2005)、狄金华和黄伟民(2017)等以约束方向为分类基础,提出了"逆向预算软约束"的概念。[②] 王瀚和朱健刚(2021)从收支约束的视角,提出了"量出为入"的嵌入性预算软约束概念[③],适用于地方政府与政府下属部门之间的关系。尽管预算软约束应用的具体场景各异,但本质上都缺少硬性预算约束,从而无法对利润最大化、倒闭破产机制等市场机制进行突破。

二是预算软约束理论开始强调企业内部治理过程中的预算软约束问题。目前,关于国有企业预算软约束问题的研究,基本围绕国有企业股权结构(郝阳、龚六堂,2017;方明月、孙鲲鹏,2019)、股东与经理人代理(郑红亮,1998;李涛,2005)、企业治理和组织模式改革(钱颖一,1995;张捷,2002;Markevich and Zhuravskaya,2011;杨记军等,2019)、母子公司预算约束(Milgrom,1988;Brusco and Panunzi,2005;唐文雄,2001)等内部治理问题,分析国有企业内部治理和企业组织形式的优化。从内部治理角度来看,商业银行组织内部存在信息不对称,涉及大量的委托代理关系和成本分离问题(张维迎,1996)。因此,市场经济组织产生内部预算软约束的根本原因在于所有权与管理权分离下的"代理"问题(林光彬,2011)和成本分离问题(谢作诗、李善杰,2015)。商业银行内部治理主要是由于多重委托代理关系和激励约束机制不健全导致(Arun

---

① 广义的"预算软约束"是指提供信贷的一方对未完成的、尚且有利可图的投资项目进行"再"贷款。狭义的"预算软约束"是指在国家所有制下,因为政府和某些企业存在隶属关系,所以该企业管理者产生了对政府援助的理性预期,致使企业财务的预算约束变软。

② "逆向预算软约束"是指地方政府可以通过权力自上而下地在其管辖范围内攫取其他组织或个人的资源来突破现有预算的限制,是"从上到下"的预算约束。

③ "嵌入"是指一个事物卡进另外一个事物的过程或状态。按照 Hagedoorn(2006)的划分,嵌入可以分为环境嵌入性、组织嵌入性和双边嵌入性。嵌入性强调的是两种事物之间存在的包含与被包含的关系。

and Turner, 2009; Clarke et al., 2005; 蒋海等, 2010; 周立、赵玮, 2012)。

三是从实践来看, 银行业市场化改革不断推进, 通过持续优化股权结构和内部治理机制、大力发展民营银行、引入外资银行、深化利率和汇率市场化改革等手段, 使商业银行外部预算约束程度不断硬化。然而, 商业银行内部治理问题突出, 导致财务危机频发。近年来, 某些商业银行出现经营风险, 其根本原因在于内部治理机制不健全, 尤其是大股东不合规关联交易、管理层以股东利益为主、内部人员开展业务不规范等。因此, 研究商业银行预算软约束问题, 应当从"外部"转向"内部"。

基于上述分析, 本书在商业银行预算软约束理论的基础上, 重点关注商业银行内部治理问题。在王瀚和朱健刚 (2021) 研究的基础上, 创新性地提出了依附性预算软约束和嵌入性预算软约束的概念, 从外部约束和内部治理 (即外生性因素和内生性因素) 两个角度分析商业银行预算软约束症状, 具体见表 2-2。需要特别指出的是, 商业银行内部委托代理关系众多, 不应局限于管理层、部门和子公司预算软约束问题。由于分析方法和研究逻辑类似, 故不再一一列举。

表 2-2 商业银行依附性预算软约束和嵌入性预算软约束症状

名称	动因	类型	软约束表现	约束体和支持体
依附性预算软约束	外生性因素（行政目的）	商业银行预算软约束	入不敷出	商业银行和中央银行
		企业预算软约束	入不敷出	企业和商业银行
嵌入性预算软约束	内生性因素（信息不对称）	管理层预算软约束	个人利益最大化	管理层和股东
		部门预算软约束	入不敷出	部门和商业银行
		子公司预算软约束	入不敷出	子公司和商业银行

资料来源: 笔者在已有研究的基础上整理所得。

商业银行依附性预算软约束是指商业银行与中央银行、企业等外部经济组织之间由于行政干预等因素导致的"救助"与"被救助"问题, 主要包括商业银行预算软约束和企业预算软约束①，具体可见施华强（2004）的研究。依附性预算软约束导致商业银行具有投资低质量项目或为高风险企业融资的动机，从而积累了一定的风险。

商业银行嵌入性预算软约束是指个人、部门或子公司高度嵌入商业银行组织框架内而产生的"坏个人""坏部门""坏子公司"的资金支持问题，包括管理层预算软约束、部门预算软约束和子公司预算软约束。管理层预算软约束是指商业银行股东雇用管理者，管理层按照个人利益最大化进行决策，且股东无法及时终止该决策。部门预算软约束是指商业银行设立的部门入不敷出并一直持续运营，不存在部门之间的合并重组机制。子公司预算软约束是指商业银行所属子公司出现财务危机，商业银行采取各种手段对其进行救助。商业银行嵌入性预算软约束，可能来自部门或子公司职能分工不同导致的经营效率差异，如研发部门不直接产生利润，但对银行稳定运营具有支撑作用；也可能来自部门或子公司低效运营。此外，子公司的独立性大于部门，部门预算软约束程度大于子公司预算软约束程度。

从关系来看，依附性预算软约束和嵌入性预算软约束是一个问题的两个方面。一方面，企业预算软约束导致和助推商业银行嵌入性预算软约束，是嵌入性预算软约束产生的原因之一。为了对国有企业等机构进行救助，商业银行所属部门和子公司因进行无效率融资或投资，而无法以利润最大化为目标。另一方面，嵌入性预算软约束是商业银行预算软约束的根源之一。商业银行管理层、部门和子公司的无效投资和融资，导致商业银行出现财务危机或其他经营风险，从而需要中央银行进行救助。商业银行依附性预算软约束和嵌入性预算软约束的关系见图2-1。

---

① 商业银行预算软约束是指当商业银行出现各类风险导致经营出现问题时，中央银行等外部组织通过非市场化手段给予商业银行流动性支持，从而避免商业银行的破产清算，即商业银行和中央银行的预算软约束问题。企业预算软约束是指当企业入不敷出、出现财务危机时，商业银行为其提供融资和再融资支持，即企业和商业银行的预算软约束问题。

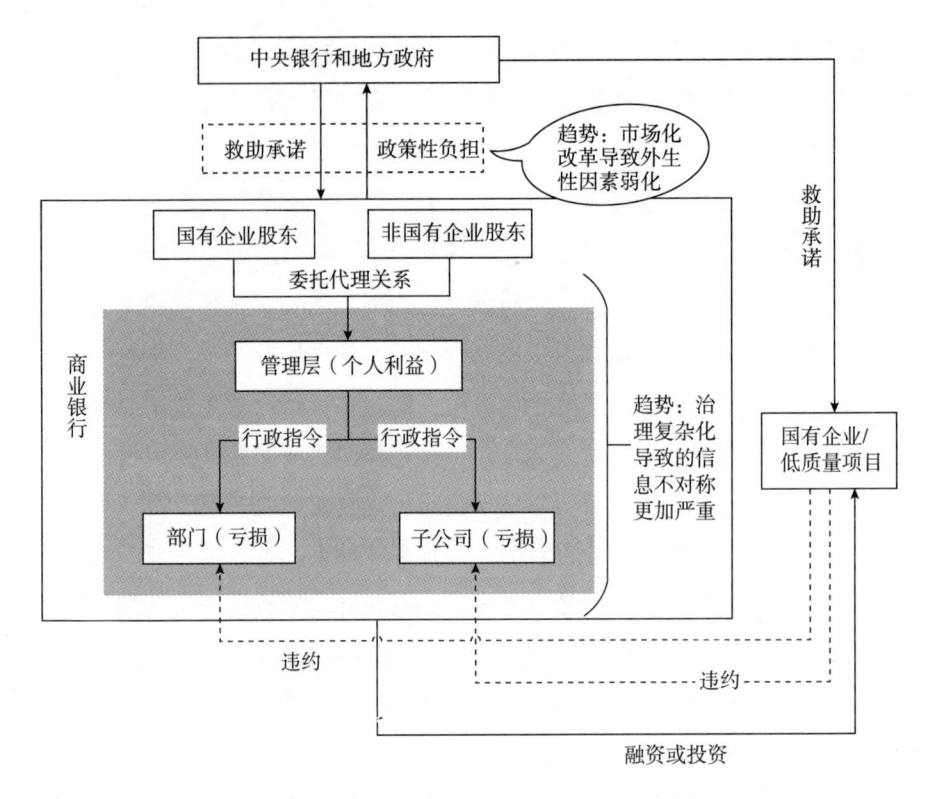

图 2-1　商业银行依附性预算软约束和嵌入性预算软约束的关系

注：实线框内代表嵌入性预算软约束，实线框外代表依附性预算软约束。
资料来源：笔者自绘。

第三节　预算软约束理论在商业银行技术创新中的应用

已有研究主要基于商业银行是否为科研项目提供融资和再融资，分析预算软约束对技术创新的影响。本节将预算软约束理论应用到商业银行技术创新领域，提出依附性预算软约束鼓励商业银行加大技术创新应用，但监管部门事前甄别机制的无效率和高成本导致商业银行具有应用高风险技术项目的激励和动机；嵌入性预算软约束导致商业银行技术研发主要依靠官僚机制进行事前筛选，内部研发部门缺乏有效的事后筛选机制，从而投资大量的低质量研发项目。

一、研究基础

预算软约束对企业技术创新的影响具有不确定性。一方面，中央计划经济只能依赖官僚机制进行事前筛选，且事后无法及时终止低质量研发项目，从而导致缺乏创新（艾里克·马斯金、许成钢，2000）。齐岳和孙信明（2015）发现，商业银行等大型国有企业提高负债规模后只提高了创新规模，而没有显著提高技术创新水平。另一方面，在固有的风险和不确定性下，当充分竞争且金融受到良好监管时，预算软约束能够促进创新投入（Jerneck，2020）。吴剑平（2014，2018）认为，政府对创新主体的财政资金扶持容易对创新预算形成软约束，导致创新目标替代，强化了创新主体的风险偏好。许成钢（1999）在《预算软约束与经济学新理论》一文中，提供了一个预算软约束与企业研发的简单框架，认为预算软约束可以在一定程度上促进企业的技术研发；但当技术的不确定性增加时，预算软约束的负面影响占据主导作用。

基于预算软约束理论，企业为了筛选和应对研发项目的不确定性，主要有两种筛选机制：官僚筛选机制（事前筛选）和市场筛选机制（事后筛选）。与研发项目相关的不确定性可以在项目实施时减少，因此事后筛选比事前筛选更有效。但是，事后筛选机制发挥作用的前提是"承诺一个低质量项目会被及时终止"（Huang and Xu，1998）。谢作诗和李善杰（2015）认为，企业难以在事前甄别出好项目或甄别的成本过高，从而导致企业投资坏项目的可能性非常大。对于高科技和高风险领域不确定性较大的创新项目，优胜劣汰的市场机制能够解决预算软约束带来的效率低下问题。大型企业在研发过程中缺乏有效的事后筛选机制，更重视与降低成本有关的创新（Scherer，1992），且研发活动限制在不确定性和新颖性较低的领域（Jewkes et al.，1969；Nelson et al.，1967）。黄海洲和许成钢（1999）提出，由多家商业银行对同一个科研项目进行融资，即采用合资模式会使技术研发受到硬预算约束。许成钢（2017）认为，尽管大型企业在市场运作过程中受到硬预算约束，但是其内部创新活动的核心机制依然是预算软约束。整体来看，商业银行在市场运作和内部创新活动中面临双重的预算软约束问题。

基于本章第二节提出的依附性预算软约束和嵌入性预算软约束的概念，技术创新依附性预算软约束是指"商业银行技术创新应用失败，金融监管机构进行救助"，主要是由于技术产品具有不确定性，监管机构事前甄别机制无效率且高成本，无法对商业银行技术应用进行严格规范；技术创新嵌入性预算软约束是指"传统研发部门投资低质量项目，商业银行持续给予资金支持"，主要是由于商业银行事前筛选机制无效率，内部研发部门缺少事后筛选机制而无法及时终止低质量研发项目。

二、技术创新依附性预算软约束概念界定及分析

新技术对商业银行经营模式带来了系统性冲击，但技术产品的实际效果还未得到充分验证。当前大部分国家对商业银行技术创新与数字化转型持鼓励态度，且开始重视技术风险，在鼓励金融创新与风险管理之间寻找平衡。从互联网金融和大型科技公司的发展实践来看，监管部门对金融创新往往从"松"到"紧"，从"鼓励"到"规范"。技术创新与技术应用具有不确定性，这可能加大商业银行经营风险和银行业系统性风险。因此，中央银行有救助商业银行的动机，且在一定程度上激励了商业银行加大应用高风险技术产品。

与此同时，存在一个问题，即预算软约束问题长期存在，为什么当前商业银行应用高风险技术产品的问题尤其突出。国内外比较一致的看法是将商业银行技术应用分为金融电子化、互联网金融和金融科技三个阶段（Arner et al., 2015；董昀、李鑫，2019），具体见图2-2。自20世纪90年代，我国银行业开始进行信息化建设，使用计算机和通信技术代替手工操作。21世纪兴起的互联网金融是建立在相对成熟的互联网和移动终端渠道的基础上，业务模式进行相应创新。在这两个阶段，商业银行技术应

用风险较低，主要有以下三个原因：一是技术产品对商业银行开展业务具有辅助支撑作用，但难以直接促进利润增加，商业银行对技术应用的关注度不高；二是各家商业银行使用的技术产品不存在明显的差异，ATM、POS机、银行交易系统等技术产品具有"通用性"，技术外包模式具有可行性；三是监管机构对商业银行信息技术外包风险进行了严格规范。

商业银行应用技术不确定性程度：从低到高
商业银行技术应用规模：从局部到整体数字化转型

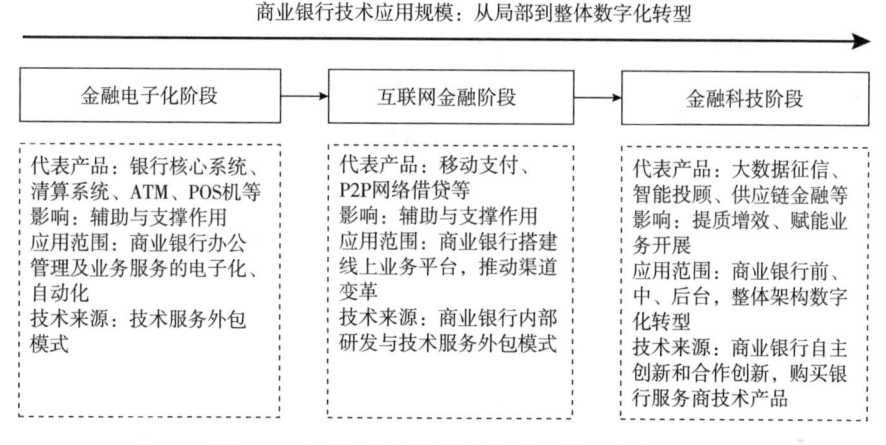

金融电子化阶段
代表产品：银行核心系统、清算系统、ATM、POS机等
影响：辅助与支撑作用
应用范围：商业银行办公管理及业务服务的电子化、自动化
技术来源：技术服务外包模式

互联网金融阶段
代表产品：移动支付、P2P网络借贷等
影响：辅助与支撑作用
应用范围：商业银行搭建线上业务平台，推动渠道变革
技术来源：商业银行内部研发与技术服务外包模式

金融科技阶段
代表产品：大数据征信、智能投顾、供应链金融等
影响：提质增效、赋能业务开展
应用范围：商业银行前、中、后台，整体架构数字化转型
技术来源：商业银行自主创新和合作创新，购买银行服务商技术产品

图 2-2　商业银行技术创新与应用的三个阶段

资料来源：笔者自绘。

金融科技阶段具有以下新的特点：一是数字技术与商业银行核心业务融合在一起，形成了大数据征信、智能投顾、供应链金融等新型业务模式，技术在商业银行价值链中的占比逐渐增加；二是各类金融科技公司蓬勃发展，无论是进军金融领域的互联网科技巨头，还是关注银行技术研发的传统科技企业，或是新兴的科技型企业，都为商业银行提供了各种类型的技术产品与服务；三是商业银行技术应用规模和范围不断加大，从局部应用发展到整体数字化转型。

在此背景下，商业银行在技术应用方面不再局限于成熟的技术，而是通过自主研发或外部引入，将最新技术应用到业务和运营过程中。大数据、机器学习等技术产品尚未经过长期大规模的系统检验（如系统性金融动荡），因此其实际效果具有较大的不确定性。商业银行进行事前甄别的成本高、难度大，难以准确识别新技术产品的风险与最终效果。此外，监管机构积极推动商业银行数字化转型，但监管政策相对滞后于实践发展，无法对商业银行技术应用进行完全准确的判断。若监管机构采取严格的监管，则会阻碍创新；若监管机构实行相对宽松的监管，在事前筛选机制无法生效的情况下，则会加大商业银行创新风险。事前甄别机制的无效率和高成本，是监管机构对商业银行实施事后救助的根本原因。

综合来看，在商业银行数字化转型过程中，技术与业务融合导致商业银行加大技术产品应用。依附性预算软约束进一步激励商业银行利用高风险技术产品开展业务，从而产生了技术风险加大的问题。

三、技术创新嵌入性预算软约束概念界定及分析

建立高效运行的研发组织、营造良好的创新环境是促进企业技术创新的关键。随着商业银行不断推进技术研发与应用，商业银行传统研发组织技术创新效率低、风险大的问题凸显出来。

商业银行内部委托代理关系众多，技术创新主要涉及商业银行研发部门与其他部门的关系。长期以来，商业银行"技术研发"服务"业务发展"，在组织形式中表现为"研发部门服务业务部门或管理层"，研发部门的主要职能是为业务部门提供技术支撑。在实践中，一般由管理层或业务部门决定研发部门的研发任务，提出研发项目需求，研发部门不具有完全的决策权。这种模式在金融电子化阶段和互联网金融阶段并不存在突出的问题，主要是由于技术对银行实际经营和业务开展的影响较小，商业银行对技术研发的重视程度不够，传统研发部门实际投资的研发项目较少。

随着技术与业务的融合程度逐渐加深、消费者对便捷支付和数字化服务需求的增加以及各类科技公司崛起，商业银行纷纷将金融科技作为重要发展战略，不断提高对技术研发和技术应用的重视程度，传统研发部门的重要性凸显出来。但是，商业银行传统的研发组织形式制约了技术创新活

动：一是现有"业务决定技术"研发模式，导致业务部门提出的技术需求价值过低或难度过高，业务部门和研发部门之间存在严重的信息不对称，从而造成研发资源的浪费和科研活动的无效率；二是由于人员、技术、资金等各种限制，研发部门无法满足管理层和业务部门提出的所有研发需求，因此研发需求主要依靠管理层或部门负责人进行事前筛选，当出现低质量项目时，研发部门很难及时终止损失；三是研发部门成本分离，缺少有效的权责匹配机制，现有的绩效考核机制难以对研发部门的综合绩效进行评价，导致研发部门技术创新动力不足或技术风险偏好加大；四是数字技术产品具有较大的不确定性，研发部门提供的技术产品很难经过市场充分验证后再应用到商业银行的具体业务中，存在一定的技术风险；五是与市场化金融科技公司相比，商业银行现有的技术人员薪酬体系和晋升机制不具有明显竞争力，难以吸引高水平的信息技术人员，从而导致研发部门对项目的自我辨别能力和研发能力不足（见图2-3）。

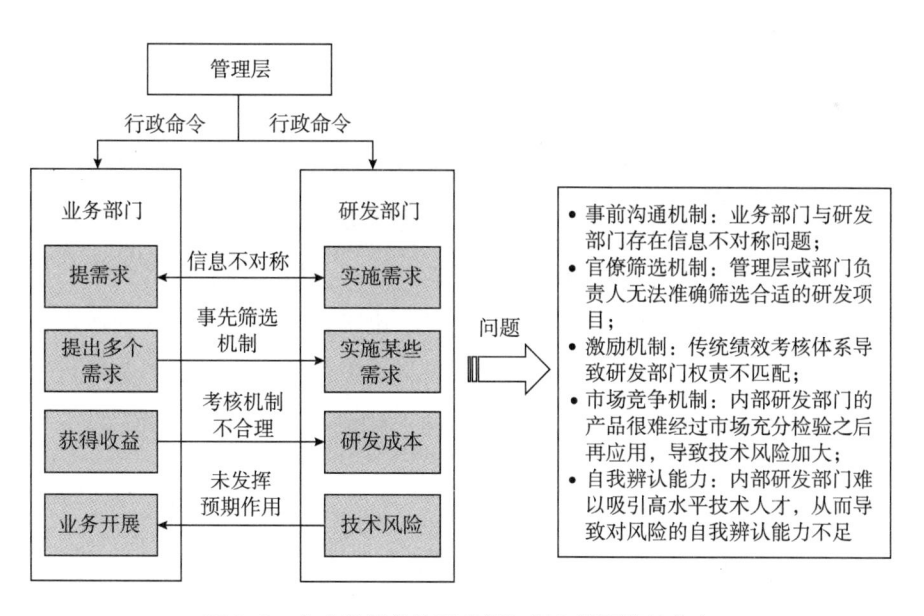

图2-3 商业银行传统研发部门嵌入性预算软约束

资料来源：笔者自绘。

综合来看，商业银行开始重视技术创新，但传统研发部门普遍缺少事后筛选机制，投资大量的低质量研发项目，技术研发效率较低、技术应用风险加大，难以适应当前数字化转型和金融科技发展需要。

第四节　协同创新对商业银行技术创新预算软约束的影响

商业银行与金融科技公司协同创新有助于降低预算软约束对商业银行技术创新的负面影响、规范创新行为、提高创新效率。直接购买技术产品和解决方案，有助于利用银行科技服务商的市场化筛选机制，降低商业银行的技术应用风险；引入金融科技公司股东，有助于提高事前甄别机制的准确性，提高对研发部门的重视程度；成立银行系金融科技公司，有助于提高研发部门的独立性，建立事后筛选机制和市场化经营评价机制。但是由于协同创新实践的复杂性，三种协同创新模式对商业银行技术创新的影响具有不确定性。

一、依附性预算软约束与外部协同创新

商业银行技术创新产生依附性预算软约束问题，离不开三个核心因素，即商业银行技术创新的需求、技术产品的不确定性、监管机构的救助承诺和逆向激励。由于推动银行业数字化转型、监管机构救助承诺具有一定合理性和必要性，加强对技术产品的审慎监管、降低商业银行技术应用的不确定性是硬化商业银行技术创新依附性预算约束的主要措施。

审慎监管是针对商业银行预算软约束问题的制度性补救措施（Du and Li, 2007）。为了降低商业银行应用技术产品的不确定性，金融监管部门主要从三个方面着手：一是强化商业银行信息技术风险管理，将商业银行技术风险纳入到全面风险管理框架中，例如，要求商业银行建立新技术引入安全风险定期评估机制，关注银行科技服务商集中

度风险和技术风险传染等问题①；二是提高监管机构事前甄别机制的效率和准确性，例如，通过"监管沙箱"（Regulatory Sandbox）机制②、创新指导窗口、创新加速器③等措施，提前了解商业银行金融科技创新风险，验证技术产品的实际功能；三是规范市场选择机制，建立统一的技术监管标准和数据治理标准，推行金融科技产品认证体系④，对各种类型的金融科技公司推出的产品进行规范化和标准化管理。上述第二种对策涉及商业银行与金融科技公司协同创新问题，例如，北京、上海等地鼓励持牌金融机构与金融科技公司联合申请入箱项目。

与此同时，商业银行主要从三个方面着手：一是当前金融科技公司仍然是金融科技研发的主力，商业银行利用金融科技公司之间的市场化竞争机制，甄别和评估市场化技术产品的效益和风险；二是利用同业示范效应，尤其是中小银行参考大型商业银行技术创新应用情况，选择同一家银行科技服务商，或者直接从商业银行引进技术产品和解决方案；三是由于外购技术产品和解决方案的局限性，商业银行加强自主研发能力，提高内部研发部门对技术产品的吸收能力和风险管理能力。前两种对策涉及商业银行与市场化金融科技公司的外部协同创新模式，具体见图2-4。

---

① 具体见《中国银保监会办公厅关于银行业保险业数字化转型的指导意见》《银行保险机构信息科技外包风险监管办法》等。
② 监管沙箱（Regulatory Sandbox）的概念由英国政府于2015年3月率先提出。按照英国金融行为监管局的定义，"监管沙箱"是一个"安全空间"，在这个安全空间内，金融科技企业可以测试其创新的金融产品、服务、商业模式和营销方式，而不用在相关活动碰到问题时立即受到监管规则的约束。
③ 创新加速器是一种以快速成长企业为主要服务对象，通过服务模式创新充分满足企业对空间、管理、服务、合作等方面个性化需求的新型空间载体和服务网络，具有较强的集群吸引力和创新网络形态。创新加速器是介于创新孵化器和科技园区之间的一种中间业态。
④ 来自2019年12月11日中国人民银行相关负责人在第四届"2019中国（深圳）金融科技全球峰会"上发表的演讲。具体见：https：//baijiahao.baidu.com/s？id=1652707329713647260&wfr=spider&for=pc。

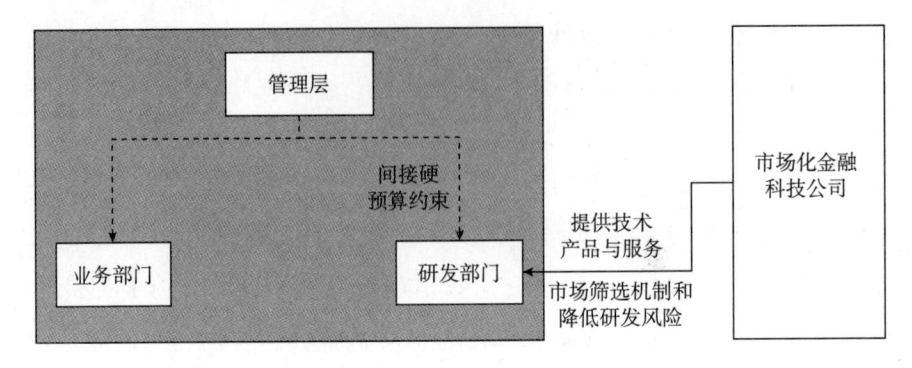

图 2-4　商业银行与银行科技服务商协同创新模式

资料来源：笔者自绘。

二、嵌入性预算软约束与内部协同创新

随着银行业市场化改革，我国商业银行在技术创新过程中也进行了局部的调整和变革。一是深化商业银行混合所有制改革，加强与金融科技公司的战略合作，实施"引资""引智"和"引制"；二是民营银行、直销银行、互联网银行等新型商业银行突破传统的分支行模式，组织架构上偏向扁平化，以便采取灵活调整的管理模式；三是传统商业银行对部门设置、事业部改革等进行局部变革和调整，以更加适应技术研发和市场变化。基于实践发展和理论分析，为建立技术研发的硬预算约束机制，商业银行可以采取以下两种措施：

一是通过股权改革或管理层改革，提高事前甄别机制的效率，降低内部研发部门投资低质量项目的概率。合资模式有助于建立硬预算约束机制（许成钢，1999），商业银行通过引入多元化股东，尤其是金融科技公司股东，有助于提高商业银行对内部研发部门的重视程度，并利用金融科技公司股东的优势资源开展外部合作。此外，引入金融科技公司股东，有助于提高管理层对技术创新项目的事前筛选能力和事后止损能力，在一定程度上提高内部研发部门的技术创新效率（见图 2-5）。

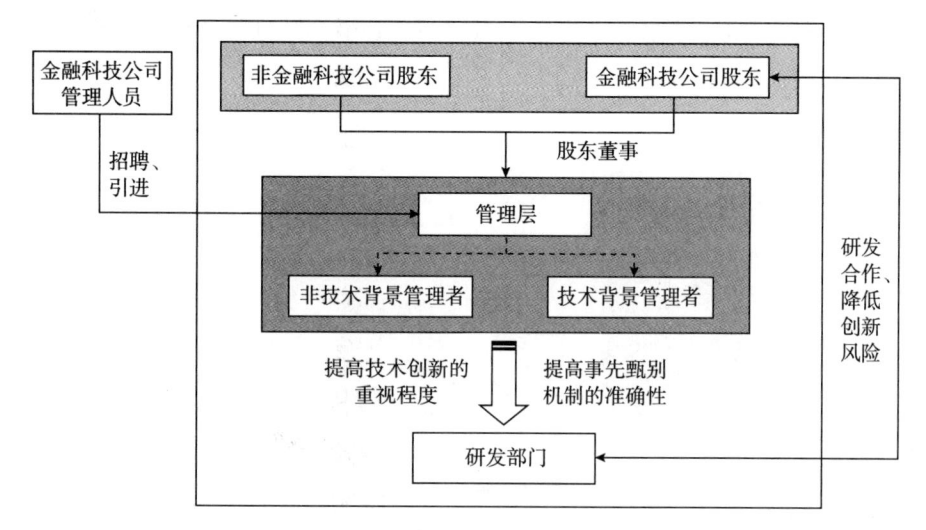

图 2-5　商业银行与金融科技公司股东协同创新模式

资料来源：笔者自绘。

二是调整和优化组织架构，提高研发部门的独立性和盈利能力。为了建立和完善技术创新激励和约束机制，一些商业银行开始强调"技术和业务双轮驱动"，在商业银行传统组织框架内成立金融科技部、网络金融部、金融科技创新部等新型部门，将原有的业务部门和技术部门进行融合，促进研发部门的责任、权力和利益匹配。

此外，商业银行成立金融科技公司是比较典型的硬化预算约束的方法。一方面，银行系金融科技公司作为商业银行或所在集团负责技术研发的子公司，与商业银行在股权、人员、业务等方面紧密联系，在其发展初期以服务商业银行数字化转型为主要目标，承担了一部分或者大部分技术研发职能。另一方面，银行系金融科技公司作为独立经营、自负盈亏的企业法人，在技术研发方面具有一定的自主权，能够及时终止低质量项目，提高研发的效率；参与市场化竞争，形成良好的优胜劣汰机制，降低技术产品的风险。在实践中，银行系金融科技公司具有不同的股权结构、组建模式和经营定位①，导致预算约束的硬化程度不同。但与

---

① 具体见第七章第三节。

传统内部研发部门相比，银行系金融科技公司受到的预算约束程度明显较高（见图 2-6）。

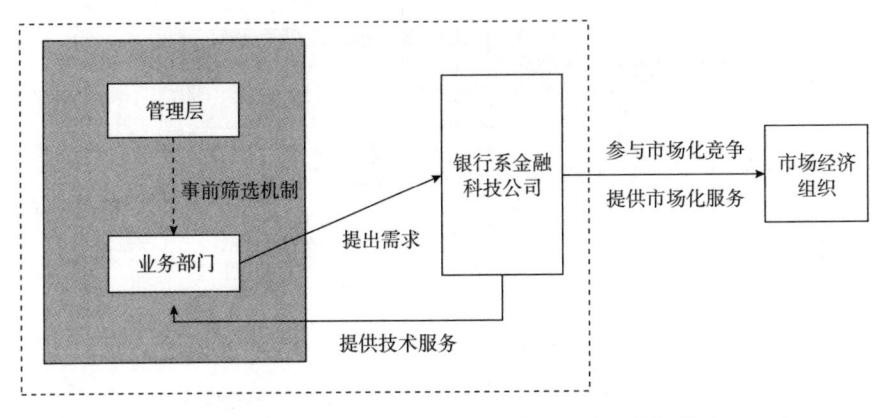

图 2-6　商业银行与银行系金融科技公司协同创新模式

资料来源：笔者自绘。

三、协同创新的复杂性及效果的不确定性

基于上述分析，商业银行与金融科技公司开展协同创新，能够降低商业银行应用高风险技术产品及内部研发部门投资低质量项目的概率，从而促进商业银行技术创新。虽然协同创新源于技术创新，但不局限于此，还涉及组织创新、管理创新、资源共享等各种问题，协同创新实际效果具有不确定性。

商业银行外购技术产品和解决方案，可能存在理论分析与实践活动脱节，难以解决高风险技术产品应用问题。一是任何技术都具有不确定性，且技术风险难以完全消除。尽管银行科技服务商采取大量生死筛选机制进行技术研发，但推向市场的技术产品和解决方案仍然存在一定的风险。二是商业银行具有不同的风险偏好，在外购技术产品和解决方案时想要实现的目标各异。例如，在依附性预算软约束的激励下，一些商业银行可能希望采用"高风险、高回报、低成本"的技术产品，实现短期利益最大化。三是银行科技服务商研发实力相差甚大，商业银行在外购技术产品和解决方案时依然采取事前筛选机制，缺少有效的止损机制。因此，外购技术产品和解决方案作为一种间接、理想的对策，对商业银行高风险技术应用的影响具有不确定性。

　　金融科技公司股东对商业银行技术研发具有多渠道的影响机制，且可以跳过技术创新环节、直接影响商业银行业务开展和经营活动。基于已有研究，股东对企业具有"利益协同"效应和"隧道"效应（Titman and Tsyplakov, 2007；沈华玉等，2017）。从技术创新的角度来看，一方面，金融科技公司股东具有多年的研发经验，能够提高商业银行事前筛选技术研发项目的准确性，减少投资低质量项目的概率；另一方面，商业银行过度依赖金融科技公司股东的技术产品和解决方案，忽视了内部研发，且由于金融科技公司股东决定技术应用，商业银行完全丧失项目事前筛选和事后止损的权利。

　　银行系金融科技公司通过强化研发项目事后筛选机制，对商业银行经营绩效和风险承担产生影响。但银行系金融科技公司的市场定位和运作模式各异，对技术创新预算约束的实际影响不同。若银行系金融科技公司仅服务于商业银行数字化转型，以满足商业银行的研发需求为主，与内部研发部门没有实质差异，仍然无法及时终止低质量项目。因此，银行系金融科技公司需要满足"一定的独立性""研发项目止损权利""较强的自我研发能力"等一系列条件，才能真正发挥硬化技术创新预算约束的作用。

　　针对上述问题，本书后续部分将对商业银行与银行科技服务商、金融科技公司股东、银行系金融科技公司三种协同创新模式进行深入分析，并对其实际效果进行验证。

第五节　理论模型构建与分析

　　基于上述分析，本节在 Qian 和 Xu（1998）理论模型的基础上，主要论证以下两个问题：一是在技术研发阶段，嵌入性预算软约束导致商业银行内部研发部门效率低下，因此需要赋予研发部门或银行系金融科技公司完全的项目终止权利，以及建立科学的绩效考核体系；二是在技术应用阶段，依附性预算软约束可能导致商业银行应用高风险技术产品，因此外部协同创新模式的实际效果需要进一步检验。

一、模型基本设定

在 Qian 和 Xu（1998）建立的软预算约束和硬预算约束下，以及创新和官僚主义理论模型的基础上，进行了以下几点改进和完善：一是考虑商业银行技术产品应用失败可能造成的损失，如一些大数据信贷模型可能会提高商业银行不良贷款率[①]；二是考虑商业银行技术创新中的信息不对称具有依次性，内部研发部门最先知道技术产品的类型，之后分别是商业银行管理层、监管机构；三是考虑研发部门的激励与约束对商业银行技术创新的影响；四是由于商业银行长期采用技术外包形式进行技术创新，因此可以考虑外部购买技术产品。此外，本部分所有数值已经考虑货币时间价值，除个别需要说明的情况外，不再进行贴现。

假设商业银行为了推动数字化转型，需要应用某个新的技术产品。新技术项目分为两类：一是低风险产品，需要研发部门进行两期投入，在第三期生效；二是高风险产品，需要研发部门进行三期投入，在第四期生效。此外，商业银行还可以从外部直接购买一个新技术产品，经过一期的应用即可在第二期生效。假设新技术产品是低风险产品的概率为 a，是高风险产品的概率为 $(1-a)$。低风险产品成功的概率为 p，给商业银行带来收益 R，失败的概率为 $(1-p)$，不产生任何损失；高风险产品成功的概率为 p，给商业银行带来收益 $(R+\Delta R)$，失败的概率为 $(1-p)$，给商业银行造成 R_1 的损失。

在研发和应用新技术产品之前，商业银行（包括管理层和研发部门）和监管机构并不知道该产品实际的投入和最终的回报，且各方都难以完全掌握信息。商业银行可以通过咨询有关专家、举办各种会议等方式来掌握

[①] 根据对商业银行金融科技人员的访谈得此结论。尤其是一些依赖机器算法与人工智能的互联网贷款业务，不良贷款率较高。此外，本书第八章也进一步验证了该观点。

项目的信息，即进行事前甄别。由于技术产品的复杂性，进行事前甄别既存在一定的成本，也存在一定的误差和不确定性。假设通过事前甄别，判断技术产品为低风险产品的概率为 γ，为高风险产品的概率为（$1-\gamma$），且 $1/2 \leq \gamma \leq 1$，即事前甄别机制更容易判断低风险技术产品（见表2-3）。

表2-3 事前甄别机制对低风险产品和高风险产品的判断情况

	θ^L	θ^H
低风险产品	γ	$1-\gamma$
高风险产品	$1-\gamma$	γ

注：θ^L 为判断其为低风险产品的概率；θ^H 为判断其为高风险产品的概率。
资料来源：笔者自制。

在第0期，商业银行决定是否要投资并应用该新技术产品，如果决定"是"，需要决定是否花费成本进行事前甄别。若不进行事前甄别，则技术产品在第0期可以应用；若进行事前甄别，则技术产品在第1期开始应用。由于进行事前甄别需要延迟一期进行投资，假设货币时间价值（贴现因子）为 δ（$0 \leq \delta \leq 1$）。

若进行事前甄别，在第1期，商业银行决定研发新技术产品，需要投入的资本为 C_1，且经过一期的运行后，研发部门在第2期可以知道该新产品的类型，但是商业银行管理层和监管机构不知道，即存在一定的信息不对称。在第2期，无论该技术产品属于哪种类型，都需要投入 C_2 单位的资本才能继续进行下去。在第3期，低风险产品生效，不需要额外的投资；高风险产品需要继续增加投资 C_3，才能在第4期生效。若为低风险产品，商业银行管理层和监管机构在第3期知道该产品的类型；若为高风险产品，监管机构在第4期才能知道该产品的类型。如果技术产品在完成之前终止，收益和损失均为0。具体的流程见图2-7。

对于以上设定条件，可以推导出：

$$pR = p(R+\Delta R) - (1-p)R_1 > C_1 + C_2 + (1-a)C_3 \tag{2-1}$$

$$p(R+\Delta R) - (1-p)R_1 < C_2 + C_3，且\ p(R+\Delta R) - (1-p)R_1 > C_3 \tag{2-2}$$

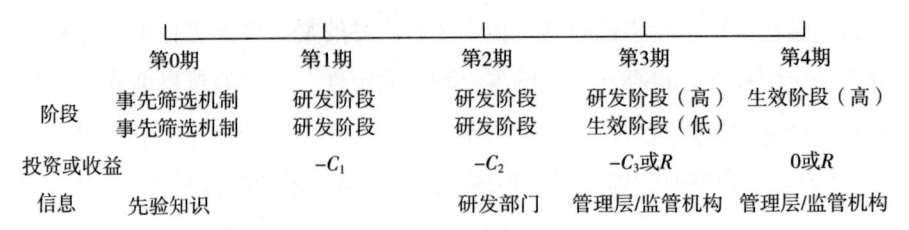

阶段	第0期	第1期	第2期	第3期	第4期
	事先筛选机制	研发阶段	研发阶段	研发阶段（高）	生效阶段（高）
	事先筛选机制	研发阶段	研发阶段	生效阶段（低）	
投资或收益		$-C_1$	$-C_2$	$-C_3$或R	0或R
信息	先验知识		研发部门	管理层/监管机构	管理层/监管机构

图 2-7　商业银行技术研发与技术应用过程

资料来源：笔者自绘。

其中，式（2-1）表示，高风险产品和低风险产品具有相同的预期收益，且都高于所需要的预期资本投入。这一条件可以保证：无论哪种类型的技术产品，商业银行都有投资并应用的动力。式（2-2）表示，从第 1 期末的角度来看，高风险产品的预期收益低于第 2 期和第 3 期的资本投入，故再投资不是一个好的选择；但是从第 2 期末的角度来看，高风险产品的预期收益高于第 3 期需要增加的资本投入，因此再融资是事后有效的。

二、事前甄别机制对技术研发的影响

研究命题一：当技术产品为低风险产品的概率较低时，商业银行倾向于不进行事前甄别，直接应用技术产品。

假设商业银行管理层或者研发部门负责人进行事前筛选，且一旦开始实施该项目后无法及时停止，则商业银行的预期收益函数为：

$$\pi_1 = \delta\{[a\gamma+(1-a)(1-\gamma)](pR-C_1-C_2)-(1-a)(1-\gamma)(p(R+\Delta R)-(1-p)R_1-C_1-C_2-C_3)\} = A_1(pR-C_1-C_2)-B_1(p(R+\Delta R)-(1-p)R_1-C_1-C_2-C_3) \quad (2-3)$$

若商业银行不进行事前筛选，且一旦开始实施该项目后无法及时停止，则商业银行的预期收益函数为：

$$\pi_2 = a(pR-C_1-C_2)-(1-a)(p(R+\Delta R)-(1-p)R_1-C_1-C_2-C_3) = A_2(pR-C_1-C_2)-B_2(p(R+\Delta R)-(1-p)R_1-C_1-C_2-C_3) \quad (2-4)$$

为了比较式（2-3）和式（2-4）的大小，可以容易得到 $B_1<B_2$。对于 A_1 和 A_2

$$f(a)=A_2-A_1=a-\delta[a\gamma+(1-a)(1-\gamma)] \qquad (2-5)$$

将 $f(a)$ 对 a 求导，可以得到：$f'(a)=1+\delta-2\delta\gamma$。此时容易推导出 $f'(a)\geqslant 0$，故 $f(a)$ 是一个单调增函数。若 $a=0$，代表数字技术产品普遍存在高风险，则 $A_2-A_1<0$，容易推导 $\pi_2<\pi_1$，表明商业银行需要进行事前筛选；若 $a=1$，代表数字技术产品普遍存在低风险，则 $A_2-A_1>0$，容易推导 $\pi_2>\pi_1$，表明商业银行不需要进行事前筛选。由于函数 $(2-5)$ 具有单调性质，故可以推导出，技术产品是高风险产品的概率越大，商业银行越需要进行事前甄别机制。

但是从实际情况来看，高风险技术产品的事前甄别机制较难实施，即 γ 接近于 1。事前甄别机制一般只能给低风险产品发出相对准确的信号，从而可能导致过度筛选的问题。因此，对于高风险技术产品，事前甄别机制是无效的，事后终止机制非常关键。

三、事后甄别机制对技术研发的影响

研究命题二：无论管理层是否进行事前筛选，如果研发部门没有及时终止项目的权利，则商业银行的技术研发是无效率的。

从研发部门的激励机制来看，若项目研发完成与否，与研发部门的个人绩效无关；研发部门的个人绩效为固定的 B^*。高技术产品出现风险时，研发部门也不承担相应的风险。在这种研发模式下，研发部门对研发项目的选择没有任何偏好。研发部门的研发项目主要由商业银行管理层通过事前筛选机制确定。若商业银行管理层进行事前筛选，且一旦开始实施该项目后无法及时停止，则商业银行的预期收益函数为：

$$\pi_3=\delta\{[a\gamma+(1-a)(1-\gamma)](pR-C_1-C_2)-(1-a)(1-\gamma)(p(R+\Delta R)-(1-p)R_1-C_1-C_2-C_3)\} \qquad (2-6)$$

若商业银行在第 3 期发现该项目是高风险项目时及时终止，则商业银行的预期收益函数为：

$$\pi_4=\delta\{[a\gamma+(1-a)(1-\gamma)](pR-C_1-C_2)-(1-a)(1-\gamma)(C_1+C_2)\}$$

$$(2-7)$$

若内部研发部门在第2期发现该项目是高风险项目时及时终止，则商业银行的预期收益函数为：

$$\pi_5 = \delta\{[a\gamma+(1-a)(1-\gamma)](pR-C_1-C_2)-(1-a)(1-\gamma)C_1\} \quad (2-8)$$

通过简单比较可知，$\pi_5 > \pi_4 > \pi_3$。内部研发部门及时终止高风险产品的研发和应用，是商业银行的最优决策。类似的分析同样适用于商业银行选择不进行事前筛选的情况。我们把这种情形用来分析研发部门或银行系金融科技公司运营问题，若其不具有一定的独立项目终止权时，商业银行的预期收益将大大降低。

四、绩效考核机制对技术研发的影响

研究命题三：若管理层对研发部门的绩效考核机制不完善，研发部门不会行使高风险项目终止权利，且具有完成高风险项目的动机。

由于很多研发部门或外部研发机构实行研发项目制，假设商业银行对内部研发部门建立个人绩效考核机制，且项目研发完成情况不同，研发部门个人绩效不同。在第3期，低风险技术产品研发完成，研发部门的个人绩效为 B_L ($B_L > 0$)；如果高风险技术产品还未研发完成，产生的收益为0。若在这个阶段终止项目研发，研发部门的个人绩效为 B_i ($B_i < 0$)，且越早终止研发部门的损失越小。若高风险技术产品在第3期继续得到投资，在第4期研发完成后，研发部门的个人绩效为 B_H ($B_H > 0$，且 $B_H < B_L$)。在此情况设定下，当研发项目完成时，研发部门具有正的个人绩效，因此研究部门具有完成所有类型项目的动机。研发部门的个人绩效取决于商业银行整体的收益，占比为 m。此时，研发部门的个人绩效预期函数为：

$$\begin{aligned}\pi_6 &= aB_L + (1-a)B_H \\ &= ma(pR-C_1-C_2) + m(1-a)(p(R+\Delta R)-(1-p)R_1-C_1-C_2-C_3)\end{aligned}$$

$$(2-9)$$

将式（2-9）对 a 求偏导，可以得到：

$$\frac{\partial \pi_6}{\partial a}=m(1-p)R_1+mC_3-mp\Delta R \qquad (2\text{-}10)$$

可知，若 $\Delta R > \dfrac{(1-p)R_1+C_3}{p}$ 时，即高风险产品带来的额外收益足够高时，$\dfrac{\partial \pi_6}{\partial a}<0$。反之，$\dfrac{\partial \pi_6}{\partial a}>0$。

当高风险产品带来的额外收益足够高时，研发部门的个人绩效随着低风险产品的减少而提高，研发部门出于个人绩效最大化考虑会加大高风险产品的研发和完成。反之，当高风险产品带来的额外收益较少时，研发部门的个人绩效随着低风险产品的增加而提高。但是项目制的方式并不会确保研发部门行使事后终止项目权，无论哪种类型的产品，研发部门都会完成。

考虑另外一种情况。若研发部门独立进行业绩考核，或者研发部门绩效不取决于商业银行的整体收益，而是由商业银行其他部门支付固定的费用 B^*，并在技术研发开始阶段进行支付。这意味着研发部门不需要承担技术产品失败给商业银行带来的损失，收益取决于 B^* 和各期的资本投入。由于提前支付相关费用，若研发部门在第二期判断该技术项目为高风险项目时，为了避免后续的投入，会及时终止高风险项目，则研发部门的预期收益函数为：

$$\pi_7 = a(B^*-C_1-C_2)+(1-a)(B^*-C_1) \qquad (2\text{-}11)$$

在这种情况下，研发部门会自动行使终止高风险项目的权利，从而使研发部门的个人收益最大。因此，研发部门的个人绩效与商业银行的经营状况完全挂钩，可能会推动研发部门过度追求收益而产生的高风险决策。

五、监管政策对技术产品应用的影响

研究命题四：若商业银行技术应用失败导致的损失由监管机构或者其他机构共同承担，会进一步加大商业银行应用高风险技术产品的动机。

本部分考虑商业银行外购技术产品的情况。商业银行外购技术产品，

购买成本为 C，主要依靠市场的优胜劣汰机制，故不进行事前甄别，在第 0 期购买，在第 1 期生效，则商业银行外购技术产品的预期收益为：

$$\pi_8 = a(pR-C) + (1-a)[(p(R+\Delta R)-(1-p)R_1-C)] \qquad (2-12)$$

将式（2-12）对 a 求偏导，可以得到：

$$\frac{\partial \pi_8}{\partial a} = -p\Delta R + (1-p)R_1 \qquad (2-13)$$

可知，若 $\Delta R > \frac{(1-p)R_1}{p}$ 时，即高风险技术产品带来的额外收益足够高时，$\frac{\partial \pi_8}{\partial a} < 0$；反之，$\frac{\partial \pi_8}{\partial a} > 0$。

若高风险技术产品带来的额外收益足够高时，商业银行出于预期收益最大化会购买高风险产品；反之，当高风险技术产品带来的额外收益较少时，商业银行出于预期收益最大化会购买低风险产品。因此，外购技术产品模式并未解决商业银行预算软约束问题。

若商业银行技术应用导致的风险由其他机构共同承担时，会进一步加大商业银行应用高风险产品的动机。此时，商业银行外购技术产品的预期收益为：

$$\pi_9 = a(pR-C) + (1-a)[p(R+\Delta R)-C] \qquad (2-14)$$

将式（2-14）对 a 求偏导，可以得到：

$$\frac{\partial \pi_8}{\partial a} = -p\Delta R < 0 \qquad (2-15)$$

式（2-15）表明，技术产品为低风险产品的概率越大，商业银行外购技术产品的预期收益越小。因此，商业银行会更倾向于应用高风险技术产品。

若监管机构对商业银行技术应用进行硬性约束，一旦商业银行出现技术风险，会遭到监管机构的处罚 R_j，则商业银行外购技术产品的预期收益为：

$$\pi_{10} = a(pR-C) + (1-a)[p(R+\Delta R)-(1-p)(R_1+R_j)-C] \qquad (2-16)$$

将式（2-15）对 a 求偏导，可以得到：

$$\frac{\partial \pi_8}{\partial a}=-p\Delta R+(1-p)(R_1+R_j) \tag{2-17}$$

可知，若 $\Delta R > \dfrac{(1-p)(R_1+R_j)}{p}$ 时，即高风险产品带来的额外收益足够高时，$\dfrac{\partial \pi_8}{\partial a}<0$；反之，$\dfrac{\partial \pi_8}{\partial a}>0$。监管机构的处罚会降低商业银行应用高风险技术产品的动机。

综上所述，在 Qian 和 Xu（1998）所提出理论的基础上，本部分构造的理论模型验证了依附性预算软约束和嵌入性预算软约束对商业银行技术创新的影响和影响机制。技术产品具有不确定性，且不确定性越大，商业银行进行事前甄别的收益就会越大。但由于现有的数字技术产品很难进行事前甄别，因此商业银行需要提高事后甄别机制的效率。

从嵌入性预算约束来看，若内部研发部门对研发项目不具有独立的决策权利，绩效考核机制与商业银行经营绩效挂钩，研发部门缺少及时终止高风险产品的动机和激励，将使商业银行技术创新面临较大的风险。因此需要赋予研发部门一定的事后终止项目权利，并完善绩效考核机制等。

从依附性预算约束来看，监管机构的救助承诺和处罚机制在一定程度上改变了商业银行原有的预期效益函数，使预算软约束成为硬预算约束，对商业银行高风险产品技术应用具有推动或者抑制作用。

第六节　本章小结

本章为商业银行与金融科技公司开展协同创新寻找理论基础和理论支撑，从预算软约束视角分析商业银行开展协同创新的理论动因及协同创新对商业银行的影响机制。基于预算软约束理论及相关研究，本章创新性地提出商业银行依附性预算软约束和嵌入性预算软约束，分析其在技术创新领域的具体含义及对商业银行技术创新的实际影响；最后结合理论分析和实践，提出三种协同创新模式有助于降低商业银行预算软约束对技术创新的负面影响，但其实际效果具有不确定性，从而产生了一些新问题。

本章提出了本书后续章节的研究对象、研究基础和研究主线,梳理了全书的研究逻辑。商业银行与银行科技服务商、金融科技公司股东协同创新,是间接影响预算软约束的手段,对商业银行经营绩效和风险承担产生多渠道的影响;银行系金融科技公司作为直接硬化商业银行技术创新预算约束的手段,影响机制更加清晰和直接。

　　此外,本章重点提到了三种协同创新模式在技术创新中的作用,但在实践中,商业银行和金融科技公司开展的协同创新模式更加复杂,不限于本章所研究的协同创新模式。之后将结合第三章协同创新发展现状分析,进一步明确三种协同创新模式的实践普遍性及研究价值。

第三章　国内外商业银行与金融科技公司协同创新发展现状

在明确商业银行与金融科技公司开展协同创新的理论动因之后，本章对国内外商业银行与金融科技公司协同创新实践进行系统梳理与分析。第一节分析商业银行与金融科技公司协同创新的现实动因；第二节介绍国外商业银行与金融科技公司协同创新发展现状；第三节介绍我国商业银行与金融科技公司内部和外部协同创新模式，并初步构建商业银行协同创新度评价指标体系。通过本章，能够对商业银行与金融科技公司协同创新发展现状有一个全景式、系统性的认识。

第一节　商业银行与金融科技公司协同创新的现实动因

协同创新的首要动因是各类资源和要素能够协同发挥最大作用，获得新的竞争优势（Harrison et al., 1991; Hitt et al., 2001; Gulati et al., 2000）。第二章分析了商业银行协同创新的理论动因，但对商业银行与金融科技公司开展各类协同创新模式的解释力度不够。基于实践发展，商业银行、金融科技公司和监管机构都具有开展或推动协同创新的现实动因。

一、商业银行开展协同创新的动因分析

当前，商业银行纷纷将数字化转型作为开展业务和提高盈利能力的重

要抓手，监管部门也明确提出，到 2025 年基本建成数字化经营管理体系的工作目标①。商业银行自有研发能力薄弱、研发组织模式落后、数字化人才稀缺，开展协同创新有助于解决这些难点问题，完成数字化转型目标。

首先，当前金融供给侧结构性改革进入深水区，银行严监管基调步入常态化。新冠肺炎疫情冲击下消费者需求偏好发生了根本变化，非接触式金融服务得到了大力推广，商业银行业务模式亟须转型升级。商业银行希望通过应用新技术开拓新的客户、推出新的产品和服务、形成新的组织形式，从而获得竞争优势。尤其是中小银行，从最简单的线上系统与线上 App 建设，到中后台数字化平台支持，都面临新建或更新的迫切需要。利用金融科技公司较成熟的技术产品和服务方案，获得相应的技术支持，是当前中小银行加大研发投入的普遍选择。

其次，从商业银行技术应用的历史来看，金融科技公司往往主导或引领主流技术的研发。商业银行出于监管要求及自身风险管理需求，倾向于应用较为成熟的技术。加之历史因素影响，国内商业银行在技术研发领域往往处于"跟随地位"。商业银行传统的技术创新模式，难以适应当前技术的更新速度及激烈的市场竞争，商业银行拥有的传统资源优势在逐步瓦解，而金融科技公司拥有的数据、场景、技术等新资源的独特性和重要性随之凸显出来。商业银行在数字化转型过程中，对这些新资源的需求不断增加，并通过内部要素整合、外部资源互补等方式与金融科技公司进行互换成为必然。

最后，由于金融科技发展战略不同，不同类型的商业银行技术研发的目的不同，所选择的协同创新模式也不同（见表 3-1）。从实际发展来看，

---

① 2022 年 1 月 17 日，中国银行保险监督管理委员会发布《关于银行业保险业数字化转型的指导意见》，明确指出数字化转型的工作目标："到 2025 年，银行业保险业数字化转型取得明显成效。数字化金融产品和服务方式广泛普及，基于数据资产和数字化技术的金融创新有序实践，个性化、差异化、定制化产品和服务开发能力明显增强，金融服务质量和效率显著提高。数字化经营管理体系基本建成，数据治理更加健全，科技能力大幅提升，网络安全、数据安全和风险管理水平全面提升。"具体见中国银行保险监督管理委员会官网 http://www.cbirc.gov.cn/cn/view/pages/ItemDetail.html?docId=1034787&itemId=915&generaltype=0。

大型商业银行通过优化组织架构布局、提高产学研一体化产出能力等方式，深化科技治理和组织变革，目的是实现技术的自主研发和银行集团内部资源的协同生效，与市场化金融科技公司的合作侧重场景与数据共享。股份制商业银行与大型商业银行在金融科技发展目标方面较为一致，但是合作重点聚焦场景，希望切入到金融科技公司拥有的各类场景、更好地触达客户，从而加快打造开放银行模式。民营银行由于互联网银行的战略定位和"一行一点"的组织架构，希望通过数字技术创新经营模式和产品服务，搭建数字化、智能化的组织架构，引入金融科技公司股东进行技术创新。城市商业银行和农村商业银行自主创新能力较差，主要通过购买金融科技公司提供的各类解决方案，达到开拓客户、提高业务能力的目的。

表3-1　各类商业银行协同创新策略

银行类型	金融科技发展目标	主要协同创新模式	合作重点
大型商业银行	深化科技治理和管理变革	科技子公司、开放银行	场景合作、数据共享
股份制商业银行	加快科技与行业生态融合	科技子公司、开放银行	G端、B端、C端场景
民营银行	利用科技开展经营和产品创新	引入科技公司股东	数字化组织架构搭建
城市商业银行	强化科技赋能金融业务能力	购买各类解决方案	引流获客
农村商业银行	强化科技赋能金融业务能力	购买各类解决方案	引流获客

资料来源：笔者根据各家商业银行年度报告、调研访谈及公开资料整理所得。

二、金融科技公司开展协同创新的动因分析

由于银行系金融科技公司是商业银行推动数字化转型过程中进行的研发组织创新，属于商业银行的研究视角。因此，本部分基于金融科技公司视角，重点探讨其他两类市场化金融科技公司开展协同创新的现实动因。笔者认为：市场化金融科技公司积极与商业银行开展协同创新，主要是由银行技术服务市场需求旺盛、监管趋严与规范要求、行业竞争加剧三重因素共同推动。

首先，商业银行加快推进数字化转型，对第三方技术产品和解决方案

的需求旺盛。2022年，我国金融业增加值为96811亿元，同比增长5.6%[①]，将人工智能、大数据等前沿技术应用到金融机构、金融基础设施、金融服务场景中具有非常大的市场空间。

其次，商业银行拥有牌照带来的特许使用权价值，加之庞大的客户群体、多元化的业务场景、稳定的资金来源等诸多资源，能够与大型科技公司形成互补优势。尤其是在监管趋严的背景下，大型科技公司利用技术手段开展的类金融业务，需要通过经营牌照、金融控股公司等形式进一步规范。因此，大型科技公司的发展定位更加偏向"科技公司"，对商业银行等金融机构的服务支撑作用将更加凸显。此外，随着监管政策的日益完善，商业银行与金融科技公司的外部协同创新模式得到不断规范。互联网贷款监管政策对商业银行与平台类金融科技公司的业务模式及收费模式进行了规范，尤其是民间借贷利率上限大幅调低至15.4%，规范了双方合作过程中的利润和风险分担机制。

最后，金融科技公司技术研发能力较强，为商业银行提供了各种类型的定制化解决方案和技术产品。根据中国金融科技企业数据库，截至2021年底，我国共有18000余家金融科技公司，包括传统金融机构、银行系金融科技公司、新兴金融科技公司、传统IT服务商等[②]。一些早期的金融技术服务商开始业务转型，为商业银行提供IT解决方案；与此同时，新兴科技公司不断涌现，为商业银行提供某一领域的定制化服务。根据IDC[③]，截至2021年底，我国银行业IT解决方案市场规模达到589.3亿元，且除2019年之外我国银行业IT解决方案市场规模增速均保持在20%左右，反映了我国银行科技服务商市场的快速增长和激烈竞争（见图3-1）。

[①] 国家统计局发布的《2022年国民经济和社会发展统计公报》。
[②] 中国金融科技企业数据库，http://www.fintechdb.cn/。
[③] International Data Corporation (IDC) 成立于1964年，是为信息技术、电信和消费技术市场提供市场情报、咨询服务和活动的数据供应商。目前银行IT服务商上市公司年度报告中使用的行业数据，均来自IDC发布的《中国银行业IT解决方案市场份额》系列报告。

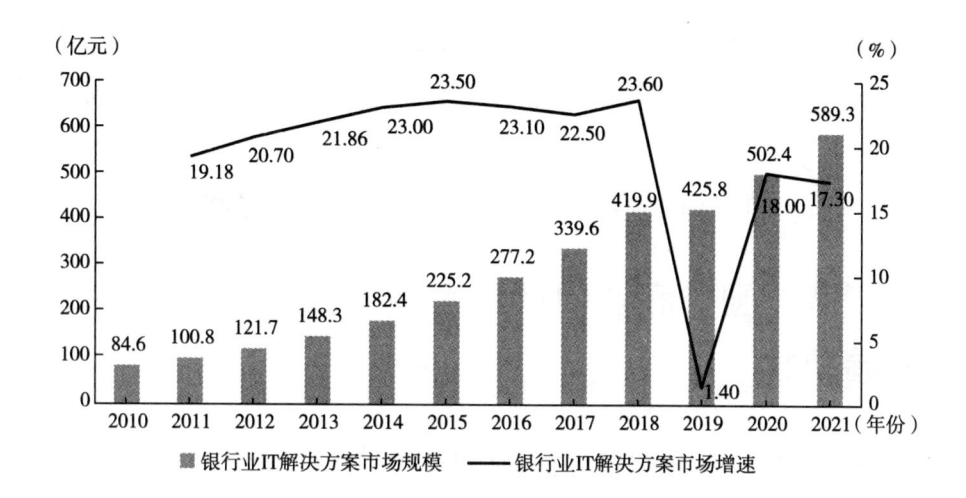

图 3-1 我国银行业 IT 解决方案市场规模及增速

资料来源：IDC 公布的历年《中国银行业 IT 解决方案市场份额》报告。

三、监管机构推动协同创新的动因分析

银行业金融机构是我国金融科技创新的主要力量，也是金融科技应用的主要场景。无论是创新金融服务还是创新科技产品，都需要真实的金融场景作为支撑，金融科技公司的技术产品最终需要应用到商业银行等金融机构中。

随着金融科技的发展，各国政府对金融科技监管的重视程度不断提高，纷纷推出"监管沙箱"机制，将商业银行和金融科技公司的创新风险控制在一定范围内。中国版"监管沙箱"也处于不断探索之中，目前我国已经启动了多个城市的金融科技创新监管试点工作，金融科技创新应用经入箱测试后再进行推广。

北京、上海等地金融科技创新监管试点工作，鼓励持牌金融机构与金融科技公司联合申请，金融科技公司单独申报的项目很难通过审批。为此，很多金融科技公司在技术产品相对成熟之后，寻找商业银行进行合作，以便可以申报金融科技创新监管试点项目，并得到进一步推广应用。截至 2021 年底，120 余个金融科技创新监管试点项目中，有近三成的试点

项目属于商业银行与金融科技公司联合申报①，包括银行与银行科技服务商的市场化合作、银行与银行系金融科技公司的内部协同创新。一些试点城市要求金融科技公司必须由持牌金融机构提供科技产品的金融场景作为支撑，也进一步鼓励金融科技公司在创新领域和商业银行加大合作。

第二节　国外商业银行与金融科技公司协同创新发展现状

美国监管机构对金融信息技术创新应用秉持"负责任创新"的监管理念，英国金融科技发展拥有较好的人才、市场和法规等生态环境，新加坡监管机构对金融创新持"支持和包容"态度。这些都与国外发达国家雄厚的金融业发展基础、完善的金融监管体制、开放的信息技术创新环境等因素密切相关。基于此，国外商业银行与金融科技公司协同创新呈现出"外部市场化购买、内部收购或投资"的特点，并在此基础上积极发展各类平台创新模式。

一、商业银行购买技术供应商产品或服务

金融科技公司作为技术服务供应商或技术外包公司，为商业银行提供技术产品和服务，是国外商业银行与金融科技公司协同创新的主要模式之一。传统技术外包模式与协同创新存在一定的差别，外包服务商很难参与到商业银行实际交易场景和业务开展过程中。但随着技术产品逐渐改变银行业的运行和服务模式，且与商业银行的内部数据、风险管理、信贷业务等方面的联系越来越紧密，协同创新特征已经逐渐显现。

从监管角度来看，国外监管机构非常关注商业银行与技术服务商（Technology Service Providers, TSPs）协同创新，并对其进行了规范。美国金融监管机构虽然没有积极发布金融科技特定规则，但非常注重发布指导

---

① 笔者根据中国人民银行公开的信息进行统计。

意见和行业规范，尤其对银行与技术服务商之间的第三方合作关系进行指导。依据《银行服务公司法案》(Bank Service Company Act, BSCA)，联邦金融机构审查委员会（Federal Financial Institutions Examination Council, FFIEC）[①]对技术服务商进行广泛的监管，可以对其直接审查，商业银行需以书面形式上报与技术服务商的合同和业务往来，其实质是通过对商业银行提出严格要求，进而规范商业银行与技术服务商的合作关系。2017年，美国联邦存款保险公司监察长办公室发布 TSPs 评估报告，提到"许多抽样的商业银行没有充分处理与 TSPs 伙伴关系的风险"。

欧盟非常重视商业银行与第三方技术服务供应商之间的关系，出台了相关的银行业外包准则。欧洲银行业管理局（European Banking Authority, EBA）早期对金融机构使用云服务情况进行监控，发现金融机构越来越依赖第三方供应商。之后发布了使用云服务的指南，更新并整合到了 EBA 的外包准则中，以统一管理和监督这些解决方案产生的操作风险，并促进云服务的应用。欧洲银行业管理局直接授予监管者对第三方技术供应商的访问权、审计权和制裁权，并针对主要技术供应商实施新的监督框架，进行更高标准的监管。

二、商业银行收购、投资或设立金融科技公司

基于发达的资本市场，国外大中型商业银行普遍通过并购、风险投资等形式控制或拥有金融科技公司的部分股权，将金融科技公司拥有的技术、渠道、数据等资源整合到银行业务中，从而实现协同创新。根据毕马威公布的《2021年金融科技投资报告》（见图 3-2），2021年全球金融科技投资交易数量为 5684 笔，金额为 2100 亿美元，较 2020 年有较大幅度的提升。

2021 年在支付、区块链和加密货币、网络安全和财富科技等领域吸

[①] 由于美国金融监管实行"功能性监管"，商业银行的监管权力分散在联邦储备委员会、货币监理署、储蓄机构监管署等部门中。联邦金融机构审查委员会成员包括美联储、美国联邦存款保险公司、货币监理署、国家信用合作社管理局和消费者金融保护署等监管部门。

引了大量的投资。以金融科技为重点的并购交易总额从2020年的760亿美元增至2021年的831亿美元。

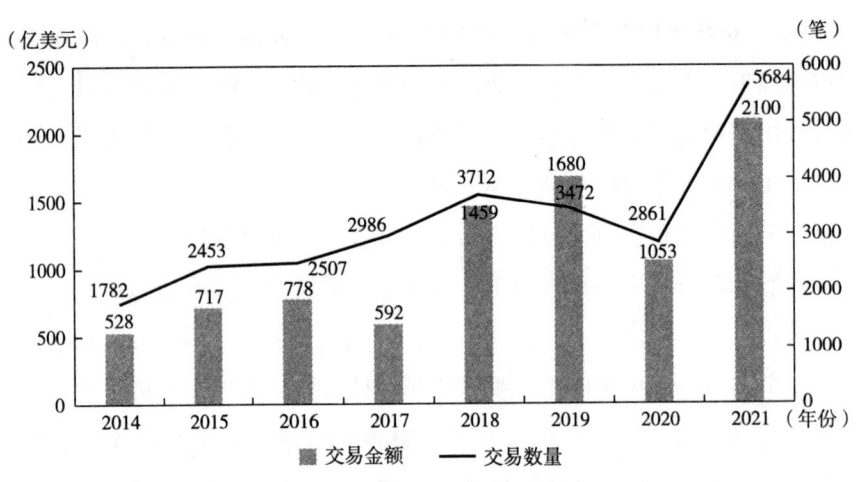

图 3-2　2014—2021年全球金融科技投资交易金额和交易数量

资料来源：毕马威发布的《2021年金融科技投资报告》以及《中国金融科技运行报告（2021）》。

作为美国最大的商业银行，摩根大通银行（J. P. Morgan Chase & Co., JPM）在加大研发投入的同时，通过小规模投资、个别收购的方式，对金融科技公司拥有的技术平台或数据资源进行了有效整合和利用。目前，JPM共收购或投资200余家金融科技公司，涉及支付结算、互联网贷款等众多领域[①]，部分收购情况见图3-3。从实际效果来看，JPM吸收了金融科技公司的技术概念或开发想法，赋能到自己的金融业务中。例如，55ip拥有的核心技术是ActiveTax Technology，这是一款税务智能投资策略引擎，JPM将其技术应用到自己的资管业务中，推出了智能投资模型；WePay主要提供在线支付处理服务，JPM将WePay的技术与平台应用到400万小型企业客户。此外，美国摩根士丹利银行、美国银行、美国富国银行、花旗集团、高盛集团等国际性商业银行，以及Iberia Bank等区域性银

---

① CB Insights。

行均对金融科技公司进行了收购或投资。

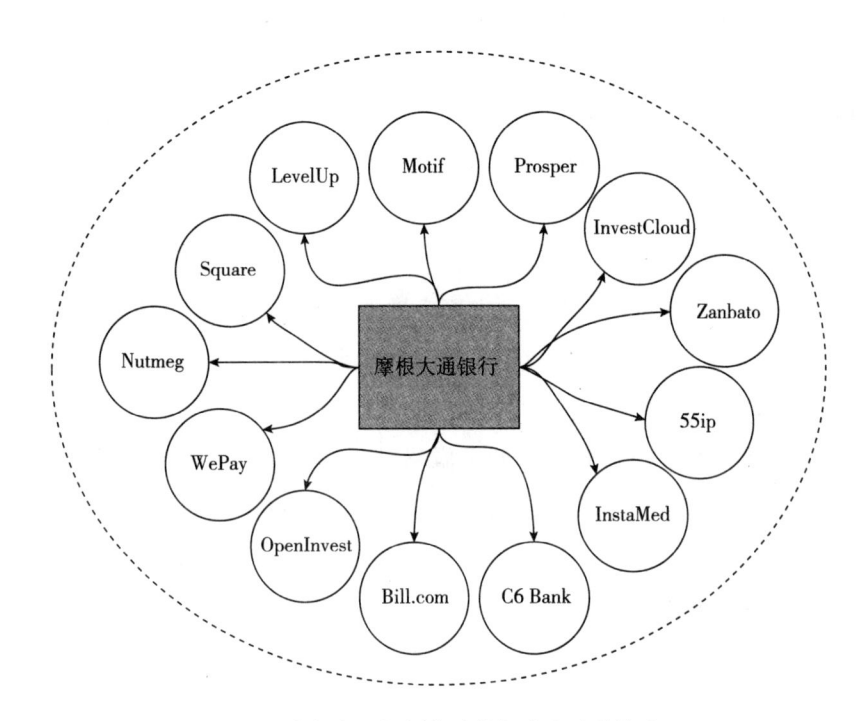

图 3-3　摩根大通银行收购的部分金融科技公司

资料来源：笔者根据网络公开资料搜集整理。

三、金融科技公司申请银行牌照

美国、欧盟、英国、新加坡、马来西亚等国家和地区相继允许金融科技公司申请银行牌照，将金融科技公司从事的银行业务纳入到金融监管框架中，确保金融科技公司遵守银行监管，并提高银行业的竞争意识和透明度。

2017 年，美国通货监理局（Office of the Comptroller of Currency，OCC）[①] 允许从事银行业务的金融科技公司申请特殊目的国民银行（Special Pur-

---

[①] 美国通货监理局 2017 年发布《评估来自金融科技企业的申请》（*Evaluating Charter Applications from Financial Technology Companies*），对金融科技公司申请特殊目的国家银行牌照的标准、目的和流程等进行了介绍。具体见 https://www.occ.gov/publications/publications-by-type/licensing-manuals/file-pub-lm-fintech-licensing-manual-supplement.pdf。

pose National Bank，SPNB）牌照，但开展政府保险存款等业务需要额外得到美国联邦存款保险公司（Federal Deposit Insurance Corporation，FDIC）的许可。2020 年，美国联邦存款保险公司开始为金融科技公司发放产业贷款公司（Industrial Loan Company，ILC）①牌照，且不受美联储统一监管。这些措施使现有金融监管框架可以覆盖到金融科技公司，进一步规范了涉足银行业务的科技公司。

在美国"双重多头"监管体制下，OCC 发放的全国性银行牌照遭到了地方监管部门的激烈反对。一方面，地方监管部门认为全国性银行牌照会使金融科技公司接受联邦政府监管，银行业务不需要州政府的审批，从而导致了监管套利风险。另一方面，金融科技公司获得银行牌照意味着需要接受更严格的金融监管，因此金融科技公司申请银行牌照的积极性不高。截至 2021 年底，OCC 批准了金融科技公司 Varo Money 的全资子公司 Varo Bank 的申请。Varo Money 是一家移动金融公司，通过手机应用的形式为用户提供财务管理服务。Varo Money 拥有银行牌照之后，将业务范围进一步拓展到贷款等新业务，且通过不设物理网点、ATM 等传统基础设施的方式可以大幅降低运营成本。SoFi、Figure、Oportun 等金融科技公司向 OCC 提交了牌照申请，目前还未有最终结果。互联网贷款平台 Lending-Club 收购 Radius Bank，获得了银行牌照。

FDIC 为金融科技公司发放银行牌照的阻力较小。2020 年 3 月 18 日，FDIC 批准了支付公司 Square 和学生贷款服务公司 Nelnet 的牌照申请，主要从组织者和管理者的背景、产业贷款公司的独立性、资本流动性和商业计划等方面进行审查。从业务模式来看，Square 支付系统中存在大量处理银行卡交易的商户，通过成立产业贷款公司可以为现有的商户发放商业贷款和推销存款产品，但这种分销商业模式脆弱且不稳定，导致 Square 自成立以来一直处于亏损状态；Nelnet 通过成立产业贷款公司，可以在全国范

---

① 美国联邦存款保险公司（FDIC）批准了对产业贷款公司的监管法规（Parent Companies of Industrial Banks and Industrial Loan Companies），该法规允许大企业开展银行业务的同时，又避免专业金融公司在资本和流动性方面所受的约束，为商业公司开展银行业务提供法律依据。具体见 https：//www.fdic.gov/news/board-matters/2020/2020-12-15-notice-dis-b-fr.pdf。

围内发放学生个人贷款和信用消费贷款，并在现有贷款渠道和贷款客户的基础上发展存款业务。

欧盟通过发放数字银行牌照，将金融科技公司纳入欧盟单一监管机制（Single Supervisory Mechanism，SSM）下。2017年，欧洲中央银行（European Central Bank，ECB）[①] 允许从事银行业务的金融科技公司申请数字银行牌照。数字银行采取技术驱动的商业模式，对高层管理人员的知识与技能提出较高的要求，因此组织结构、经理和股东的适用性是欧洲中央银行评估的重要标准。从法律效力来看，欧洲中央银行负责欧元区所有银行业务的授权，并确保整个系统的一致性和高监管标准，因而颁发的数字银行牌照在欧元区具有普遍的适用性。目前，欧洲中央银行为Revolut、Saldo、PanPay、N26等多家金融科技公司颁发了数字银行牌照。

金融科技公司申请并获得银行牌照，意味着金融科技公司和商业银行从原有的合作关系变为潜在竞争对手，金融科技公司可以在没有商业银行参与的情况下独立运营。因此，商业银行需要加大技术产品的研发和自营平台的建设，以应对金融科技公司牌照化趋势带来的挑战。

四、替代性贷款平台协同创新模式

在消费贷款领域，商业银行与金融科技公司开展合作的一种常见模式是替代性贷款平台（Alternative Lending Platforms）。在具体操作上，消费贷款通常由平台合作银行提供，由平台购买贷款，再发放到具体消费者的手中。

英国是替代性贷款平台的发源地（见表3-2），传统商业银行对替代性贷款模式的兴趣和参与度非常高。2019年，英国金融行为监管局（Fi-

---

[①] 欧洲中央银行2017年对外发布《金融科技信贷机构执照申请评估指南》（*Guide to Assessments of Fintech Credit Institution Licence Applications*），该指南旨在提高潜在金融科技银行执照申请人的透明性，增加他们对适用"单一监管机制"（Single Supervisory Mechanism，SSM）银行的ECB执照申请评估流程和标准的理解。

nancial Conduct Authority，FCA）出台政策进一步规范替代性贷款市场。①英国替代性贷款平台主要采取平台统一定价和贷款拍卖模式，致力于提供个性化的在线解决方案。

表 3-2　英国 2021 年十大替代性贷款平台

序号	平台名称	成立时间	注册地	主要业务
1	Banking Circle	2013 年	卢森堡	为银行和金融科技公司提供全球支付、结算和外汇服务
2	RateSetter	2010 年	伦敦	汽车贷款、个人消费贷款、债务合并等
3	Yobota	2016 年	伦敦	提供基于云的替代金融方案，开放 API 使金融机构能够创建创新产品并独立运行
4	iwoca	2011 年	伦敦	为小型企业提供快速、灵活和轻松的贷款
5	LendInvest	2008 年	伦敦	为中介、房东和开发商提供贷款产品
6	LANDBAY	2013 年	伦敦	购买出租抵押贷款，为投资者获得直接贷款
7	Sharegain	2013 年	伦敦	提供数字代理借贷（DAL）、证券借贷即服务（SLaaS）、证券借贷技术（SLT）等服务
8	Newable	1982 年	伦敦	为中小企业提供资金、建议和工作空间
9	Divido	2014 年	伦敦	白标零售平台，连接贷方、零售商和渠道合作伙伴
10	Assetz Capital	2012 年	曼彻斯特	为房东提供商业抵押贷款和购买出租贷款

资料来源：STXNEXT 发布的"Top 10 UK Fintech Lending Companies to Follow in 2021"。

由于各州监管规则不同，美国替代性贷款平台受到严格的监管。替代性贷款平台与总部位于其他州的银行合作发放贷款，但是各州没有能力监管在州内发放的贷款。2017 年，科罗拉多州检察长对 Marlette Funding 和 Avant 两家替代性贷款平台提起诉讼，指控其收取超过科罗拉多州法律允许的利率，违反了该州《统一消费者信贷法》（*Uniform Consumer Credit*

---

① 政策文件名称为《PS19-14：基于信贷（P2P）和投资的众筹平台：CP18-20 的反馈和最终规则》（*Loan-based "Peer-to-Peer" and Investment-based Crowdfunding Platforms：Feedback to CP18/20 and Final Rules*），该政策对网贷平台做出了风险管理、公司治理、客户准入、清盘方案和信息披露等方面的要求，对部分条款给出了详细指引。

Code，UCCC），同时对提供贷款的商业银行也提起了诉讼。经过长期的协商，2020年，科罗拉多州总检察长与各方达成和解，要求贷款平台获得科罗拉多州的贷款许可证，承诺贷款利率不高于36%，并遵守科罗拉多州的各项监管要求。2018年7月，纽约州金融服务部（Department of Financial Services，DFS）发布报告，认为替代性贷款平台增加了贷款风险，需要对平台合作模式加强监管。

五、开放银行协同创新模式

随着新兴科技企业对金融业的渗透程度不断提高，金融科技公司迅速积累大量的客户和数据资源，对传统银行业的创新模式造成冲击。2004年，PayPal、Yodlee等公司将互联网行业的开放式商业模式引入银行业，用户可以通过第三方开发的程序访问和使用自己的账户，主动提供自己的银行信息，授权第三方应用程序通过获取自己的账户信息直接进行认证。

英国和欧盟开放银行模式主要通过监管和立法推动金融机构对第三方开放数据和服务。2015年，英国成立开放银行工作组（Open Banking Working Group，OBWG），制定了开放银行的总体布局和实施准则，建议采用标准化应用程序接口（Application Programming Interface，API）共享数据。之后发布了《2017年零售银行市场调查令》（*Retail Banking Market Investigation Order* 2017），开始从法律层面推行开放银行政策。欧盟2015年修订发布《支付服务指令第二版》（*Payment Service Directive* 2，PSD2），2016年发布《通用数据保护条例》（*General Data Protection Regulation*，GDPR），为开放银行发展提供了法律依据。商业银行通过API开放银行数据和客户账户数据，推动银行与个人、企业、第三方服务商之间的合作，吸引更多的参与者扩大网络效应。

美国开放银行主要依靠市场化主体的自发行为，通过签署双边协议对第三方机构开放数据和服务。如摩根大通银行2017年与金融科技公司Intuit和Finicity签署数据共享协议，2018年开始对公司客户开放API，为开发者提供测试和代码生成工具。花旗银行于2016年在全球范围内推出

API开发者中心,并作为支付发起服务提供商加入英国开放银行目录。

综合来看,国外开放银行协同创新模式围绕数据开放与共享,通过开放API把商业银行手中掌握的金融数据的所有权转移到消费者手中,吸引金融科技公司的参与和协同创新,从而促进金融创新,使金融服务更好地满足消费者需求。

第三节 我国商业银行与金融科技公司协同创新发展现状

当前,我国商业银行广泛采取股权投资、平台合作、共建实验室等方式与金融科技公司开展合作,呈现出"内部协同、外部联动"的特点。基于熊励等(2011)的分类方法,本节将我国商业银行与金融科技公司协同创新分为内部和外部,两类模式下又有具体的协同创新实践。本节主要分析我国各种协同创新模式的特点、现状和风险。

一、商业银行与金融科技公司内部协同创新模式

商业银行与金融科技公司内部协同创新,本质是以"股权"为纽带的企业内部协同创新,通过投资、并购、合资等方式将商业银行与金融科技公司联系起来。

1. 商业银行或所在集团出资成立银行系金融科技公司

截至2021年底,我国共有19家银行系金融科技公司(见表3-3)。从注册地来看,19家银行系金融科技公司中有5家注册地在上海、5家注册地在北京、3家注册地在深圳,集中分布在我国技术创新能力较强和金融科技生态较完善的城市。一部分银行系金融科技公司的注册地与关联银行注册地一致,依托银行数字化转型开展业务;一部分则选择到关联银行注册地以外的重点城市进行布局,拓展业务范围,如中国银行、中国建设银行、兴业银行、平安银行等。从员工规模来看,由于相关数据具有一定的非公开性,已有公开信息仅作为参考。根据企查查、爱企查等第三方网

站公布的企业参保人数，前海金信仅有 86 人，2020 年以后注册成立的银行系金融科技公司大多处于组建阶段。

表 3-3 我国银行系金融科技公司基本信息（按时间顺序）

序号	商业银行	银行系金融科技公司	注册时间	注册地	注册资本（万元）	参保人数（人）
1	兴业银行	兴业数字金融服务（上海）股份有限公司	2015 年 11 月	上海	35000	718
2	平安银行	上海壹账通金融科技有限公司	2015 年 12 月	上海	120000	517
3	招商银行	招银云创（深圳）信息技术有限公司	2016 年 2 月	深圳	15000	228
4	深圳农村商业银行	前海金信（深圳）科技有限责任公司	2016 年 5 月	深圳	1050	86
5	光大银行	光大科技有限公司	2016 年 12 月	北京	20000	465
6	中国建设银行	建信金融科技有限责任公司	2018 年 4 月	上海	172973	997
7	民生银行	民生科技有限公司	2018 年 4 月	北京	20000	681
8	华夏银行	龙盈智达（北京）科技有限公司	2018 年 5 月	北京	2100	1649
9	中国工商银行	工银科技有限公司	2019 年 3 月	雄安新区	60000	540
10	北京银行	北银金融科技有限责任公司	2019 年 5 月	北京	5000	697
11	中国银行	中银金融科技有限公司	2019 年 6 月	上海	60000	1500
12	浙商银行	易企银（杭州）科技有限公司	2020 年 2 月	杭州	2000	866
13	中国农业银行	农银金融科技有限责任公司	2020 年 7 月	北京	60000	296
14	交通银行	交银金融科技有限公司	2020 年 8 月	上海	60000	—
15	厦门国际银行	集友科技创新（深圳）有限公司	2020 年 9 月	深圳	1000	—
16	廊坊银行	廊坊易达科技有限公司	2020 年 11 月	廊坊	200	—
17	广西壮族自治区农村信用社联合社	广西桂盛金融信息科技服务有限公司	2020 年 12 月	南宁	1200	—
18	浙江农村商业联合银行股份有限公司	浙江农商数字科技有限责任公司	2020 年 12 月	杭州	10000	—

续表

序号	商业银行	银行系金融科技公司	注册时间	注册地	注册资本（万元）	参保人数（人）
19	盛京银行	盛银数科（沈阳）技术有限公司	2021年7月	沈阳	1000	—

资料来源：笔者根据爱企查、企查查等第三方网站以及公开资料收集。

银行系金融科技公司的出现，理论上有利于商业银行突破组织架构限制，以市场化的方式开展技术研发、技术人才引进和技术外部输出，硬化技术创新预算约束，提高商业银行技术创新效率。但在实际运作中，这种模式可能存在以下风险：

一是银行系金融科技公司作为独立法人实体，本身存在着经营风险。银行系金融科技公司主要依赖商业银行的业务资源，服务母行金融科技发展战略，经营模式受到较大的限制，使其成立初期普遍处于亏损状态。二是银行系金融科技公司对商业银行进行技术赋能的具体路径和实际效果还不清晰，需要进一步检验。三是银行系金融科技公司在对外技术输出过程中的风险传染问题。银行系金融科技公司主要向中小银行提供技术解决方案，在其技术不成熟时，可能导致中小银行面临相似的风险暴露。

2. 金融科技公司发起设立或参股民营银行

发起设立或参股民营银行是我国完善多层次银行业市场结构的重要举措，也是大型科技公司获得银行牌照、完善业务布局的重要方式。自2014年中国银行业监督管理委员会启动民营银行试点工作以来，截至2021年底，我国共成立19家民营银行，其中8家由金融科技公司发起设立或参股（见表3-4）。

表3-4 我国金融科技公司发起设立或参股的民营银行

序号	民营银行	金融科技公司股东	股权比例（%）
1	深圳前海微众银行	深圳市腾讯网域计算机网络有限公司	30.00
2	浙江网商银行	蚂蚁科技集团股份有限公司	30.00

续表

序号	民营银行	金融科技公司股东	股权比例（%）
3	天津金城银行	三六零安全科技股份有限公司	30.00
4	四川新网银行	四川银米科技有限责任公司	29.50
5	吉林亿联银行	吉林三快科技有限公司	28.50
6	江苏苏宁银行	苏宁易购集团股份有限公司、焦点科技股份有限公司	39.95
7	北京中关村银行	用友网络科技股份有限公司、东华软件股份有限公司、北京华胜天成科技股份有限公司、北京数知科技技术股份有限公司	42.10
8	江西裕民银行	南昌亿分营销有限公司①	9.80

注：表中的股权比例数据为民营银行2021年年度报告中公布的最新数据，与民营银行成立初期的初始股权比例有一定的变化。

资料来源：各家民营银行公布的2021年年度报告。

民营银行是具有"银行牌照"的独立法人机构，除了商业银行存在的一般风险之外，还具有以下一些新的风险：一是民营银行业务开展主要依赖线上渠道，研发投入高，信息技术风险更加突出；二是深圳前海微众银行等民营银行的业务模式具有平台特征，在聚集资源发挥信用中介作用的同时，也使原有金融活动涉及多个主体的协调问题，风险传染链条更长；三是金融科技公司持股的民营银行对股东的技术依赖程度较高，广泛通过渠道合作、技术服务等方式开展合作，而自身的研发投入较少、创新能力不足。

3. 商业银行与金融科技公司共同出资成立独立法人直销银行

直销银行是依托互联网等电子渠道、不开设物理网点的银行形式。目前我国直销银行有两种形式：一是作为商业银行下属部门或事业部；二是商业银行和金融科技公司共同出资成立独立法人直销银行。截至2022年10月底，我国共批准过3家独立法人直销银行，其中，2022年7月22日，招商银行宣布撤回招商拓扑银行（筹）开业申请并终止筹备工作。目

---

① 南昌亿分营销有限公司是互联网金融公司乐信旗下深圳市分期乐网络科技有限公司的全资子公司，因此本书将其定义为金融科技公司。

前，中信百信银行代表商业银行和金融科技公司在股权、业务等方面开展深层次、实质性的合作。

在股权结构上，独立法人直销银行由商业银行占据绝对控股地位，并向直销银行提供主要的业务资源，金融科技公司股东提供相关技术和数据。在发展定位上，直销银行积极推进互联网银行建设，在利用金融科技公司股东的技术资源进行数字化建设的同时，也利用自身优势服务商业银行股东，例如百信银行承担中信银行数字化转型的一部分技术研发工作。在供应链业务方面，中信银行将一部分业务让渡给百信银行，中信银行负责服务大企业、百信银行负责服务小企业，但是中信银行和百信银行仍然存在业务的竞争。整体来看，独立法人直销银行与商业银行股东属于"竞合关系"。

从独立法人直销银行的发展前景来看，商业银行和金融科技公司合资模式存在较大的不确定性：一是监管层对独立法人直销银行的审批仍然较为谨慎；二是自成立以来，独立法人直销银行的持续盈利能力成为重要问题[1]；三是商业银行和金融科技公司合资存在资源整合、技术合作等方面的问题，一些大型商业银行更倾向于采用独资形式成立直销银行。

二、商业银行与金融科技公司外部协同创新模式

商业银行与金融科技公司外部协同创新，本质上是以"购买"为核心的市场协同创新模式。金融科技兴起之前，商业银行与金融科技公司的合作集中在技术外包领域，商业银行通过契约将内部系统建设委托给外包公司。近年来，伴随平台、战略联盟等新型组织形式的发展，商业银行与金融科技公司外部协同创新呈现出黏性、复杂的市场化合作特征。

1. 商业银行购买银行科技服务商的技术解决方案

当前一些新兴科技公司专注为金融机构提供定制化、专业化的技术服

---

[1] 根据百信银行官网公布的年度报告，百信银行2017年底正式开业，2018年净亏损4.837亿元，2019年净利润0.198亿元，2020年净亏损3.881亿元，2021年实现净利润2.63亿元。

务方案，传统科技企业也不断调整服务范围，转向银行技术产品和解决方案的研发，本书将这些科技公司统称为"银行科技服务商"。银行科技服务商提供的产品和服务不局限于单一操作系统或ATM等硬件设施，还涉及商业银行信贷管理系统或其他核心系统的搭建、内部组织架构的数字化设计与维护、信贷业务的开展与风险管理及社会级和赋能型的数字化绩效管理平台等。购买银行科技服务商的技术解决方案已经成为我国商业银行最常见的外部协同创新模式。以2021年为例，我国主要的银行科技服务商上市公司及经营情况见表3-5。

表3-5 2021年我国主要银行科技服务商上市公司

技术类型	银行科技服务商	营业收入（亿元）	资产规模（亿元）	毛利率（%）	合作银行及分支（家）	技术人员占比（%）	研发投入占总营业收入比重（%）
核心系统	长亮科技	15.7	23.6	42.18	176+	91.20	9.41
	神州信息	113.6	124.2	17.09	675+	87.57	5.06
	润和软件	27.6	44.1	28.42	219+	92.07	13.74
信贷管理	宇信科技	37.3	44.5	34.15	132+	94.83	14.60
	安硕信息	7.6	8.3	33.77	157+	19.57	17.08
	高伟达	22.8	15.1	19.08	未公布	90.45	3.90
电子银行	科蓝软件	13.0	22.9	34.75	500+	79.07	9.13
	信雅达	15.4	16.6	44.63	142+	58.00	27.46
	银之杰	11.9	16.3	20.37	360+	62.25	6.67

资料来源：各家上市公司2021年年度报告。

从个体角度来看，商业银行将购买银行科技服务商的技术解决方案作为最优选择，利用科技公司的技术优势，解决商业银行研发实力薄弱的问题，助力银行数字化转型。但是实际效果可能会受到商业银行业务模式、组织架构、人才基础、数字化目标等因素的影响，从而呈现"差异化"的特点。从银行业的整体发展来看，银行业普遍购买银行科技服务商的技术解决方案，过度依赖第三方技术，可能出现风险集中和风险传染，从而推动整个银行业风险的上升。尤其是一些中小银行对技术服务商的依赖度较高，放弃自主技术研发，在信贷活动中成为单纯的资金提供方，但需要完全承担信贷责任，加大了风险管理难度。

2. 商业银行购买数据及相关衍生服务

一些金融科技公司专注数据挖掘，为商业银行提供征信、风控等第三方服务。目前，国内数据公司主要分为两种：一是依托平台积累了海量数据并具备获取新数据能力的公司；二是依赖大数据工具的初创公司，为客户提供数据产品（见表3-6）。此外，监管机构成立的数据公司，如人民银行成立的成方金融信息技术服务有限公司、中国保险保障基金有限责任公司出资成立的中国保险信息技术管理有限责任公司，其目的是建立银行业、保险业等行业标准化、系统性的数据体系。

表3-6 我国部分大数据企业及主营业务

序号	大数据企业	经营特点
1	华为技术有限公司	提供解决方案
2	腾讯	通信和社交、游戏数据
3	阿里巴巴	消费者和商家数据
4	中兴通讯股份有限公司	大数据基础平台产品
5	百度	全栈AI技术
6	小米集团	小米物联网平台
7	联通数字科技有限公司	中国联通子公司
8	广联达科技股份有限公司	数字建筑平台服务商
9	神州信息	场景金融云平台
10	太极计算机股份有限公司	电子政务、智慧城市和关键行业信息化
11	望海康信（北京）科技股份有限公司	医疗信息
12	奇安信科技集团股份有限公司	网络安全协同联动防御体系
13	浪潮卓数大数据产业发展有限公司	数据挖掘
14	成都四方伟业软件股份有限公司	大数据软件产品及服务提供商
15	厦门市美亚柏科信息股份有限公司	电子数据取证和公安大数据
16	金电联行（北京）信息技术有限公司	数据分析、模型构建、IT建设等

续表

序号	大数据企业	经营特点
17	拓尔思信息技术股份有限公司	大数据、数据安全产品及服务提供商
18	北京思特奇信息技术股份有限公司	深耕电信运营商领域
19	荣联科技集团股份有限公司	专业数字化服务提供商
20	国信优易数据股份有限公司	数据操作系统与解决方案提供商

资料来源：笔者基于大数据产业生态联盟公布的《2022中国大数据企业50强》整理所得。

数据公司不直接向商业银行提供原始数据，而是提供征信等衍生服务。我国加快推进第三方征信公司的牌照管理，2015年芝麻信用管理有限公司等八家机构被中国人民银行纳入监管范围内，之后百行征信有限公司和朴道征信有限公司挂牌成立。商业银行是数据公司和征信公司重点服务的客户群体，目前百行征信已经服务了2000多家金融机构及分支机构，为商业银行提供定制化的征信产品。

如何提供客观公正的第三方征信服务，加快行业数据的整合和利用，是我国征信行业发展的重点问题。商业银行在购买数据及相关衍生服务时，一些风险点也需要重点关注：一是数据公司业务的合规性，中国人民银行2019年曾对商业银行合作的数据公司是否存在违规爬虫行为进行重点调查。对于个人征信业务，人民银行更倾向于采取共建的方式，批准成立百行征信有限公司和朴道征信有限公司，股权结构采取"国有资本主导、数据企业参与"的方式，因此未来个人征信市场依然是"政府+市场"双轮驱动方式，其中央行发挥主导作用。二是数据公司挖掘数据的准确性，数据公司依赖自己的大数据工具对市场已有数据进行挖掘，使用的算法不同，导致数据存在误差。三是商业银行信贷业务过度依赖外部数据，导致银行内部信用风险管理存在较大的不确定性。

3. 以科技公司为平台的互联网贷款模式

以科技公司为平台的互联网贷款模式，指金融科技公司依托数据和渠道优势，为商业银行提供引流拓客、风险管理等服务，形成以科技公司为核心、商业银行与客户聚集的平台生态圈。互联网贷款主要分为三种业务模式：

一是助贷模式，科技公司作为第三方机构搭建平台，为商业银行寻找客户、提供客户信息及风险管理服务。[①] 随着 P2P 平台的清理和整治工作基本完成，传统 P2P 平台向助贷平台转型。目前，360 数科、乐信、信也科技等助贷平台已经上市，利用已有的系统和渠道，加之各类数字技术，为商业银行输送客户。这三家助贷平台 2021 年共促成借款额 7083 亿元，较 2020 年 4879 亿元有较大的提升[②]，是中小银行获得线上贷款的主要来源。

二是联合贷款模式，由互联网平台和商业银行共同发放贷款，互联网平台是实质的借款人之一，需要具备小额贷款发放资质。目前监管政策对网络小额贷款业务的跨区域经营提出了更高的要求[③]，一些头部互联网平台纷纷增资。截至 2021 年底，我国共有 7 家互联网企业小额贷款公司注册资本达到或超过 50 亿元（见表 3-7）。这 7 家网络小额贷款公司由国内大型科技公司出资成立，通过联合贷款、助贷等形式与商业银行开展合作。

表 3-7 我国主要互联网联合贷款平台

序号	公司名称	互联网公司	产品	注册资本（亿元）	公布的数据
1	重庆蚂蚁小微小额贷款有限公司	蚂蚁科技集团股份有限公司	花呗、借呗	120	2019 年累计联合贷款 1.7 万亿元
2	深圳市财付通网络金融小额贷款有限公司	腾讯科技（深圳）有限公司	微粒贷	50	2019 年累计放款额 3.7 万亿元

---

① 北京市互联网金融行业协会 2019 年发布的《关于助贷机构加强业务规范和风险防控的提示》中对助贷业务进行了定义：助贷业务指助贷机构通过自有系统或渠道筛选目标客群，在完成自有风控流程后，将较为优质的客户输送给持牌金融机构、类金融机构，经持牌金融机构、类金融机构风控终审后，完成发放贷款的一种业务。

② 数据来源：三家助贷平台公布的 2020 年年报数据。

③ 2020 年 11 月《网络小额贷款业务管理暂行办法（征求意见稿）》正式发布，对股东、注册资本金、经营范围、平台资质等多方面设置准入门槛。同时，对经营过程中的风控体系、融资杠杆、联合贷款、贷款投向等方面也划定若干红线。

续表

序号	公司名称	互联网公司	产品	注册资本（亿元）	公布的数据
3	重庆度小满小额贷款有限公司	百度（中国）有限公司	有钱花	70	2019年贷款余额600亿元
4	重庆美团三快小额贷款有限公司	北京三快科技有限公司	美团钱包	50	2018年4月应收贷款14亿元
5	深圳市中融小额贷款股份有限公司	北京字节跳动科技有限公司	放心借、抖音支付	50	未公布
6	重庆苏宁小额贷款有限公司	苏宁控股集团有限公司	任性贷、任性付	50	2019年小贷、保理业务现金流净流出74.98亿元
7	中新（黑龙江）互联网小额贷款有限公司	中新控股科技集团有限公司	功夫贷、闪电借款	50	未公布

资料来源：笔者根据网络公开数据整理所得。

三是自营放贷模式，该模式对互联网平台资质、资金、管理能力等方面提出较高的要求[1]。目前主要是一些互联网银行从事自营放贷业务，如浙江网商银行。但由于资金规模有限，互联网银行往往也从事着联合贷款业务。

当前我国互联网贷款模式正处于严格监管期。监管政策的调整，使商业银行和互联网平台联合贷款模式转向利润分成的助贷模式，大中型商业银行纷纷收缩了互联网贷款规模，转向自营渠道建设；但中小银行自建渠道难度大，对平台渠道的依赖程度高。尽管监管部门对商业银行规范互联网贷款业务设置了缓冲期，一些中小银行需要调整整个业务模式和发展战略，面临比较大的经营风险。

以金融科技公司为平台的互联网贷款模式，在面临监管合规问题的同时，也存在一些其他风险：一是以"平台为核心"产生的风险扩散和传染，商业银行依赖平台的算法和风险模型，依靠平台进行引流拓客。一旦

---

[1] 如胡滨和范云鹏（2020）认为，自营放贷模式要求互联网平台在具备放贷业务资质的同时，拥有独立运营的金融能力和雄厚的资金实力。

算法和风险模型存在问题，多家商业银行信贷业务将面临相似的风险暴露。二是商业银行与互联网贷款平台的定价和风险分担机制不明确，尤其是一些大型平台具有一定的垄断定价权，商业银行需要权衡业务、风险和盈利三者之间的关系。三是互联网平台可能存在营销不当、合法合规等问题，给商业银行带来声誉风险。

4. 以商业银行为平台的开放银行协同创新模式

以商业银行为平台的协同创新模式主要指开放银行模式。虽然国内外对开放银行的具体理解和行业实践有所不同，但开放银行通常涵盖 API 等新技术、数据共享、平台合作三个基本特征。与英国、欧盟、意大利等国家和地区的"监管强制"模式相比，我国开放银行主要是由商业银行自发推动，通过将 API 延伸至多个金融场景建立开放式的服务模式。

开放银行是我国商业银行重要的发展战略之一，也是银行业数字化转型的重要方向。一些大型商业银行在打造开放银行的过程中，主要依靠银行系金融科技公司的技术，但是在具体架构的设计和具体场景的搭建中，往往需要引入第三方科技公司的技术支持和合作。浦发银行 2018 年最早发布了"无界开放银行"的概念，在建设过程中，除了建立开放金融联盟之外，还建立了科技合作共同体，目前已经涵盖 30 多家科技企业。

中小银行普遍缺乏自主创新、科技研发能力，在数字化转型过程中主要依靠第三方科技公司提供技术解决方案，开放银行系统架构一般委托给科技公司建设。例如，某区域性银行建设开放银行，主要采取"1+2+3N"的互联网合作模式。该银行与某头部金融科技公司共同进行技术研发，之后与多家互联网平台对接，向同业金融机构输出科技系统。

在现有条件下，开放银行模式存在着一定的风险。基于平台开展的金融业务，多方主体的参与增加了第三方准入审核，整体上增加了风险环节，拉长了风险管理的链条。从银行业角度来看，开放银行要求建立一个开放共享的生态，对金融机构、政府、企业等生态主体都提出了较高的要求，开放导致的风险传染机制加强、负面影响扩大。此外，我国尚未对开放银行使用的 API 和商业数据共享建立明确统一的标准，数据层面的监管还不完善，数据隐私与治理问题较严重，数据开放难以真正落地。

三、我国商业银行协同创新度评价体系及协同创新网络

商业银行与金融科技公司通过各类协同创新活动，联结交互形成协同创新网络。基于上一部分发展现状分析，本部分构建了商业银行协同创新度评价体系，描绘了我国主要商业银行的协同创新网络格局，能够全面了解我国商业银行协同创新发展现状。

1. 我国商业银行协同创新度评价指标体系

已有研究强调企业协同创新能力，主要从知识获取、技术应用、创新生态等角度进行综合评价[①]，但由于商业银行与金融科技公司协同创新受到了监管政策的严格约束，本节只对商业银行协同创新度进行评价。

我国商业银行与金融科技公司协同创新呈现出"内部协同、外部联动"的特点。内部协同创新以"股权"为纽带，通过成立银行系金融科技公司、引入金融科技公司股东等形式，对商业银行原有经营模式和研发组织形式进行重塑；外部协同创新以"购买"为核心，通过打造开放式生态模式，与金融科技公司、企业、政府等外部机构在技术研发、场景、渠道等各方面进行合作。从组织形态来看，以商业银行为核心，在集团层面形成以金融科技公司股东、银行系金融科技公司等为主的协同创新组织形式，在集团外部形成以直接购买和平台合作为主的协同创新生态圈。基于此，我国商业银行协同创新度评价指标体系见表3-8。

本部分只构建商业银行协同创新度评价指标体系，但不进行具体的测量和评价，原因在于：一是部分指标，尤其是商业银行与金融科技公司外部协同创新的具体数据较难获得，数据缺失较为严重；二是各家商业银行

---

① 协同创新能力包括多个方面。例如，胡晓瑾和解学梅（2009）从区域技术创新环境、知识创造和获取能力、企业技术创新能力、区域技术创新协同能力、区域技术创新经济绩效五个方面构建了区域技术创新能力评价指标体系；鲁继通（2015）从知识创造和获取能力、技术创新和应用能力、创新协同配置能力、创新环境支撑能力、创新经济溢出能力五个方面评价了企业协同创新能力。

表 3-8　我国商业银行协同创新度评价指标体系

一级指标	二级指标	三级指标	指标说明
内部协同创新程度	战略协同	股权协同	金融科技公司股东占比（单位:%）
		管理协同	高级管理层中具有金融科技公司工作经验的高管比重（单位:%）
		模式协同	合资成立直销银行的注册资本（单位：亿元）
	业务协同	投贷联动业务	若商业银行为投贷联动试点银行，则为1；否则为0
		其他合作业务	商业银行与金融科技公司合作推出的创新产品或服务（单位：个）
	组织协同	组织隶属与建制	研发部门与总部的隶属关系，若研发部门为一级部门，则为1；否则为0
		金融科技公司规模	银行系金融科技公司的注册资本（单位：亿元）
		金融科技公司盈利	银行系金融科技公司当年的净利润（单位：亿元）
		母子公司协同研发	银行系金融科技公司与商业银行共同申请的专利数量（单位：个）
		科技公司独立研发能力	银行系金融科技公司独立申请的专利数量（单位：个）
外部协同创新程度	市场化购买	金融科技产品外购规模	该商业银行从银行科技服务商购买的技术产品和服务规模（单位：亿元）
		风险集中度1	该银行整体外购规模中前三大银行科技服务商占比（单位:%）
		主要服务商的研发能力	第一大银行科技服务商当年的研发投入（单位：亿元）
		主要服务商的市场规模	第一大银行科技服务商当年的总营业收入（单位：亿元）
		风险集中度2	第一大银行科技服务商营业收入中该商业银行所占比重（单位:%）
	平台合作	互联网平台贷款规模	我国主要互联网贷款平台贷款规模（单位：亿元）
		开放银行平台协同程度	商业银行开放银行接入API个数（单位：个）
	其他合作	业务合作覆盖范围	商业银行与金融科技公司合作数量（单位：个）
		战略合作协议	商业银行与金融科技公司签署战略合作协议（单位：个）

资料来源：笔者根据公开资料整理。

一般选择两种以上的协同创新模式，整体测算商业银行协同创新度可能会忽略对具体模式的深入分析；三是协同创新模式没有好坏之分，协同创新程度也不是越高越好，商业银行需要根据自身发展战略选择最优协同创新模式；四是本书的研究主线是对三种协同创新模式进行深层次的挖掘和剖析，而不是进行整体协同创新度的量化分析。因此通过构建评价指标体系，能够对我国商业银行协同创新现状有一个全景式的描述和评价。

2. 商业银行协同创新网络与风险传染

基于银行网络模型研究银行业风险传染问题，是非常普遍的研究方法。银行网络包括银行与银行通过同业拆借和支付系统形成的复杂银行网络，也包括储户挤兑和市场利率导致的间接网络被用来描述银行间市场的网络结构特征。自 Freeman（1991）提出创新网络概念之后[1]，关于企业创新网络的研究日益增多。随着数字技术的普及与应用，商业银行技术研发和应用呈现出开放性、系统性和复杂性等特点。商业银行与金融科技公司通过契约、协议、合同及投资关系等形成了全新的协同创新网络，从而产生了新的风险传染路径。

我国商业银行与金融科技公司协同创新实践已经相当普遍，初步形成了以大型商业银行和大型科技公司为节点、其他经济组织交织的复杂网络体系。本部分以我国17家大中型商业银行为研究样本，使用网络文本搜集法分析17家商业银行与100家金融科技公司[2]外部合作情况，初步搭建了我国主要商业银行与金融科技公司协同创新网络，直观上分析风险传染问题。本书后续部分将更多探讨协同创新对商业银行绩效与风险的影响及影响机制，将不再专门探讨商业银行和金融科技公司的风险传染问题。

从协同创新实践来看，我国有5家金融科技公司与17家大中型商业银行建立了全面合作关系，分别是百融云创、马上消费、宇信科技、云从

---

[1] 1991年Freeman在 *Research Policy* 上发表文章，正式提出了创新网络的概念，认为创新网络是应付系统性创新的一种基本制度安排，网络架构的主要连接机制是企业间的创新合作关系。

[2] 以《2021毕马威中国金融科技企业双50报告》中涉及的100家金融科技企业为研究对象，通过文本搜集法，对其与我国主要商业银行的协同创新情况进行梳理。

科技和比财集团。其中百融云创、宇信科技、云从科技是银行科技服务商，为商业银行提供技术解决方案。我国商业银行数字化转型涉及上百个系统，大型商业银行一般选择分批建设，很少进行整体性改造，与银行科技服务商的合作侧重于不同的系统。马上消费侧重于互联网金融，与我国主要商业银行都建立了合作关系，而同一领域的360数科则更看重与中小银行的合作。比财集团的业务重点是开放银行模式下的财富管理，占据了开放银行大部分市场（见表3-9）。

表3-9 我国主要金融科技公司与商业银行协同创新覆盖率

金融科技公司	图代码	合作覆盖率（%）
百融云创	FT_3	100.00
马上消费	FT_17	100.00
宇信科技	FT_30	100.00
云从科技	FT_31	100.00
比财集团	FT_35	100.00
联易融	FT_15	88.24
云象区块链	FT_52	88.24

资料来源：笔者根据公开资料整理。

整体来看，商业银行与金融科技公司协同创新网络已经初步形成，但是由于数据隐私性、关联复杂性、模式多样性等问题，目前难以形成一个更加准确和直观的协同创新网络图。但是以技术传染和渠道传染为两大主要途径的特点已经比较明确，也是未来研究商业银行与金融科技公司协同创新风险需要重点关注的问题。

第四节　本章小结

本章对商业银行与金融科技公司协同创新的现实动因进行分析，全面梳理了国内外主要协同创新模式及发展现状，主要有两个目的：一是对商业银行与金融科技公司协同创新实践进行事实性描述与整理提炼，系统了解国内外协同创新的发展现状；二是结合第二章理论动因，确定本书重点研究的协同创新模式。

基于本章分析，表3-10列举了国内外商业银行与金融科技公司协同创新模式对比情况，其中未涉及独立法人直销银行等模式，主要是由于这些模式样本量不足，目前较难进行系统深入的研究。从相同点来看，国内外协同创新实践都呈现出"内部协同、外部联动"的特点。对内以"股权"为联结，表现为商业银行持股金融科技公司、金融科技公司持股商业银行的双向股权特征；对外以"市场"为基础，通过直接购买、平台合作等形式进行市场化外部联动。从不同点来看，基于金融监管制度、金融市场发展水平等，国内外协同创新实践存在明显的差异。对于内部协同创新，国外大型商业银行倾向于通过并购、投资的方式将金融科技公司内部化，快速整合金融科技公司的技术、渠道、数据等资源，获得竞争优势；国内大型商业银行倾向于成立银行系金融科技公司，面临前期高投入和可持续经营等问题。对于外部协同创新，国外监管机构对第三方技术公司具有一定的直接监督权，对互联网贷款平台和开放银行平台等合作模式的监管体系已经初步形成；我国则更多依靠商业银行的全面风险管理。

表 3-10　国内外商业银行协同创新模式对比分析

类型	具体模式	国外（美国和欧盟）	国内	相同点
内部协同创新模式	商业银行收购、投资或设立金融科技公司	以并购交易为主，整合金融科技公司的技术、渠道、数据等资源。对掌握核心技术产品的科技公司，并购难度较大	以出资成立为主，在银行或集团框架内成立金融科技公司，服务商业银行数字化转型。前期高投入和短期亏损	主要是大型商业银行，要求一定的资金实力、资源整合能力等
	金融科技公司申请银行牌照	美国发放特殊目的国家银行牌照和产业贷款公司牌照，其他国家均是数字银行牌照	民营银行牌照，实行"一行一策"，发展定位为互联网银行	金融科技公司满足一定条件，可以向金融监管机构申请银行牌照

续表

类型	具体模式	国外（美国和欧盟）	国内	相同点
外部协同创新模式	购买技术产品与服务	国外监管机构对科技服务商进行严格监管，或对商业银行筛选合作机构提出明确要求	国内监管机构要求商业银行将信息技术外包风险纳入全面风险管理体系	金融科技公司以外包、外购等方式为商业银行提供技术产品与服务
	互联网贷款平台合作	国外互联网贷款监管较完善，法律监管和自律监管相互补充，强调信息披露的重要性	我国互联网贷款经历多轮整治，逐步进入健康发展阶段。监管政策趋严，银行不断调整合作模式	互联网平台利用新技术实现商业银行和消费者之间的资金融通
	开放银行合作模式	监管机构自上而下推动，实现商业银行数据开放与共享	商业银行自发推动，将金融产品和服务嵌入合作方场景中	三个特征：API等新技术、数据共享、平台合作

资料来源：笔者根据公开资料整理。

本书暂不对互联网贷款平台模式和开放银行合作模式进行具体的分析，主要是由于这两种模式的研究思路和研究方法更多聚焦"平台"和双边交易市场，且相关数据具有一定的隐私性。因此，本书基于技术创新预算软约束理论，重点探讨了商业银行与金融科技公司股东、银行系金融科技公司、银行科技服务商三种协同创新模式。

第四章 决策阶段（一）：商业银行协同创新理论决策模型

协同创新"前"的决策影响协同创新"后"的实际效果。在决策阶段，商业银行综合考虑利润最大化、风险偏好、股东利益、监管政策等因素，进行收益与风险的权衡。本章在 Claude D'Aspremont 和 Alexis Jacquemin（1988）提出的 AJ 模型[①]、Samiran Banerjee 和 Ping Lin（2011）提出的纵向研发合作企业模型[②]的基础上，考虑商业银行的特殊性，构建了商业银行协同创新理论决策模型。研究发现：风险厌恶型商业银行在监管政策约束下采取内部协同创新是长期最优决策；偏好风险和基于短期盈利目标的商业银行倾向于直接购买高风险技术产品，这可能导致风险集聚和协同创新失效。

第一节 模型设定与分析思路

为了便于理论分析，本节再次明确：内部协同创新是指在商业银行或所在集团的组织框架内，商业银行通过引入金融科技公司股东、设立金融

[①] AJ 模型也称"DJ 模型"，主要研究横向协同创新问题。当市场存在技术溢出时，两个同质企业在三种技术创新战略下的研发投入水平和产量。该模型认为同行业企业在研发阶段进行合作，可以提高企业创新投入和社会福利。

[②] 纵向研发合作企业模型，主要讨论在一个上游企业和多个下游企业组成的产业体系中，不同的合作研发策略对上游企业和下游企业创新活动的影响。后续很多研究将其扩展到三层市场结构，即上游、中游和下游三层产业体系的技术创新策略问题。

科技公司等方式进行的内部创新活动；外部协同创新是指商业银行外购、外包金融科技公司的技术产品和解决方案，定价和供需函数符合经济学中市场活动的一般规律。

在 Claude D'Aspremont 和 Alexis Jacquemin（1988）提出的 AJ 模型与 Samiran Banerjee 和 Ping Lin（2011）提出的纵向研发合作企业模型的基础上，考虑银行业的特殊性是构建商业银行与金融科技公司协同创新决策模型的关键。现有研究主要从经营目标、委托代理关系、负激励、资本结构、严监管等角度分析商业银行的特殊性（Prowse，1997；李维安、曹廷求，2003；蒋海等，2010；周立、赵玮，2012）。基于此，针对商业银行与金融科技公司协同创新问题，本节首先提出以下三个设定条件：

设定一：商业银行与金融科技公司协同创新的最终目标是提高银行经营效率。从实践来看，商业银行开展协同创新具有不同的短期目标，如扩大信贷规模、提高技术创新能力、增加利润等，但最终目的是提高商业银行的经营效率。根据商业银行协同创新目标，一单位最终产品可以理解为：一单位贷款产品、一单位财富管理产品、一单位净利润、一单位数字化程度、一单位技术创新水平等，这些"产品"可以为商业银行产生实际收益，符合模型的假设条件。此外，对商业银行最终产品的不同理解，不影响本章的分析过程和分析结论，在第五章和第八章将进行具体区分。

设定二：在技术创新领域，商业银行不是一个典型的风险厌恶者。商业银行是管理风险并从风险中获利的特殊企业，自身风险管理能力至关重要。无论是在信贷领域，还是在技术创新领域，商业银行都可能存在不同程度的风险偏好。基于第二章，由于依附性预算软约束和嵌入性预算软约束的存在，商业银行具有应用高风险技术产品的动机。因此，本章重点分析不同风险偏好的商业银行选择协同创新模式的差异。

设定三：监管部门对商业银行市场准入、业务开展、产品定价等进行严格监管，银行业是一个典型的垄断性行业。与企业相比，商业银行与金融科技公司协同创新决策需要考虑一系列监管约束条件，如信息技术风险管理办法、银行股东管理办法等。

基于上述假设条件，本章的研究逻辑如图 4-1 所示。首先基于依附性预算软约束，分别构建了技术产品准确和技术产品不准确的商业银行内外部协同创新决策模型。若选择内部协同创新模式，假设引入金融科技公司股东，考虑股东利益最大化和银行利益最大化对商业银行协同创新决策的影响；假设成立银行系金融科技公司，研究思路与第一步的内外部协同创新决策模型一致。若选择外部协同创新模式，考虑监管政策对商业银行协同创新决策的影响。本章分析逻辑与第二章预算软约束理论相关，与第五章实证检验相互呼应，并提出了第六章、第七章和第八章的研究假设。

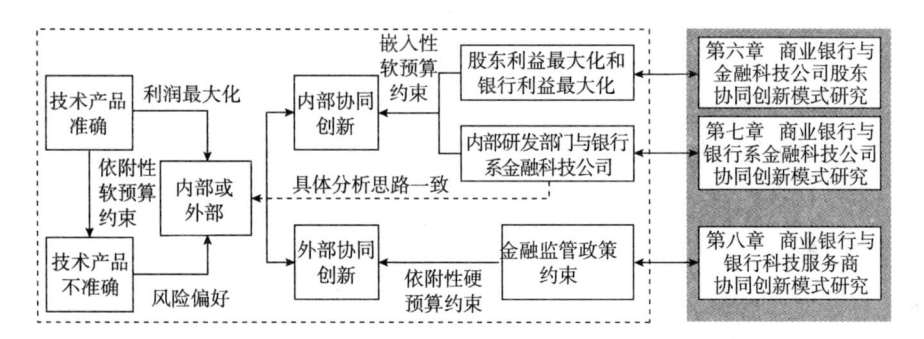

图 4-1　商业银行协同创新决策思路及关联

资料来源：笔者自绘。

在商业银行实际决策过程中，内部和外部协同创新模式并不对立，往往交织在一起。例如，商业银行设立银行系金融科技公司，在进行内部研发组织调整的同时，也与外部银行科技服务商保持了密切的合作。但商业银行往往在某一阶段更注重内部或外部协同创新，例如，中小银行当前普遍开展外部协同创新模式；或根据监管政策的要求在不同研发领域采取不同的协同创新模式，例如，大型商业银行在核心系统方面采取内部协同创新模式，在渠道拓展方面采取外部协同创新模式。因此，本章的分析逻辑，适用于商业银行不同研发领域或不同时期的决策，本质都是考虑技术不确定性、利润最大化、监管政策等影响因素,综合考虑收益最大化和风险问题。

第二节 商业银行内部与外部协同创新决策

从信息技术、互联网技术,到当前的数字技术,银行业技术应用经历了从"确定"到"不确定"的变化。本节构建了在中间技术产品准确和不准确两种情形下的商业银行内外部协同创新决策模型,后续模型将在此基础上进行拓展。研究发现:在技术产品存在不确定性的情形下,风险厌恶型商业银行倾向于采取内部协同创新模式,风险偏好型商业银行倾向于直接购买较低价格的中间技术产品。

一、基于技术产品确定性的商业银行内外部协同创新决策

假设市场中存在一家商业银行和一家金融科技公司,商业银行每生产一单位最终产品(如提高一单位投入产出效率)需要购买金融科技公司或自己生产一单位中间技术产品(如技术、数据、渠道等生产资料),且商业银行生产的最终产品和金融科技公司提供的中间产品具有同质性。假设金融科技公司的技术研发费用为 x,一单位中间产品的生产成本 $[c(x)]$ 随着研发费用 (x) 的增加呈现出先增后减的趋势,短期中间产品边际生产成本递增,即 $t \leq t_0$,$c'(x) \geq 0$;长期边际生产成本递减,即 $t > t_0$,$c'(x) < 0$。为了简化,假设金融科技公司没有固定成本等其他支出。金融科技公司销售一单位中间产品的价格为 ω_0,中间产品的价格与市场供求相关,即 $\omega_0 = g(q) = g(Q)$。假设商业银行除了购买中间产品之外,还需要付出内部生产成本 $[s(y)]$ 和相关的固定成本 (C_B)。其中,$s'(y) < 0$,表明商业银行单位生产成本随着内部研发费用的增加而降低。一单位最终产品的价格或收益为 p_b,且 $p_b = f(Q)$。

1. 两种协同创新模式下商业银行最优产量

若商业银行和金融科技公司采取"购买"的外部协同创新模式,则在

此设定条件下，商业银行和金融科技公司的利润函数分别为：

$$\pi_B = (p_b - \omega_0 - s(y))Q - C_B - y \tag{4-1}$$

$$\pi_F = (\omega_0 - c(x))Q - x \tag{4-2}$$

在商业银行与金融科技公司协同创新过程中，商业银行居于主导地位，商业银行决定需要中间产品的数量。将函数（4-1）分别对 Q 和 y 求导，得到商业银行最优产量的两个一阶条件：

$$\frac{\partial \pi_B}{\partial Q} = f(Q) + f'(Q)Q - \omega_0 - s(y) = 0 \tag{4-3}$$

$$\frac{\partial \pi_B}{\partial y} = -Qs'(y) - 1 = 0 \tag{4-4}$$

若取最大值，则二阶求导为负，即 $f''(Q)Q + 2f'(Q) < 0$。

之后将函数（4-2）分别对 ω_0 和 x 求导，得到金融科技公司最优产量的两个一阶条件：

$$\frac{\partial \pi_F}{\partial \omega_0} = Q + (\omega_0 - c(x))\frac{dQ}{d\omega_0} = 0 \tag{4-5}$$

$$\frac{\partial \pi_B}{\partial x} = -Qc'(x) - 1 = 0 \tag{4-6}$$

若取最大值，则二阶求导为负，即 $(\omega_0 - c(x))\frac{d^2Q}{d\omega_0^2} + 2\frac{dQ}{d\omega_0} < 0$。

通过对式（4-3）、式（4-4）、式（4-5）和式（4-6）进行求解，可以得到采取外部协同创新模式的最优产量 (Q, x, y)。

若商业银行和金融科技公司采取基于"股权"的内部协同创新模式，以商业银行或所在集团收益最大化为经营目标，则商业银行或所在集团的利润函数为：

$$\pi = (P^* - c(x^*) - s(y^*))Q^* - C_B - x^* - y^* \tag{4-7}$$

将函数（4-7）分别对 Q^*、x^* 和 y^* 求导，得到商业银行或所在集团最优产量的三个一阶条件：

$$\frac{\partial \pi}{\partial Q^*} = f(Q^*) + f'(Q^*)Q^* - c(x^*) - s(y^*) = 0 \tag{4-8}$$

$$\frac{\partial \pi}{\partial y^*}=-Q^*s'(y^*)-1=0 \qquad (4-9)$$

$$\frac{\partial \pi}{\partial x^*}=-Q^*c'(x^*)-1=0 \qquad (4-10)$$

通过对式（4-8）、式（4-9）和式（4-10）求解，可以得到采取内部协同创新模式的最优产量（Q^*，x^*，y^*）。

2. 比较与分析

为了比较（Q，x，y）和（Q^*，x^*，y^*）的大小，对函数（4-7）在（Q，x，y）处取全微分，得到：

$$d\pi=(f(Q)+f'(Q)Q-c(x)-s(y))dQ+(-Qs'(y)-1)dy+(-Qc'(x)-1)dx \qquad (4-11)$$

将式(4-3)、式(4-4)、式(4-6)代入式(4-11)，得到 $d\pi=(\omega_0-c(x))dQ$ \qquad (4-12)

此外，将式（4-4）和式（4-9）、式（4-6）和式（4-10）相除，得到：

$$\frac{s'(y^*)}{s'(y)}=\frac{Q}{Q^*} \quad \frac{c'(x^*)}{c'(x)}=\frac{Q}{Q^*} \qquad (4-13)$$

在短期，金融科技公司处于技术产品初始研发阶段，$c(x)$为增函数，一单位中间产品的价格小于生产成本，即$\omega_0-c(x)<0$，则$d\pi<0$。对于最大产量，$d\pi^*=0$。因此可以推导出$Q>Q^*$，即短期内采取外部协同创新模式，商业银行能够生产更多的最终产品，有利于商业银行的数字化转型和效率提升。在此条件下，可以得到：

$$\frac{s'(y^*)}{s'(y)}=\frac{Q}{Q^*}>1 \quad \frac{c'(x^*)}{c'(x)}=\frac{Q}{Q^*}>1 \qquad (4-14)$$

可以推导出：$s'(y^*)>s'(y)$，$y^*<y$；$c'(x^*)>c'(x)$，$x^*<x$。这表明短期内采取外部协同创新模式，商业银行研发费用显著增加，但金融科技公司的研发费用显著减小。

在长期，金融科技公司一单位中间产品的价格应当不小于生产成本，因此$\omega_0-c(x)\geq0$，故$d\pi\geq0$。对最大产量来说，$d\pi^*=0$。因此，$Q\leq$

Q^*，即长期内采取内部协同创新模式，商业银行能够生产更多的最终产品，有利于商业银行数字化转型和效率提升。在此条件下，可以得到：

$$\frac{s'(y^*)}{s'(y)}=\frac{Q}{Q^*}\leqslant 1 \quad \frac{c'(x^*)}{c'(x)}=\frac{Q}{Q^*}\leqslant 1 \tag{4-15}$$

则可以推导出：若 $s'(y^*)\leqslant s'(y)$，则 $y^*\geqslant y$；$c'(x^*)\leqslant c'(x)$，则 $x^*\geqslant x$。表明长期内采取内部协同创新模式，商业银行和金融科技公司的研发费用都会显著增加。

3. 总结

该理论模型可以解释商业银行与金融科技公司内部协同创新模式，但在短期内可能难以发挥实质的效果，因为内部研发部门在短期内缺少技术创新激励或银行系金融科技公司在短期内可能存在"搭便车"行为，都会降低研发费用支出。从长期来看，内部协同创新模式在最终产品和研发费用方面都能发挥积极作用。该理论模型也可以用来解释为什么国外商业银行主要投资具备成熟研发能力的金融科技公司，从而直接促进商业银行经营效率的提高。

二、基于技术产品不确定性的商业银行内外部协同创新决策

商业银行具有不同程度的预算软约束症状，技术研发与应用的创新目标也不同，从而影响商业银行内外部协同创新决策。本节在基础模型的基础上，加入一个现实因素：金融科技公司提供的中间产品存在较大的风险和不确定性，且商业银行在协同创新决策过程中具有不同的风险偏好。

1. 模型假设条件

假设市场中有两家商业银行和一家金融科技公司。两家商业银行具有不同的风险偏好，一家商业银行追求利润最大化，记作 $Bank_1$，生产的最终产品数量为 Q_1；一家商业银行进行保守性经营，追求风险承担的最小化，记作 $Bank_2$，生产的最终产品数量为 Q_2。一单位最终产品的价格或收益为 P，最终产品的逆需求函数为：$P=f(Q_i)$。且 $Q_i<Q_M$ 时，$f'(Q_i)>0$；

$Q_i \geq Q_M$ 时，$f'(Q_i)<0$，商业银行数字化转型的边际收益呈现出先增加后减少的特点①。为了方便比较，本节进行了以下简单设定：对于 $Q_i<Q_M$，$P=f(Q_i)=a+Q_i$；对于 $Q_i \geq Q_M$，$P=f(Q)=a-Q_i$。

由于技术的局限性，金融科技公司生产的中间产品实际效果具有一定的不确定性。金融科技公司为了提高中间产品的准确性，需要投入大量的研发成本，中间产品的价格（ω_0）则相应提高。假设金融科技公司一单位中间产品的准确性为 $k(0 \leq k \leq 1)$，且中间产品准确度越高，价格（ω）越高，即 $\omega=f(k, Q)$，且 $f'_k(k, Q)>0$。假设一单位中间产品可能引发的损失为 τ，则商业银行利用一单位中间产品的期望收益为：$E(k)=kP+(1-k)\tau$。假设金融科技公司能够满足两家商业银行定制化、个性化的中间产品需求，为商业银行提供不同准确度的中间产品。其他假设条件与基础模型一致。

2. 两种协同创新模式下商业银行最优产量

若商业银行与金融科技公司采取外部协同创新模式，即基于市场化购买方式进行协同创新，则商业银行和金融科技公司的利润函数分别为：

$$\pi_B=(E-\omega-s(y))Q_i-C_B-y \qquad (4-16)$$

$$\pi_F=(\omega-c(x))Q_i-x \qquad (4-17)$$

在商业银行和金融科技公司协同创新过程中，商业银行居于主导地位，商业银行决定需要的中间产品数量。因此将函数（4-16）分别对 Q_i 和 y 求导，得到商业银行最优产量的两个一阶条件：

$$\frac{\partial \pi_B}{\partial Q_i}=kf'(Q_i)Q_i+kf(Q_i)+(1-k)\tau-\omega-s(y)=0 \qquad (4-18)$$

$$\frac{\partial \pi_B}{\partial y}=-Q_i s'(y)-1=0 \qquad (4-19)$$

若取最大值，则二阶求导为负，即 $kf''(Q_i)Q_i+2kf'(Q_i)<0$。

通过式（4-18）和式（4-19），可以得到商业银行外部协同创新模式的最优产量 (Q_i, x, y)。

---

① 尽管商业银行数字化转型给个体银行带来的好处是一个增函数，但由于各家商业银行数字化转型之后存在竞争关系，因此数字化转型的边际收益会呈现出先增加后减少的特点。

短期内，若 $Q_i<Q_M$，将 $P=f(Q_i)=a+Q_i$ 代入式(4-18)，令 $-(1-k)\tau+s(y)-ka=\forall$，可得到：

$$Q_{短}^* = \frac{-(1-k)\tau+\omega+s(y)-ka}{2k} = \frac{\forall+\omega}{2k} \tag{4-20}$$

长期内，若 $Q_i>Q_M$，将 $P=f(Q_i)=a-Q_i$ 代入式(4-18)中，可以进一步得到：

$$Q_{长}^* = \frac{ka+(1-k)\tau-\omega-s(y)}{2k} = \frac{-\forall-\omega}{2k} \tag{4-21}$$

将函数（4-17）分别对 ω_0 和 x 求导，得到金融科技公司最大产量的两个一阶条件：

$$\frac{\partial \pi_F}{\partial \omega} = Q_i + (\omega-c(x))\frac{dQ_i}{d\omega} = 0 \tag{4-22}$$

$$\frac{\partial \pi_F}{\partial x} = -Q_i c'(x) - 1 = 0 \tag{4-23}$$

若要取最大值，则二阶求导为负，即 $(\omega-c(x))\frac{d^2Q_i}{d\omega^2}+2\frac{dQ_i}{d\omega}<0$。

短期内，若 $Q_i<Q_M$，将 $P=f(Q_i)=a+Q_i$ 代入式(4-22)，令 $-(1-k)\tau+s(y)-ka=\forall$，可得到：

$$\omega_{短}^* = \frac{2kc(x)-\forall}{2k+1} \tag{4-24}$$

长期内，若 $Q_i>Q_M$，将 $P=f(Q_i)=a-Q_i$ 代入式（4-22）中，可以进一步得到：

$$\omega_{长}^* = \frac{2kc(x)+\forall}{2k-1} \tag{4-25}$$

若商业银行和金融科技公司采取内部协同创新模式，以整个集团的利润最大化作为主要经营目标，则集团企业的利润函数为：

$$\pi = (E^*-c(x^*)-s(y^*))Q_i^* - C_B - x^* - y^* \tag{4-26}$$

将函数（4-26）分别对 Q_i^*、x^* 和 y^* 求导，得到集团企业最优产量的三个一阶条件：

$$\frac{\partial \pi}{\partial Q_i^*} = kf(Q_i^*) + f'(Q_i^*)kQ_i^* + (1-k)\tau - c(x^*) - s(y^*) = 0 \qquad (4-27)$$

$$\frac{\partial \pi}{\partial x^*} = -Q_i^* c'(x^*) - 1 = 0 \qquad (4-28)$$

$$\frac{\partial \pi}{\partial y^*} = -Q_i^* s'(y^*) - 1 = 0 \qquad (4-29)$$

通过式(4-27)、式(4-28)和式(4-29)进行求解,可以得到集团企业的最优产量(Q_i^*, x^*, y^*)。

短期内,若$Q_i < Q_M$,将$P = f(Q_i) = a + Q_i$代入式(4-27)、式(4-28)和式(4-29)中进一步得到:

$$Q_i^* = \frac{-(1-k)\tau + c(x) + s(y) - ka}{2k} = \frac{\forall + c(x)}{2k} \qquad (4-30)$$

长期内,若$Q_i > Q_M$,将$P = f(Q_i) = a - Q_i$代入式(4-27)、式(4-28)和式(4-29)中进一步得到:

$$Q_i^* = \frac{ka + (1-k)\tau - c(x) - s(y)}{2k} = \frac{-\forall - c(x)}{2k} \qquad (4-31)$$

3. 比较与分析

利用基础模型类似的方法,对函数(4-26)在(Q_1, x, y)点处求全微分,得到:

$$d\pi = (ka + 2kQ_i + (1-k)\tau - c(x) - s(y))dQ_i + (-Q_i s'(y) - 1)dy + (-Q_i c'(x) - 1)dx \qquad (4-32)$$

$$d\pi = (ka - 2kQ_i + (1-k)\tau - c(x) - s(y))dQ_i + (-Q_i s'(y) - 1)dy + (-Q_i c'(x) - 1)dx \qquad (4-33)$$

将式(4-27)、式(4-28)和式(4-29)代入上述公式中,均可以得到$d\pi = (\omega - c(x))dQ_i$。得到的条件与基础模型一致,但不同之处在于:$\omega$是一个关于中间技术产品准确度$k$的增函数,而$c(x)$对于$k$是常数,$\omega$和$c(x)$的关系见图4-2。由图4-2可知,存在一个局部均衡点k^*,使商业银行和金融科技公司内部和外部协同创新模式的实际效果一致,此时商业银行生产的最终产品数量最多,即经营效率达到最大水平。

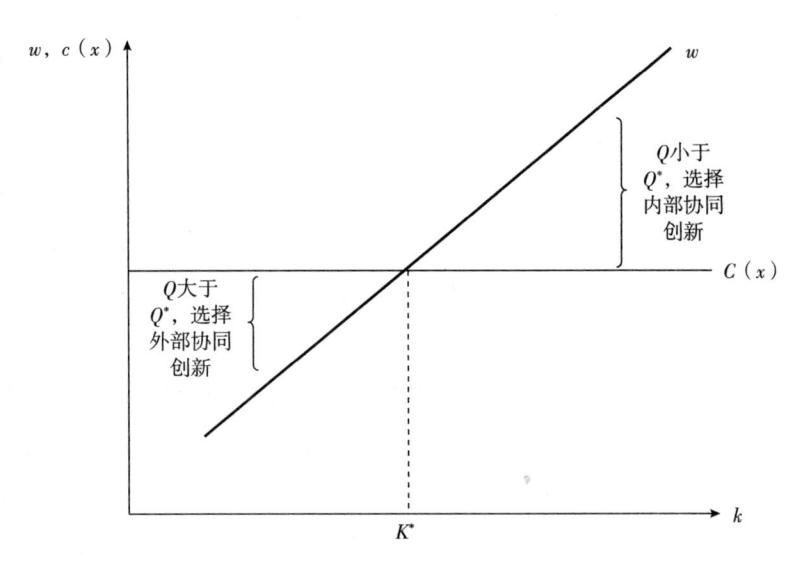

图 4-2 商业银行风险偏好对最优协同创新模式的影响

资料来源：笔者自绘。

若商业银行是一个风险厌恶者，对中间技术产品准确度有较高的要求，则 $\omega-c(x)>0$，导致 $Q_i<Q_i^*$，商业银行采取内部协同创新模式更有利于数字化转型。在此条件下，

$$\frac{s'(y^*)}{s'(y)}=\frac{Q}{Q_i^*}<1 \quad \frac{c'(x^*)}{c'(x)}=\frac{Q}{Q_i^*}<1 \tag{4-34}$$

则可以推导出来：若 $s'(y^*)<s'(y)$，则 $y^*>y$。短期内 $c'(x^*)<c'(x)$，则 $x^*<x$；长期内 $c'(x^*)<c'(x)$，则 $x^*>x$。这表明若商业银行是一个风险厌恶者，倾向于采取内部协同创新模式，短期和长期内商业银行研发费用都会显著增加；金融科技子公司或科研部门短期内研发费用会显著降低、长期内研发费用会显著增加。

若商业银行是一个风险偏好者，对中间技术产品的准确度没有较高的要求，但是希望中间产品的价格保持在较低的水平，则有 $\omega-c(x)<0$，导致 $Q_i>Q_i^*$，商业银行采取外部协同创新更有利于数字化转型。在此条件下，可以得到：

$$\frac{s'(y^*)}{s'(y)}=\frac{Q}{Q_i^*}>1 \quad \frac{c'(x^*)}{c'(x)}=\frac{Q}{Q_i^*}>1 \tag{4-35}$$

则可以推导出来：若 $s'(y^*)>s'(y)$，则 $y^*<y$。短期内 $c'(x^*)>c'(x)$，则 $x^*>x$；长期内 $c'(x^*)>c'(x)$，则 $x^*<x$。这表明若商业银行是一个风险偏好者，倾向于采取外部协同创新模式，在短期和长期内商业银行研发费用都会显著增加；市场化金融科技公司短期内研发费用会显著降低、长期内研发费用会显著增加。

结合第二章测算的预算软约束程度及商业银行协同创新的实践，大型商业银行普遍是风险厌恶者，将中间技术产品的不确定性控制在一定范围内，从而倾向于采取内部协同创新模式；一些中小银行风险偏好程度更高，希望利用较低价格的中间技术产品进行数字化转型，从而忽略了中间技术产品可能存在的风险。

第三节　内部协同创新：股东利益最大化与银行利益最大化

金融科技公司股东对商业银行技术创新的影响具有不确定性。本节分析银行利益最大化和股东利益最大化两种目标对商业银行协同创新最优决策的影响。研究发现：若以股东利益最大化为目标，商业银行短期和长期研发投入都会降低，不利于银行自主创新；若以银行利润最大化为目标，商业银行在短期会降低研发支出，在长期会提高研发支出。

一、模型假设条件

假设市场中存在一家商业银行，大股东是金融科技公司。金融科技公司利用自己控股股东的身份，将商业银行定位为"互联网银行"或"数字银行"，通过各类协同创新活动加快银行数字化转型。假设商业银行每生产一单位最终产品（如提高一单位投入产出效率）需要一单位中间产品（如技术、数据、渠道等生产要素），记作 Q。商业银行只能购买金融科技公司股东提供的中间产品，无法选择市场中其他金融科技公司提供的效率可能更高的中间产品。

由于技术的局限性，金融科技公司生产的中间产品存在一定的风险，且为了提高中间产品的准确性，需要投入研发成本(x)，中间产品的价格(ω_0)也会相应提高。假设一单位最终产品的价格或收益为 P，最终产品的逆需求函数为：$P=f(Q)$，与第二节设定相同。假设金融科技公司股东提供的中间产品的准确度为 $\bar{k}(0\leqslant\bar{k}\leqslant1)$，若成功，商业银行可以获得的收益为 P；若失败，商业银行可能引发的损失为 τ，故商业银行利用一单位中间产品的期望收益为：$E(\bar{k})=\bar{k}P+(1-\bar{k})\tau$。假设商业银行生产最终产品除了需要购买中间产品之外，还需要付出内部生产成本 $[s(y)]$ 和相关的固定成本(C_B)。其中，$s'(y)<0$，单位生产成本随着研发投资费用的增加而降低。

假设金融科技公司的技术研发费用为 x，一单位中间技术产品的生产成本$[c(x)]$随着研发费用(x)的增加而减少，即 $c'(x)<0$，这表明金融科技公司股东的技术研发已经相当成熟。为了简化，假设金融科技公司不需要投入固定成本等其他成本。金融科技公司股东销售给商业银行一单位中间产品的价格为 $\bar{\omega}$，低于中间产品的市场价格(ω_0)，且减少商业银行的事前搜集成本和事后维护成本 δ。金融科技公司向市场提供中间产品的总量为 Q^*，且 $Q^*>Q$，假设 $Q=mQ^*$，且 $\omega_0=\varepsilon-Q^*$。金融科技公司通过控股商业银行可能带来好处①，记作 $V(\theta)$，其中 θ 为金融科技公司持股比例。当 $V'(\theta)>0$，说明随着金融科技公司持股比例的增加，获得的好处也在增加。假设这一好处不会给商业银行带来实质上的损失。

二、两种经营目标下商业银行最优产量及比较

假设商业银行以银行自身利益最大化为目标，建立商业银行的期望效

---

① 具体包括商业银行与股东的关联交易、为金融科技公司股东开拓银行市场带来的示范效应、金融科技公司上下游企业从商业银行更容易获得贷款等各种好处。

用函数：

$$E(B) = (E(\bar{k}) - \bar{\omega} - s(y))Q - C_B - y \tag{4-36}$$

将函数（4-36）分别对 Q 和 y 求导，得到：

$$\frac{\partial E(B)}{\partial Q} = \bar{k}f'(Q)Q + \bar{k}f(Q) + (1-\bar{k})\tau - \bar{\omega} - s(y) = 0 \tag{4-37}$$

$$\frac{\partial E(B)}{\partial y} = -Qs'(y) - 1 = 0 \tag{4-38}$$

若取最大值，则二阶求导为负，即 $\bar{k}f''(Q)Q + 2\bar{k}f'(Q) < 0$

短期内，将 $P = a + Q$ 代入，得到：

$$\check{Q} = \frac{-(1-\bar{k})\tau + \bar{\omega} + s(y) - \bar{k}a}{2\bar{k}} \tag{4-39}$$

长期内，将 $P = a - Q$ 代入，得到：

$$\check{Q} = \frac{\bar{k}a + (1-\bar{k})\tau - \bar{\omega} - s(y)}{2\bar{k}} \tag{4-40}$$

通过式（4-38）可以得到：

$$s'(y) = -\frac{1}{Q} = \frac{2\bar{k}}{(1-\bar{k})\tau - \bar{\omega} - s(y) + \bar{k}a} \text{ 或 } \frac{2\bar{k}}{\bar{\omega} + s(y) - \bar{k}a - (1-\bar{k})\tau} \tag{4-41}$$

若商业银行以股东利益最大化为经营目标，由金融科技公司股东决定销售给商业银行中间产品的数量，再由商业银行进行生产决策，建立金融科技公司的期望效用函数：

$$E(FT) = \bar{\omega}Q + \omega_0(Q^* - Q) - c(x)Q^* - x + V(\theta)$$

$$= (\bar{\omega} - \omega_0)mQ^* + (\omega_0 - c(x))Q^* - x + V(\theta) \tag{4-42}$$

将中间产品的价格函数 $\omega_0 = \varepsilon - Q^*$ 代入式（4-42）可以得到：

$$E(FT) = m(Q^*)^2 + (m\bar{\omega} - m\varepsilon + \omega_0 - c(x))Q^* - x + V(\theta) \tag{4-43}$$

将函数（4-43）对 Q^* 求导，可以得到 Q^* 的最优解：

$$\frac{\partial E(FT)}{\partial Q^*} = 2mQ^* + m\bar{\omega} - m\varepsilon + \omega_0 - c(x) = 0 \tag{4-44}$$

$$Q^* = \frac{-m\bar{\omega}+m\varepsilon-\omega_0+c(x)}{2m} = 0 \qquad (4-45)$$

则商业银行从金融科技公司得到的中间产品规模为：

$$Q = \frac{-m\bar{\omega}+m\varepsilon-\omega_0+c(x)}{2} \qquad (4-46)$$

将函数（4-46）代入商业银行的期望收益函数中，可以得到：

$$E(B) = \left\{ \bar{k}\left(a \pm \frac{-m\bar{\omega}+m\varepsilon-\omega_0+c(x)}{2}\right) + (1-\bar{k})\tau - \bar{\omega} - s(y) \right\}$$

$$\frac{-m\bar{\omega}+m\varepsilon-\omega_0+c(x)}{2} - C_B - y \qquad (4-47)$$

为了达到期望收益最大化，商业银行需要决定投入的最优研发投资费用支出 y。将函数（4-47）对 y 求导，得到：

$$\frac{\partial E(B)}{\partial y} = \frac{2}{m\bar{\omega}-m\varepsilon+\omega_0-c(x)}s'(y) - 1 = 0 \qquad (4-48)$$

$$s'(y) = \frac{m\bar{\omega}-m\varepsilon+\omega_0-c(x)}{2} \qquad (4-49)$$

由于金融科技公司直接决定中间产品的供给数量，商业银行在短期和长期的最优研发投入不受最终产品需求函数的影响。将式（4-49）与式（4-42）进行比较，可以得到不同经营目标下，商业银行研发投入和期望效用的变化。

随着金融科技公司提高中间产品的价格（$\bar{\omega}$），若商业银行以自身利润最大化为经营目标，则短期内 $s'(y)$ 增加，由于 $s'(y)<0$，则 y 减少；长期内 $s'(y)$ 降低，由于 $s'(y)<0$，则 y 增加。这说明银行利润最大化目标使商业银行在短期内会降低研发支出，而在长期会提高研发支出。若商业银行以股东利益最大化为经营目标，则中间产品的价格（$\bar{\omega}$）提高，使 $s'(y)$ 增加，由于 $s'(y)<0$，则 y 减少。这说明股东利益最大化目标使商业银行短期和长期研发投入都会降低，这显然不利于商业银行的技术研发和自主创新。技术创新变成依赖股东中间技术产品而进行的技术应用，但是自身研发投入不足导致商业银行知识吸收能力不强，难以真正推动商业

银行的数字化发展。因此，从协同创新的视角来看，引入金融科技公司股东且以股东利益最大化为目标，无法真正提高商业银行的自主创新能力。

第四节 外部协同创新：监管政策硬性约束

目前，我国商业银行协同创新领域的监管政策包括两类：一是外部协同创新模式，规范商业银行与金融科技公司合作的业务、技术和服务等；二是内部协同创新模式，规范商业银行与股东的关联交易，强调商业银行的独立经营。由于第三节涉及了商业银行与金融科技公司股东问题，因此本节只分析外部协同创新监管约束。从实践来看，监管机构要求商业银行不得将信息科技核心职能进行外包[①]，商业银行必须通过内部研发来满足监管要求。基于此，本节主要分析监管政策对商业银行协同创新最优决策的影响。

一、模型假设条件

假设一家商业银行每生产一单位最终产品（如提高一单位投入产出效率）需要一单位中间产品（如技术、数据、渠道等生产要素）。假设商业银行需要的中间产品总量为 Q，其中自己生产的数量为 mQ，从金融科技公司购买的数量为 $(1-m)Q$。假设商业银行自己生产一单位中间产品的成本为 $s(y)$，单位生产成本随着研发投资费用的增加呈现出先增后减的趋势，即短期内 $t \leq t_0$，$s'(y)>0$；长期内 $t>t_0$，$s'(y)<0$。假设商业银行只购买技术比较成熟的金融科技公司的中间产品，金融科技公司生产一单位中间产品的成本为 $c(x)$，且 $c'(x)<0$，单位生产成本随着技术研发费用（x）的增加而递减。为了简化，假设金融科技公司不需要投入固定成本等支出。金融科技公司销售一单位中间产品的价格为 ω_0，中间产品的价格与市场供求关系有关，即 $\omega_0(q)$，且 $\omega_0'(q)$ 为小于 0 的常数。假设 $\omega_0'(q)=-\theta$，

[①] 具体见中国银保监会办公厅《关于印发银行保险机构信息科技外包风险监管办法的通知》。其中，第十一条："银行保险机构应当明确不能外包的信息科技职能。涉及信息科技战略管理、信息科技风险管理、信息科技内部审计及其他有关信息科技核心竞争力的职能不得外包。"

则 $\omega_0(q) = \epsilon - \theta q = \epsilon - \theta(1-m)Q = \omega_0(Q)$。

二、监管政策硬性约束对商业银行协同创新决策的影响

在商业银行外购中间产品存在监管硬性约束的情形下，商业银行利润最大化的数学表达形式：

$$\text{Max}: \pi = PQ - \omega_0(1-m)Q - s(y)mQ - C_B - y$$
$$= f(Q)Q - \omega_0(Q)(1-m)Q - s(y)mQ - C_B - y \quad (4-50)$$

$$\text{s.t.} \quad m \geq \overline{m} \quad (4-51)$$

我们将监管硬性约束对商业银行协同创新决策的影响变成一个求极值问题。将式（4-50）分别对 Q、y 求导，可以得到：

$$\frac{\partial \pi}{\partial Q} = f(Q) + f'(Q)Q - \omega_0(1-m) - \omega_0'(Q)(1-m)Q - s(y)m = 0 \quad (4-52)$$

$$\frac{\partial \pi}{\partial y} = -mQs'(y) - 1 = 0 \quad (4-53)$$

对式（4-52）和式（4-53）分别求解，得到式（4-54）和式（4-55）：

$$Q^*_{\text{短}} = \frac{s(y)m + \epsilon - a - \epsilon m}{2\theta(1-m)^2 + 2} \quad Q^*_{\text{长}} = \frac{s(y)m + \epsilon - a - \epsilon m}{2\theta(1-m)^2 - 2} \quad (4-54)$$

$$s'(y) = -\frac{1}{mQ} \quad (4-55)$$

为了研究 m 对商业银行短期和长期最终产品均衡产量的影响，可以将方程（4-54）对 m 求导，但是由于求导结果包含的参数过多，本节采用数值模拟的方法分析商业银行自主研发比例对最终产品和利润的影响（见表4-1）。

表4-1 参数设置

项目	m	$s(y)$	ϵ	a	θ
自主研发比例	0-1	2	50	100	-10
边际生产成本	0.5	1-100	50	100	-10
数字化转型初始收益	0.5	2	50	50-150	-10
中间产品价格	0.5	2	50-150	100	-10

资料来源：笔者根据模型假设条件进行设置。

从模拟效果可以看出（见图4-3），短期内商业银行内部协同创新存在一个最优比例，超过这一比例，最终产品数量将呈断崖式下降；长期内商业银行最终产品的最优产量随着内部协同创新程度的提高而增加，当商业银行完全采用内部协同创新模式时，长期最终产品的最优产量最大。而针对其他情形的数值模拟，基本上与实际判断一致：随着商业银行生产一单位最终产品的成本逐渐增加，即商业银行研发投入的边际效率递减，商业银行短期和长期最终产品的最优产量都会下降；当数字化转型带来的初始收益不断增加时，商业银行短期和长期最终产品的最优产量都会增加；当中间产品的价格不断提高时，商业银行短期和长期最终产品的最优产量都会减少。因此，尽管对商业银行内部协同创新比例的数值模拟出现了一定负值，但是其趋势和特征仍然可以作为参考。

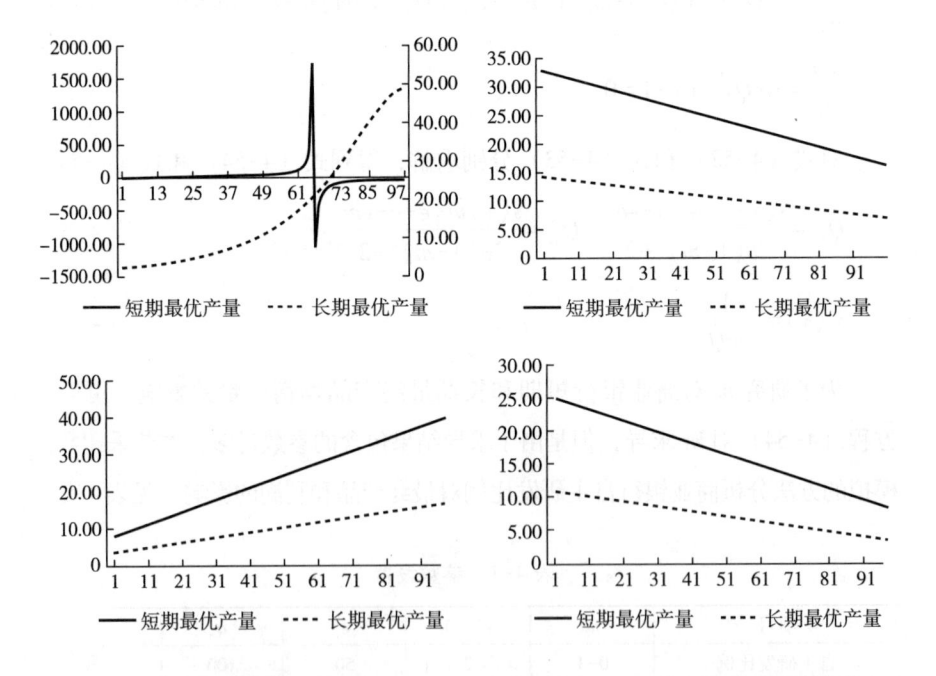

图4-3 内部协同创新比例（左上）、边际成本（右上）、数字化转型初始收益（左下）、中间产品价格（右下）对短期和长期最优产量的影响

资料来源：笔者自绘。

从实际情况来看，若商业银行选择短期最优产量，其最优协同创新比例随着外部市场环境及内部经营情况的细小变化而变化，具有较大的不确定性，尤其是商业银行内部协同创新最优比例附近的微小变化会导致最终产量较大的变化，使基于短期最优目标进行的决策具有不稳定性。若商业银行选择长期最优产量，最优决策是全部采用内部协同创新，即 $m = 1$。现实情况是：商业银行由于受委托代理、目标绩效等因素影响，不会选择全部以内部协同创新的方式进行技术研发与应用；尤其是一些商业银行管理层更多是短视的，注重在任期间的业绩，从而选择短期最优产量和短期最优协同创新比例。

第五节 本章小结

构建理论模型是为了分析现实问题。本章在第二章的基础上，进一步回答了"商业银行基于现实因素会采取哪种具体协同创新模式，以及可能存在的收益和风险"这一问题，并为本书后续研究协同创新的绩效与风险问题奠定了基础。

内部协同创新是商业银行在技术产品存在不确定性的条件下做出的长期利益最大化决策。在具体实施过程中，金融科技公司股东可能追求个人利益最大化，导致研发投入减少及相关利益侵占；银行系金融科技公司在短期内处于研发投入阶段，中间产品边际成本递增，可能导致研发投入下降，但从长期来看有利于提高研发投入、促进技术创新。外部协同创新是商业银行基于短期利益或股东利益最大化目标做出的最优决策，也是风险偏好型商业银行的最优决策，直接购买高风险技术产品，从而导致技术风险聚集（见表4-2）。

因此，从理论上看，商业银行与金融科技公司股东、银行系金融科技公司、银行科技服务商协同创新，有助于降低预算软约束对技术研发与应用的负面影响。但受到商业银行决策目标、技术不确定性等因素的综合影响，三种协同创新模式的实际决策和实际效果需要结合实践数据与实践案例进一步探讨与验证。

表 4-2 商业银行协同创新决策的收益与风险

理论分析	模式分类	具体模式	决策收益	决策风险
嵌入性预算软约束	内部协同创新	引入金融科技公司股东	产品不确定条件下的长期利益最大化决策	股东利益最大化导致的科研投入减少，利益侵占
		成立银行系金融科技公司		短期内存在"搭便车"行为，会降低研发费用支出
依附性预算软约束	外部协同创新	直接购买银行科技服务商的技术产品	短期利益或股东利益最大化下的最优决策	风险偏好型商业银行选择高风险技术产品

资料来源：笔者自绘。

第五章 决策阶段（二）：基于我国 100 家商业银行的实证检验

为了检验第四章理论模型研究结论，本章以我国 100 家商业银行为研究对象，分析是否进行内外部协同创新、是否引入金融科技公司股东、是否成立银行系金融科技公司三种决策的影响因素。研究发现：以提高经营效率为目标、破产风险较小的商业银行采取内部协同创新的概率较大。进一步地，股权集中度较低、技术创新能力较差、总资产收益率较低、资产负债率较低的商业银行引入金融科技公司股东的概率较大；研发投入相对值较少、对金融科技重视程度较高、经营效率较高、固定资产规模较大的商业银行设立银行系金融科技公司的概率较大。本章为第六章、第七章和第八章三种具体协同创新模式的研究提供研究假设和分析思路。

第一节 研究样本与研究变量

商业银行内部与外部协同创新、引入金融科技公司股东和设立银行系金融科技公司均不是互斥关系。从实践来看，商业银行可能同时采取多种协同创新模式，但在某一阶段侧重某种模式。因此，本章研究样本应当尽可能覆盖各类商业银行采取的各种协同创新模式。本节主要提出本章的研究样本与研究变量。

一、研究样本

本章的研究样本具有"覆盖范围广、内部差异大"的特点。三种协同创新模式涉及的商业银行略有差异：金融科技公司申请银行牌照，主要涉及民营银行，但也参股了福建海峡银行等中小银行；银行系金融科技公司主要由大中型商业银行或所在集团出资成立，以廊坊银行为代表的中小银行也开始介入；各类商业银行都与银行科技服务商开展外部协同创新，覆盖范围最广。

以中国银行业协会发布的《2021年中国银行业100强榜单》为基础，综合考虑数据可得性、协同创新实践等因素，本章选取了100家商业银行作为研究样本（见表5-1）。在选取的100家商业银行中，民营银行有17家，其余类型的商业银行有83家。由于实证模型要求一定的样本数据量，研究区间主要是2010—2020年，基本能够反映商业银行与金融科技公司开展大规模协同创新实践的基本情况。数据来源主要包括BankFocus数据库、各家商业银行官网公布的年度报告及其他公开数据。由于一些商业银行在年度报告中未公布某些数据，以及一些商业银行成立的时间较晚或个别年份的年度报告缺失，因此本章使用的商业银行数据是一个非平衡面板数据。

表5-1 研究样本及研究区间

类型	商业银行	数量	研究区间
大型商业银行	中国工商银行、中国建设银行、中国银行、中国农业银行、交通银行	5	2010—2020年
邮政储蓄银行	中国邮政储蓄银行	1	2015—2020年
股份制商业银行	中信银行、光大银行、华夏银行、民生银行、平安银行、招商银行、广东发展银行、兴业银行、上海浦东发展银行、浙商银行、恒丰银行、渤海银行	12	2010—2020年

续表

类型	商业银行	数量	研究区间
城市商业银行	北京银行、南京银行、宁波银行、上海银行、江苏银行、杭州银行、长沙银行、成都银行、贵阳银行、河北银行、浙江泰隆银行、西安银行、苏州银行、潍坊银行、东莞银行、天津银行、徽商银行、厦门国际银行、广州银行、锦州银行、江西银行、昆仑银行、大连银行、湖北银行、青岛银行、汉口银行、晋商银行、浙江稠州银行、龙江银行、广西北部湾银行、长安银行、唐山银行	32	2010—2020年
	盛京银行、哈尔滨银行、重庆银行、九江银行、齐鲁银行、富滇银行、四川天府银行	7	2011—2020年
	洛阳银行、广东南粤银行	2	2012—2020年
	吉林银行、华融湘江银行、兰州银行、桂林银行、台州银行	5	2013—2020年
	廊坊银行、贵州银行	2	2014—2020年
	中原银行	1	2015—2020年
农村商业银行	常熟农村商业银行、重庆农村商业银行、上海农村商业银行、广州农村商业银行、天津农村商业银行、顺德农村商业银行、武汉农村商业银行	7	2010—2020年
	青岛农村商业银行、紫金农村商业银行	2	2012—2020年
	江阴农村商业银行、成都农村商业银行、东莞农村商业银行、江南农村商业银行、杭州联合农村商业银行、广东南海农村商业银行	6	2013—2020年
	深圳农村商业银行	1	2015—2020年
民营银行	深圳前海微众银行、浙江网商银行、温州民商银行、天津金城银行、上海华瑞银行	5	2015—2020年
	重庆富民银行、四川新网银行、湖南三湘银行、安徽新安银行、福建华通银行、武汉众邦银行、吉林亿联银行、辽宁振兴银行、威海蓝海银行、江苏苏宁银行、北京中关村银行、梅州客商银行	12	2017—2020年

资料来源：BankFocus数据库及商业银行公布的年度报告。

二、研究变量

基于第四章理论模型，在技术产品不确定性的条件下，影响商业银行协同创新决策的因素主要包括风险偏好、对金融科技的重视程度、协同创新目标、行业发展水平、监管政策等。在分析三种情形下的协同创新决策时，侧重的核心解释变量有所不同。参考已有文献，本章选择商业银行存款余额、固定资产净值、员工人数等内部控制变量及经济增长速度、通货膨胀水平、利率水平、货币增长速度等外部宏观环境控制变量（见表5-2）。

表5-2 研究变量及说明

影响因素	变量名称	指标说明	数据来源
商业银行风险偏好	信用风险（NPL_{it}）	本章使用不良贷款率增速代表商业银行信用风险偏好	商业银行历年年度报告
	破产风险（$ZScore_{it}$）	$ZScore_{it} = \dfrac{\sigma_i(ROA_{it})}{ROA_{it}+CAR_{it}}$①，其中 ROA_{it} 表示银行总资产收益率，CAR_{it} 代表银行资本充足率，$\sigma_i(ROA_{it})$ 是 ROA_{it} 的标准差。$ZScore_{it}$ 值越大，表示商业银行破产风险越大	笔者计算所得
协同创新长短目标	长期目标（TFP_{it}）	使用 Malmquist 综合生产率指数测量全要素生产率	笔者计算所得，具体见附录2
	短期目标一（$Loan_{it}$）	商业银行期末贷款余额增速	商业银行历年年度报告
	短期目标二（ROA_{it}）	总资产收益率=净利润/平均资产总额	
行业发展水平	银行科技服务商市场（$ITMarket_t$）	第三方机构 IDC 统计的银行业 IT 解决方案市场规模，代表银行科技服务商行业发展水平	历年统计报告
监管政策	资本充足率（CAR_{it}）	资本充足率=银行资本总额/加权平均风险资产	商业银行历年年度报告

---

① 一些研究，如 Boyd 等（1993）、张雪兰和何德旭（2012）等，将 $ZScore_{it}$ 定义为 $\dfrac{ROA_{it}+CAR_{it}}{\sigma_i(ROA_{it})}$，代表 Z 值越大，商业银行越稳定。两种计算方式代表的含义略有差别，在解读时需要进行区分。本书分别采用两种方法计算 Z 值，并进行回归分析，得到的回归结果一致，故本书不再强调和区分。

续表

影响因素	变量名称	指标说明	数据来源
监管政策	技术外包政策（$Policy1_t$）	2013年之前，$Policy1_t=0$；2013年及之后，$Policy1_t=1$	公开信息
	民营银行政策（$Policy2_t$）	2014年之前，$Policy2_t=0$；2014年及之后，$Policy2_t=1$	公开信息
商业银行对金融科技的重视程度	研发投入（RD_{it}）	商业银行无形资产净值占总资产比重	
	技术重视程度（FT_{it}）	商业银行历年年度报告中提及"金融科技""数字金融""数字化转型""开放银行"等主要关键词的次数	
银行内部影响因素	存款余额（$Deposit_{it}$）	商业银行期末存款余额，取对数	商业银行历年年度报告
	固定资产（$Fixed_{it}$）	商业银行期末固定资产净值，取对数	
	员工数量（$Labour_{it}$）	商业银行期末正式员工数量，取对数	
	资产规模（$Asset_{it}$）	商业银行期末总资产余额，取对数	
	资产负债率（LEV_{it}）	资产负债率=负债总额/资产总额	
	股权集中度（$Share_{it}$）	前三大普通股股东持股比例合计	
宏观环境影响因素	经济增长速度（GDP_{it}）	对于全国性商业银行，使用我国国内生产总值同比增长率	国家统计局
		对于区域性商业银行，使用注册地所在地地区生产总值同比增长率	地方统计公报
	通货膨胀水平（CPI_{it}）	全国居民消费价格CPI同比增长率	国家统计局
	利率水平（$Interest_{it}$）	年末银行间同业拆借利率	中国人民银行官网
	货币增长速度（$Money_{it}$）	当年M2同比增速	中国人民银行官网

资料来源：笔者自绘。

根据商业银行公布的年度报告及公开资料，研究变量的描述性统计结果见表 5-3。基于已有研究，全书使用全要素生产率（Total Factor Productivity，TFP）衡量商业银行经营效率，利用 Malmquist 指数衡量第 t 期到第 $t+1$ 期经营效率的动态变化。具体计算过程见附录 2。

表 5-3　研究变量描述性统计

变量	Min[①]	Max	AVERAGE	SD	N
T_{it}	0.00	1.00	0.12	0.32	881
$T1_{it}$	0.00	1.00	0.07	0.25	881
$T2_{it}$	0.00	1.00	0.05	0.21	881
NPL_{it}	-1.00	402.33	0.97	15.17	733
$ZScore_{it}$	0.0001	1.7152	0.0102	0.0673	666
RD_{it}	-1.01	7.89	2.69	1.94	820
FT_{it}	0.00	83.00	3.49	8.76	839
TFP_{it}	0.03	4.31	0.96	0.34	779
$Loan_{it}$	-0.34	0.54	0.03	0.05	737
ROA_{it}	-1.95	2.82	0.96	0.40	834
$ITMarket_t$	-0.00	0.01	0.00	0.00	900
CAR_{it}	-2.10	87.30	0.11	3.22	738
$Policy1_t$	0.00	1.00	0.70	0.46	1000
$Policy2_t$	0.00	1.00	0.60	0.49	1000
$Deposit_{it}$	0.926	610.31	14.96	41.44	844
$Fixed_{it}$	-3.43	7.84	2.99	1.90	844
$Labour_{it}$	4.4	13.14	8.68	1.53	840
$Asset_{it}$	4.64	19.89	9.68	2.47	840
LEV_{it}	0.27	1.83	0.92	0.08	835
$Share_{it}$	9.22	99.16	42.97	21.51	808
GDP_{it}	-5.00	9.60	6.76	1.86	881

① 由于本章部分解释变量是增速数据，因此最小值中存在较多的负数。

续表

变量	Min①	Max	AVERAGE	SD	N
CPI_{it}	1.44	5.55	2.51	1.08	881
$Interest_{it}$	3.29	7.00	4.79	0.93	881
$Money_{it}$	6.99	17.32	11.33	3.02	881

资料来源：商业银行公布的年度报告及公开资料。

第二节 商业银行内外部协同创新决策的影响因素

根据第四章的理论模型，在技术产品不准确的条件下，内部协同创新是风险厌恶型商业银行实现长期利益最大化的决策。实证回归分析发现：在100家商业银行中，若以提高长期经营效率为目标，商业银行倾向于采取内部协同创新模式；若以短期业务拓展为目标，商业银行倾向于采取外部协同创新模式。不考虑民营银行这一特殊群体，在其余83家商业银行中，破产风险较大的商业银行，进行内部协同创新的概率较小。

一、研究设计

基于第四章的理论模型和研究结论，商业银行内外部协同创新决策主要取决于风险偏好、协同创新目标和监管政策等因素。因此，影响商业银行内外部协同创新决策的核心因素主要包括：

一是风险偏好。技术产品和解决方案主要影响商业银行的信用风险和操作风险，本节主要使用商业银行滞后一期的不良贷款率（$NPL_{i(t-1)}$）和破产风险（$ZScore_{i(t-1)}$）衡量商业银行的信用风险偏好和风险承担水平。

二是协同创新目标。商业银行开展协同创新的长期目标是提高投入产出效率，本节使用滞后一期的全要素生产率（$TFP_{i(t-1)}$）衡量商业银行历史的经营效率；商业银行开展协同创新的短期目标较多，其中最主要的是拓展业务、创造利润，本节使用商业银行滞后一期的贷款余额增速（$Loan_{i(t-1)}$）和总资产收益率（$ROA_{i(t-1)}$）衡量短期目标。

三是监管政策。本节使用两个变量衡量监管政策：资本充足率（$CAR_{i(t-1)}$），不仅反映商业银行抵御风险的能力及风险偏好，也反映金融审慎监管下的银行风险行为；政策变量（$Policy1_{(t-1)}$），代表2013年我国银行监管政策明确强调商业银行不得将核心信息技术职能外包[①]，对商业银行内外部协同创新决策产生了影响，在2013年及之前，$Policy1_{(t-1)} = 0$；在2013年之后，$Policy1_{(t-1)} = 1$。

参考庞家任等（2018）的做法，所有解释变量滞后一期，解决可能存在的反向因果问题。基于以上因素，建立的主要回归方程如下：

$$Pr(T_{it}=1) = \alpha_0 + \alpha_1 NPL_{i(t-1)} + \alpha_2 ZScore_{i(t-1)} + \alpha_3 FT_{i(t-1)} + \alpha_4 RD_{i(t-1)} +$$
$$\alpha_5 TFP_{i(t-1)} + \alpha_6 Loan_{i(t-1)} + \alpha_7 ROA_{i(t-1)} + \alpha_8 ITMarket_{i(t-1)} +$$
$$\alpha_9 CAR_{i(t-1)} + \alpha_{10} Policy1_{(t-1)} + \beta Control_{i(t-1)} + \varepsilon_{it} \qquad (5-1)$$

由于银行业广泛采取外购、外包等方式进行外部合作，故本节研究的协同创新决策即"在外部协同创新的基础上，是否采取内部协同创新模式"。若商业银行采取内部协同创新模式（包括引入金融科技公司股东、成立银行系金融科技公司，以及第三章提到的合资直销银行等），$T_{it}=1$，否则为0。Pr表示$T_{it}=1$的概率。

此外，由于浙江网商银行、深圳前海微众银行等几家民营银行是大型科技公司将银行业务剥离出来成立的商业银行，具有一定的特殊性。因此，本节分两种情况进行讨论：一是将100家商业银行作为整体研究样本；二是将除民营银行以外的83家商业银行作为特殊研究样本。

二、回归结果及分析

本节使用Probit模型，分别对100家商业银行和83家商业银行组成

[①] 2013年《银行业金融机构信息科技外包风险监管指引》第十七条提出"银行业金融机构应当根据自身信息科技战略明确不能外包的职能。涉及战略管理、风险管理、内部审计及其他有关信息科技核心竞争力的职能不得外包"。2021年《关于印发银行保险机构信息科技外包风险监管办法的通知》进一步强调了该条款。

的非平衡面板数据进行回归，回归结果见表 5-4。此外，本书也使用 Logit 方法进行回归分析，两种方法虽然含义不同，但反映的显著性结果基本一致，故不再进行稳健性检验。

表 5-4 商业银行内外部协同创新决策影响因素的回归结果

研究样本	100 家商业银行		83 家商业银行	
变量	Probit	概率	Probit	概率
$NPL_{i(t-1)}$	0.053 (1.24)	0.0089	0.026 (1.17)	0.0032
$ZScore_{i(t-1)}$	0.056 (0.98)	0.0095	-0.133** (-2.36)	0.0165
$RD_{i(t-1)}$	-0.038 (-0.65)	-0.0064	0.018 (0.30)	0.0022
$FT_{i(t-1)}$	0.009* (1.68)	0.0015	0.012** (2.33)	0.0014
$TFP_{i(t-1)}$	0.822*** (3.81)	0.1396	0.949*** (4.64)	0.1177
$Loan_{i(t-1)}$	-5.902** (-2.09)	-1.0022	-6.646** (-2.23)	-0.8243
$ROA_{i(t-1)}$	0.237 (1.05)	0.0403	-0.180 (-0.71)	-0.0223
$ITMarket_{i(t-1)}$	384.410** (2.56)	65.2789	-5.233 (-0.10)	-0.6491
$CAR_{i(t-1)}$	0.005 (0.33)	0.0008	-0.001 (-0.09)	-0.0002
$Policy1_{(t-1)}$	-1.324 (-1.73)	-0.3800	0.076 (0.14)	0.0090
$Deposit_{i(t-1)}$	-1.858** (-2.39)	-0.3155	-1.930** (-2.29)	-0.2394
$Fixed_{i(t-1)}$	0.925*** (2.69)	0.1570	0.585 (1.62)	0.0726
$Labour_{i(t-1)}$	0.388 (0.41)	0.0660	0.116 (0.14)	0.0144
$Asset_{i(t-1)}$	1.001 (0.19)	0.1699	-2.173 (-0.34)	-0.2696

续表

研究样本	100家商业银行		83家商业银行	
变量	Probit	概率	Probit	概率
$LEV_{i(t-1)}$	1.276 (0.74)	0.2167	-2.057 (-0.32)	-0.2551
$Share_{i(t-1)}$	0.010** (2.06)	0.0017	0.004 (0.86)	0.0005
$GDP_{i(t-1)}$	-0.292*** (-3.56)	-0.0496	-0.090** (-2.07)	-0.0111
$CPI_{i(t-1)}$	0.224* (1.82)	0.0380	0.085 (0.69)	0.0105
$Interest_{i(t-1)}$	-0.898*** (-3.17)	-0.1525	-0.157 (-1.16)	-0.0195
$Money_{i(t-1)}$	-0.334*** (-3.69)	-0.0568	-0.074* (-1.72)	-0.0092
_cons	5.111* (1.75)		0.732 (0.12)	
Wald值	101.61		116.95	
p值	0.0000		0.0000	
样本量	584		584	

注：***、**、*分别代表在1%、5%、10%的水平下显著，括号内数值为t值。若不特别注明，本书实证检验结果涉及的符号代表的含义与表5-4一致，后续回归结果图表将不再特别注明。

对于风险偏好，100家商业银行$NPL_{i(t-1)}$和$ZScore_{i(t-1)}$的系数均不显著，83家商业银行$ZScore_{i(t-1)}$的系数在5%的水平下显著为负。说明不考虑17家民营银行，商业银行过去的破产风险越大，进行内部协同创新的概率越小。偏好风险的商业银行更希望采取外部协同创新方式，直接应用外部研发的技术进行数字化转型。

对于协同创新目标，两类研究样本情形下$TFP_{i(t-1)}$的系数均显著为正，说明商业银行经营效率越高，进行内部协同创新的概率越大；$Loan_{i(t-1)}$的系数均显著为负，说明商业银行贷款余额增速越快，进行内部协同创新的概率越小。由于所有解释变量采取滞后一期变量，故能够反映商业银行在协同创新决策之前的经营效率和贷款增速情况。若商业银行以提高经营效率为主要目标，则更倾向于采用内部协同创新模式；若以短期业务拓展为主要目标，则更倾向于采用外部协同创新模式。

对于监管政策，$CAR_{i(t-1)}$ 和 $Policy1_{(t-1)}$ 的系数均不显著，说明当前商业银行协同创新决策受监管政策的影响还不显著。可能的原因在于：一是监管政策具有滞后性，需要一定的时间生效；二是商业银行传统信息技术建设大多符合监管要求，故影响较小，但未来的整体数字化转型对外部银行科技服务商的依赖程度较大，可能受到监管政策的显著影响。

其他变量也具有一定的经济含义。$FT_{i(t-1)}$ 的系数显著为正，说明商业银行对金融科技的重视程度越高，越倾向于通过引入金融科技公司股东或者变革研发组织形式等方式提高自主研发能力，而不只依赖外部技术服务商。$Share_{i(t-1)}$ 的系数显著为正，说明商业银行股权集中度越高，采取内部协同创新模式的概率越大。商业银行内部协同创新涉及组织变革和股权调整，要求股东具有较强的控制能力和决策能力。$GDP_{i(t-1)}$ 的系数显著为负，说明当国家经济增长速度放缓时，商业银行进行内部协同创新的概率就越大。商业银行希望通过内部协同创新促进技术创新、获得新的竞争优势。

综合来看，我国商业银行一方面基于短期和长期目标进行协同创新决策，以提高经营效率为目标的商业银行更倾向于采取内部协同创新模式，以业务拓展为目标的商业银行更倾向于采取外部协同创新模式；另一方面基于风险偏好程度进行协同创新决策，83家商业银行破产风险越小，采取内部协同创新的概率就越大。这一实证分析结果检验了第四章研究结论，即风险厌恶型的商业银行采取内部协同创新是长期最优决策；偏好风险和基于短期盈利目标的商业银行倾向于直接购买高风险技术产品。

第三节　商业银行引入金融科技公司股东的影响因素

随着我国银行业市场化改革不断推进，大型科技公司开始申请银行牌照，中小银行积极引入金融科技公司股东，商业银行与金融科技公司股东协同创新模式已经较为普遍。研究发现：股权集中度较低、总资产收益率较低、技术创新能力较差、资产负债率较低的商业银行引入金融科技公司股东的概率更大。特别地，技术创新能力和盈利能力较差的商业银行，希望直接借助金融科技公司股东在技术、渠道等方面的优势，提高技术创新水平和盈利能力。

一、研究设计

基于第二章预算软约束理论和第四章理论决策模型，结合商业银行协同创新实践，影响商业银行引入金融科技公司股东决策的主要因素包括：

一是股东利益最大化与银行利益最大化。虽然监管部门严格规范商业银行与股东的关系，但从实践来看，商业银行是否以股东利益最大化为目标，在一定程度上取决于滞后一期的股权集中度 $Share_{i(t-1)}$。若商业银行已有股权集中度较高，新引入的金融科技公司股东大多处于小股东地位；反之，若商业银行股权分散，金融科技公司股东可能处于控股地位，并以股东利益最大化为经营目标影响商业银行的经营决策，如天津金城银行等。

二是商业银行对金融科技的重视程度。商业银行管理层重视金融科技发展，将金融科技放在重要战略地位，更希望引入金融科技公司股东进行技术创新，如福建海峡银行。本节利用商业银行历年年度报告中提及"金融科技""数字金融""数字化转型""开放银行"等关键词的次数，使用滞后一期变量 $FT_{i(t-1)}$ 代表商业银行对金融科技的重视程度。

三是商业银行技术创新能力。一些商业银行研发能力薄弱，希望引入金融科技公司股东，加强各方面合作、提高技术创新能力。本节使用滞后一期的无形资产净值占总资产比重 $RD_{i(t-1)}$，代表商业银行以往的研发投入和技术创新能力。

四是银行科技服务商行业发展程度。银行科技服务商的行业发展程度越高，金融科技公司拥有的渠道、技术等资源越丰富，商业银行与金融科技公司进行股权合作的可能性越大。本节基于第三方机构 IDC 统计的银行业 IT 解决方案市场规模，使用 $ITMarket_{i(t-1)}$ 反映银行科技服务商的行业发展水平。

五是监管政策。为进一步丰富和完善银行业金融机构体系，我国在 2014 年开始推进民营银行试点工作，允许大型科技公司申请银行牌照、发起设立或参股民营银行。本节使用滞后一期政策变量 $Policy2_{(t-1)}$ 代表民营银行监管政策，在 2014 年及之前，$Policy2_{(t-1)} = 0$；在 2014 年之后，$Policy2_{(t-1)} = 1$。

基于以上因素，所有解释变量滞后一期，建立的回归方程如下：

$$Pr(T1_{it}=1) = \alpha_0 + \alpha_1 Share_{i(t-1)} + \alpha_2 FT_{i(t-1)} + \alpha_3 RD_{i(t-1)} + \alpha_4 ITMarket_{i(t-1)} + \alpha_5 Policy2_{(t-1)} + \beta Control_{i(t-1)} + \varepsilon_{it} \quad (5-2)$$

其中，被解释变量 $T1_{it}$ 表示是否引入金融科技公司股东的二元变量，Pr 表示商业银行引入金融科技公司股东 $T1_{it}=1$ 的概率，其他解释变量和控制变量的具体说明见第一节。

二、回归结果及分析

本部分以我国 100 家商业银行为研究样本，使用 Probit 方法进行回归，回归结果见表 5-5。由于金融科技公司主要持股民营银行，故本部分不再剔除掉 17 家民营银行进行分析。此外，本书也使用 Logit 方法进行回归分析，两种方法虽然含义不同，但反映的显著性结果基本一致，故不再进行稳健性检验。

表 5-5 商业银行引入金融科技公司股东影响因素的回归结果

变量	Probit	Z 统计量	p 值	概率变化
$Share_{i(t-1)}$	-0.048	-3.68	0.000	-0.0006
$FT_{i(t-1)}$	0.005	0.53	0.597	0.0006
$RD_{i(t-1)}$	-0.396	-2.20	0.028	-0.0005
$ITMarket_{i(t-1)}$	37.189	0.08	0.935	0.0000

续表

变量	Probit	Z 统计量	p 值	概率变化
$Policy2_{(t-1)}$	1.182	−0.29	0.789	0.0008
$NPL_{i(t-1)}$	−0.119	−0.35	0.727	−0.0002
$ZScore_{i(t-1)}$	−0.027	−0.18	0.856	−0.0004
$TFP_{i(t-1)}$	0.788	1.40	0.161	0.0001
$Loan_{i(t-1)}$	−9.252	−0.98	0.326	−0.0000
$ROA_{i(t-1)}$	−1.575	−2.19	0.029	−0.0002
$CAR_{i(t-1)}$	0.003	0.09	0.925	0.0004
$Deposit_{i(t-1)}$	−0.292	−1.99	0.046	−0.0004
$Fixed_{i(t-1)}$	0.309	0.94	0.347	0.0004
$Labour_{i(t-1)}$	1.482	3.36	0.001	0.0002
$Asset_{i(t-1)}$	0.263	1.72	0.086	0.0003
$LEV_{i(t-1)}$	−19.773	−2.30	0.021	−0.0000
$GDP_{i(t-1)}$	−0.112	−0.45	0.649	−0.0001
$CPI_{i(t-1)}$	0.296	1.01	0.310	0.0004
$Interest_{i(t-1)}$	−0.028	−0.04	0.970	−0.0004
$Money_{i(t-1)}$	0.002	0.01	0.992	0.0003
_cons	1.023	1.00	0.315	
Wald 值		56.83		
p 值		0.0000		
样本量		588		

资料来源：笔者通过 Stata 软件计算得到。

$Share_{i(t-1)}$ 的系数显著为负，说明商业银行股权集中度越高，引入金融科技公司股东的概率越低。股权集中度越高，商业银行协同创新决策受到已有控股股东的影响越大，且新引入的金融科技公司股东难以实现自身的利益最大化。因此，在商业银行不以股东利益最大化为目标的情形下，金融科技公司入股商业银行的意愿降低，这与第四章的理论分析一致。

$RD_{i(t-1)}$ 的系数显著为负，说明商业银行研发投入增速放缓，技术创新能力较差，引入金融科技公司股东的概率越大。商业银行引入金融科技公司股东有较明确的目标，即利用金融科技公司股东的技术优势，提高自我研发能力或直接减少研发投入。

$ROA_{i(t-1)}$ 的系数显著为负，说明商业银行总资产收益率越低，引入金融科技公司股东的概率越大。金融科技公司股东除了具有技术方面的优势，还掌握了大量的渠道和数据资源，能够帮助商业银行提高盈利能力。

$LEV_{i(t-1)}$ 的系数显著为负，说明商业银行资产负债率越低，引入金融科技公司股东的概率越大。资产负债率在一定程度上能够体现商业银行的风险偏好，资产负债率越低，说明商业银行厌恶风险、保守经营。风险厌恶型商业银行更希望引入金融科技公司股东进行内部协同创新，这也与第四章的理论分析一致。

整体来看，股权集中度较低、技术创新能力较差、总资产收益率较低、资产负债率较低的商业银行引入金融科技公司股东的概率越大。这一研究结论反映了商业银行与金融科技公司股东协同创新的三个特点：一是技术创新能力和盈利能力较差的商业银行，希望引入金融科技公司股东在各方面进行合作，利用股东在技术、渠道、数据等方面的优势资源，提高技术创新和盈利能力，因此金融科技公司股东对商业银行具有多渠道的影响机制；二是商业银行股权越分散，对金融科技公司的吸引力越大，银行利益可能让位于股东利益，目前主要是股权集中度较低的中小银行引入金融科技公司股东；三是风险厌恶型商业银行，倾向于引入金融科技公司股东进行内部协同创新，将技术研发风险和技术应用风险控制在一定范围内。

第四节　商业银行设立银行系金融科技公司的影响因素

银行系金融科技公司已经成为我国重要的金融科技生态主体之一，也是我国商业银行研发组织形式的重大创新和变革。研究发现：研发投入相对值较少、对金融科技重视程度较高、经营效率较高、固定资产规模较大的商业银行设立金融科技公司的概率更大。与此同时，商业银行经营效率与银行系金融科技公司之间可能存在双向因果关系，需要在第七章进一步验证。

一、研究设计

基于预算软约束理论和理论决策模型，结合银行业实践，本部分首先总结商业银行设立银行系金融科技公司的影响因素。大部分因素对商业银行是否设立银行系金融科技公司具有不确定性的影响，需要通过实证回归模型进一步验证。

一是资产规模（$Asset_{i(t-1)}$）。设立银行系金融科技公司需要商业银行投入一定的资金、人员等生产要素，因此，资产规模较大的商业银行更易满足这些要求。从实践来看，目前我国大中型商业银行是设立银行系金融科技公司的主力军，中小银行也开始参与进来。

二是银行系技术创新能力（$RD_{i(t-1)}$）。一些技术基础薄弱的商业银行，希望通过变革研发组织形式来提高技术创新能力。但是，技术创新能力较强的商业银行可能更有动力实施全面的组织创新和技术创新活动。

三是银行系对金融科技的重视程度（$FT_{i(t-1)}$）。商业银行管理层对金融科技的重视程度越高，通过设立金融科技公司促进技术创新的可能性就越大，如将金融科技发展作为全行重大战略。

四是经营效率（$TFP_{i(t-1)}$）。一方面，经营效率高的商业银行更注重提升研发组织效率，将科研、人力等各种资源进行有效整合；另一方面，经营效率低的商业银行倾向于通过变革研发组织，提高技术创新效率和银行经营效率，从而获得竞争优势。

五是盈利能力（$ROA_{i(t-1)}$）。一方面，金融科技公司需要大量的、持续的资金投入，一些盈利能力较弱的商业银行可能难以支撑金融科技公司的持续运营；另一方面，盈利能力较弱的商业银行，希望通过银行系金融科技公司获得新的利润增长点和竞争优势。

六是风险偏好（$NPL_{i(t-1)}$）和风险承受能力（$ZScore_{i(t-1)}$）。根据第四章构建的协同创新理论决策模型，风险厌恶型商业银行采取内部协同创新是长期最优决策，但是否通过成立银行系金融科技公司的方式进行内部协同创新具有一定的不确定性。

七是股权集中度（$Share_{i(t-1)}$）。商业银行的股权集中度越高，表明大股东对协同创新决策具有一定的主导权；股权集中度较低的商业银行受股东的影响较小，可能会根据当前的金融科技发展趋势变革研发组织。

基于上述因素，所有解释变量滞后一期，建立以下回归方程：

$$Pr(T2_{it}=1)=\alpha_0+\alpha_1 Asset_{i(t-1)}+\alpha_2 RD_{i(t-1)}+\alpha_3 FT_{i(t-1)}+\alpha_4 TFP_{i(t-1)}+$$
$$\alpha_5 ROA_{i(t-1)}+\alpha_6 NPL_{i(t-1)}+\alpha_7 ZScore_{i(t-1)}+\alpha_8 Share_{i(t-1)}+$$
$$\beta Control_{i(t-1)}+\varepsilon_{it} \qquad (5-3)$$

其中，被解释变量 $T2_{it}$ 代表商业银行是否设立银行系金融科技公司的二元变量，Pr 表示 $T2_{it}=1$ 的概率。其他解释变量的具体说明见第一节。

二、回归结果及分析

以100家商业银行为研究样本，使用 Probit 方法进行回归，回归结果见表5-6。此外，本节也使用 Logit 方法进行回归分析，两种方法虽然含义不同，但反映的显著性结果基本一致，故不再进行稳健性检验。

表5-6　商业银行成立银行系金融科技公司影响因素的回归结果

变量	Probit	Z 统计量	p 值	概率变化
$Asset_{i(t-1)}$	-0.033	-0.47	0.636	-0.007
$RD_{i(t-1)}$	-0.101	-1.74	0.082	-0.022
$FT_{i(t-1)}$	0.012	3.10	0.002	0.003
$TFP_{i(t-1)}$	0.461	3.73	0.000	0.102
$NPL_{i(t-1)}$	-0.000	-0.19	0.845	-0.000
$ZScore_{i(t-1)}$	0.029	0.05	0.959	0.006
$ROA_{i(t-1)}$	-0.035	-0.24	0.807	-0.008

续表

变量	Probit	Z 统计量	p 值	概率变化
$Share_{i(t-1)}$	-0.002	-0.47	0.636	-0.000
$ITMarket_{i(t-1)}$	68.569	0.97	0.332	15.151
$Loan_{i(t-1)}$	-0.012	-0.01	0.991	-0.003
$CAR_{i(t-1)}$	0.002	0.21	0.837	0.000
$Deposit_{i(t-1)}$	-0.002	-0.69	0.489	-0.000
$Fixed_{i(t-1)}$	0.183	1.91	0.056	0.040
$Labour_{i(t-1)}$	-0.041	-0.27	0.786	-0.009
$LEV_{i(t-1)}$	-0.471	-0.32	0.752	-0.104
$GDP_{i(t-1)}$	-0.068	-1.64	0.101	-0.015
$CPI_{i(t-1)}$	0.073	0.96	0.338	0.016
$Interest_{i(t-1)}$	-0.100	-1.26	0.207	-0.022
$Money_{i(t-1)}$	-0.038	-1.16	0.246	-0.008
_cons	0.337	0.20	0.842	
Wald 值		73.60		
p 值		0.0000		
样本量		588		

资料来源：笔者通过 Stata 软件计算得到。

$RD_{i(t-1)}$ 的系数显著为负，说明商业银行前期的研发投入相对值[①]越小，成立银行系金融科技公司的概率越大。尤其是大型商业银行在传统组织框架内加大科研投入、引入信息技术人才、建立低质量项目止损机制等面临诸多困难，成立银行系金融科技公司在一定程度上可以解决这些问题，从而促进研发创新。从实践来看，中信银行、浦发银行等银行在现有组织框架内研发投入处于较高水平，因此这些银行并未设立银行系金融科技公司。

---

① $RD_{i(t-1)}$ 代表商业银行无形资产占总资产比重，是一个相对值。从实践来看，尽管中国工商银行、中国建设银行等大型商业银行的研发投入绝对值较大，但相对值处于较低的水平。

第五章 决策阶段（二）：基于我国100家商业银行的实证检验

$FT_{i(t-1)}$ 的系数显著为正，说明商业银行对金融科技的重视程度越高，设立银行系金融科技公司的概率越大。在数字化变革背景下，商业银行多举措推动业务模式向线上化、平台化、智能化转型。设立银行系金融科技公司是商业银行硬化技术创新预算约束、深化研发组织变革的重要措施，需要商业银行"从上到下"重视金融科技发展，将金融科技融入运营各个环节。

$TFP_{i(t-1)}$ 的系数显著为正，说明经营效率越高的商业银行，设立银行系金融科技公司的概率越大。经营效率高的商业银行，有能力和动力将内部科研、人力、资金等各种资源进行有效整合，将原有的内部研发部门升级为独立运作的银行系金融科技公司。

此外，$Fixed_{i(t-1)}$ 的系数显著为正，$Asset_{i(t-1)}$ 的系数不显著，说明随着中小银行金融科技实践不断发展，资产规模不是商业银行是否成立金融科技公司的决定性因素，但固定资产规模较大的商业银行设立银行系金融科技公司的可能性更大。可能的原因在于：固定资产规模较大，意味着商业银行传统物理网点数量较多[①]。随着消费者偏好的变化，传统物理网点亟须转型升级，这对技术赋能传统业务提出了更高的需求。从实施难度来看，固定资产规模较小的商业银行不需要进行组织变革，更容易推动数字化转型。

整体来看，研发投入相对值较少、对金融科技重视程度较高、经营效率较高、固定资产规模较大的商业银行，设立银行系金融科技公司的概率更高。这一研究结论反映商业银行与银行系金融科技公司协同创新的三个特点：一是银行系金融科技公司是商业银行增加研发投入、推进数字化转型的重要手段，是直接硬化技术创新预算约束的主要措施；二是商业银行传统业务模式亟须升级，对金融科技创新应用提出迫切要求；三是商业银行经营效率与银行系金融科技公司之间具有双向因果关系，即经营效率高的商业银行更倾向于设立银行系金融科技公司，而银行系金融科技公司会进一步提高

---

① 商业银行固定资产包括物理网点所占用的房屋、建筑物及ATM、计算机等生产经营所需的固定设备等。

商业银行的经营效率，但这一关系需要在第七章得到进一步验证。

第五节　本章小结

本章以我国 100 家商业银行为研究对象，分析三种情形下商业银行协同创新决策，验证了第四章的理论模型和研究结论。研究发现：以提高经营绩效为目标、破产风险越小的商业银行，更倾向于采取内部协同创新模式。进一步分析：股权集中度较低、技术创新能力较差、总资产收益率较低、资产负债率较低的商业银行引入金融科技公司股东的概率更大；研发投入相对值较少、对金融科技重视程度较高、经营效率较高、固定资产规模较大的商业银行设立银行系金融科技公司的概率更大。

协同创新决策直接影响商业银行协同创新的最终效果。本章证实了第四章的理论分析，发现商业银行基于长期利益选择内部协同创新模式，而技术创新和盈利能力较差的商业银行更倾向于引入金融科技公司股东，充分利用股东各方面资源开展业务，对商业银行产生多渠道的影响。经营效率较高的商业银行设立银行系金融科技公司的概率更大，这可能导致双向因果关系。商业银行基于短期利益选择外部协同创新模式，主要目的不是降低技术应用风险，而是实现短期盈利目标，因此，外部协同创新模式可能会提高商业银行风险承担水平（见表 5-7）。第六章、第七章、第八章将针对这些问题进行深入分析。

表 5-7　理论分析与实证检验之间的关系

模式	理论收益	实证检验	理论风险	实证检验
内部协同创新	长期利益最大化决策	$TFP_{i(t-1)}$ 的系数均显著为正	短期内科研投入减少、利益侵占	$RD_{i(t-1)}$ 的系数显著为负
外部协同创新	短期利益或股东利益最大化下的最优决策	$Loan_{i(t-1)}$ 的系数显著为负，$Share_{i(t-1)}$ 的系数显著为负	风险偏好型商业银行选择高风险技术产品	$ZScore_{i(t-1)}$ 的系数显著为负

资料来源：笔者自绘。

第六章　商业银行与金融科技公司股东协同创新模式研究

引入金融科技公司股东有助于提高商业银行技术研发事前筛选机制的准确性，且对商业银行技术创新、业务开展、风险管理产生多渠道的影响。研究发现：金融科技公司股东通过影响具有金融科技公司工作经验的高管比例，进而提高商业银行技术创新水平、信贷业务规模和盈利能力。若金融科技公司处于控股地位，有利于商业银行增加研发投入、提高盈利能力；若金融科技公司为小股东，导致商业银行减少研发投入，且信用风险加大。通过对17家民营银行的调研与访谈，金融科技公司股东和民营银行关联交易以技术类和渠道类为主，弱化了银行自主创新能力；由于预算软约束程度最低，民营银行不良贷款率较低；民营性质股东对利润要求较高，民营银行股权变动频繁。

第一节　理论分析与研究假设

近年来，我国不断推进银行业市场化改革，2014年开始实施民营银行试点工作，允许大型科技公司发起设立或参股民营银行。此外，金融科技公司积极入股中小银行[①]，与其开展多方面的创新合作。商业银行与金融科技公司股东协同创新实践已经较为普遍。

---

① 商业银行转让5%以下的股份，只需向中国银保监会报告，不需要行政审批。湖北鄂州农商银行、福建海峡银行等引入金融科技公司股东，并与其在多个方面达成战略合作。

现有研究主要聚焦商业银行股权结构、经营绩效和风险承担三者之间的关系。一方面，股权结构通过代理成本、贷款集中度、贷款流向等渠道影响商业银行经营绩效（Fahlenbrach and Stulz, 2011；周月书、韩乔，2016；杨德勇、曹永霞，2007；祝继高等，2012），影响结果具有不确定性。另一方面，关于股权结构对商业银行风险承担的影响，主要从股权集中度、股权性质等角度进行研究（Brei and Schclarek, 2013；Bertay et al., 2015；郑录军、曹廷求，2005）。因此，分析金融科技公司股东对商业银行经营绩效和风险承担的影响及影响机制，能够补充和细化对商业银行股权结构领域的研究。

与其他股东相比，金融科技公司股东对商业银行的影响主要体现在技术创新领域。虽然目前互联网技术和数字技术对商业银行经营绩效的影响还未得到系统性检验，但近期一些研究关注 2008 年金融危机爆发前后及新冠肺炎疫情前后信息技术对贷款质量的影响，发现 IT 应用程度较高的商业银行在 2008 年金融危机和新冠肺炎疫情防控期间的不良贷款明显减少（Pierri and Timmer, 2020；Dadoukis et al., 2021）。金融科技公司拥有技术、数据、渠道等资源优势，在帮助商业银行拓客获客的基础上，使用新的信贷决策模型和风险管理模型，对商业银行经营业绩和风险承担方面产生了积极的影响。

引入金融科技公司股东有助于商业银行提高对技术创新的重视程度，并且依靠多年从业经验，提高技术创新事前筛选机制的准确性，使内部研发部门投资低质量项目的概率降低，从而提高技术创新效率。此外，通过渠道、数据、业务等方面的合作，金融科技公司股东为商业银行具体业务的开展提供支撑，从而形成了多渠道的互动机制。因此，提出本章第一个和第二个研究假设：

H1：金融科技公司股东有助于提高商业银行技术创新效率，尤其是降低内部研发部门投资低质量项目的概率。

H2：金融科技公司股东与商业银行开展渠道、业务、信贷等各类关联交易，有助于提高商业银行经营业绩，降低商业银行风险承担水平。

很多研究从预算软约束的角度分析国有企业股权改革问题（郝阳、龚六堂，2017；方明月、孙鲲鹏，2019），其核心观点是国有性质股权是导致企业预算软约束问题形成的主要原因之一。从产权角度来看，金融科技公司是民营性质的股东，引入金融科技公司股东有助于降低商业银行依附性预算软约束程度。特别地，民营银行是我国依附性预算软约束程度最低的商业银行[①]，技术创新和业务开展均面临市场优胜劣汰机制，金融科技公司股东对商业银行经营绩效和风险管理提出更高的要求。为此，提出本章第三个研究假设：

H3：金融科技公司股东具有民营性质，降低了商业银行依附性预算软约束程度，强化了商业银行对经营效率和风险管理的把控程度。

第二节 实证分析：金融科技公司股东对商业银行的影响

本节以51家商业银行为研究样本，使用金融科技公司持股比例和具有金融科技公司工作经验的高管比例作为核心解释变量，分析金融科技公司股东对商业银行技术创新、经营业绩和风险承担的影响及影响机制。研究发现：金融科技公司股东通过影响具有金融科技公司工作经验的高管比例，提高商业银行的技术创新水平、信贷业务规模和盈利能力。若金融科技公司处于控股地位，对商业银行研发投入具有促进作用，且有利于盈利能力的提高；若金融科技公司处于参股的小股东地位，则不利于商业银行技术创新，且导致信用风险加大。

一、实证模型构建

根据理论分析与研究假设，本节主要进行两个方面的检验，分别是金融科技公司股东对商业银行技术创新的影响及金融科技公司股东对商业银

[①] 具体见第二章第二节第二部分的分析。

行经营业绩和风险承担的影响。

1. 金融科技公司股东对商业银行技术创新的影响

金融科技公司股东对商业银行技术创新函数具有整体性影响，可以以乘积形式引入到商业银行技术创新函数中。假设 $Fintech_{it}$ 代表金融科技公司股东持股比例；RD_{it} 表示技术创新程度。假设商业银行原有的技术创新函数为 $g(x)$，受上一期技术创新程度 $RD_{i(t-1)}$ 的影响，则金融科技公司股东对商业银行技术创新的影响可以表示为：

$$RD_{it} = A(Fintech)_{it} \times g(x) \times RD_{i(t-1)} \tag{6-1}$$

假设 $A(Fintech)_{it}$ 以幂函数的形式出现，$g(x)$ 包括贷款规模（$Loan_{it}$）、固定资产规模（$Fixed_{it}$）、员工人数（$Labour_{it}$）、资产规模（$Asset_{it}$）、资产收益率（ROA_{it}）、资本充足率（CAR_{it}）、地区生产总值增长率（GDP_{it}）等一系列影响因素，且表现为柯布-道格拉斯函数形式。则模型（6-1）可以表示为：

$$RD_{it} = Fintech_{it}^{\rho} \times g(x) \times RD_{i(t-1)} \tag{6-2}$$

对模型（6-2）取对数，可以得到：

$$\ln RD_{it} = \rho \ln Fintech_{it} + \ln RD_{i(t-1)} + \theta X_{it} + \varepsilon_{it} \tag{6-3}$$

金融科技公司持股比例（$Fintech_{it}$），代表第 i 家商业银行在第 t 期金融科技公司股东的持股比例。由于大部分商业银行只披露前十大股东及持股情况，且中小股东对商业银行的影响较小，故本节只统计前十大股东中金融科技公司持股比例。对于金融科技公司的认定，主要根据第一章第二节的概念界定，指利用技术赋能金融机构、开展金融服务的科技公司，包括银行系金融科技公司、大型科技公司、银行科技服务商三类。

商业银行依据股东持股比例给予相应的董事席位，若金融科技公司持股，则高级管理层中会有一部分来自金融科技公司的股东董事，进而影响商业银行技术创新决策。因此，本部分引入具有金融科技公司工作经验的高管比例（$Manager_{it}$），代表第 i 家商业银行第 t 期高级管理层中具有金融科技公司工作经验的高管比例。商业银行高级管理层主要包括：董事会成员、监事会成员及其他高级管理人员（如行长、副行长等）。本节统计的

$Manager_{it}$ 变量主要依据商业银行公布的年度报告，并通过网络查询等方法进行补充和完善。

基于上述分析，构建金融科技公司持股比例 $Fintech_{it}$ 和具有金融科技公司工作经验的高管比例 $Manager_{it}$ 对商业银行技术创新水平 RD_{it} 影响的回归模型，如下：

$$RD_{it} = \alpha_0 + \alpha_1 Fintech_{it} + \alpha_2 RD_{i(t-1)} + u_i + \tau_t + \delta X_{it} + \varepsilon_{it} \quad (6-4)$$

$$RD_{it} = \alpha_0 + \alpha_1 Manager_{it} + \alpha_2 RD_{i(t-1)} + u_i + \tau_t + \delta X_{it} + \varepsilon_{it} \quad (6-5)$$

2. 金融科技公司股东对商业银行经营业绩和风险承担的影响

金融科技公司股东对商业银行生产函数产生其他渠道的影响，包括对存款生产要素和劳动力生产要素的影响。从存款余额要素来看，互联网平台兴起之后，商业银行通过第三方平台吸收存款。但是由于互联网存款的不规范性与风险性，监管部门 2021 年要求商业银行不得通过互联网平台吸收存款。此外，金融科技公司股东与商业银行可能存在存款类关联交易。因此，$Deposit(Fintech)_{it}$ 表示金融科技公司股东对商业银行存款余额的影响。此外，本期存款余额还受上一期存款余额的影响，记作：

$$Deposit(Fintech)_{it} = Deposit_{i(t-1)} \times Fintech_{it}^{\epsilon} \quad (6-6)$$

从劳动力生产要素来看，金融科技公司股东可能会促使商业银行增加对信息技术人员的需求，减少对柜员、营销等业务人员的需求；且金融科技公司股东提供的技术、渠道、数据等产品，降低了商业银行对劳动力的需求。因此，$Labour(Fintech)_{it}$ 表示金融科技公司股东对商业银行劳动力生产要素的影响，此外还受上一期员工数量的影响，记作：

$$Labour(Fintech)_{it} = Labour_{i(t-1)} \times Fintech_{it}^{\varepsilon} \quad (6-7)$$

本章暂未将金融科技公司股东纳入固定资产生产要素函数中，主要有两个方面的原因：一是银行业固定资产规模较小，占总资产比重较低；二是随着技术进步，人们可以通过手机银行、网上银行等各类方式获得全面的金融服务，但是物理网点仍然对中老年群体、低文化群体等具有社会意义。

此外，占据控股地位的金融科技公司股东还可能对商业银行的经营模式产生影响,如建设互联网银行等,记作 $A(Fintech)_{it}$。若未产生影响,则 $A(Fintech)_{it}=1$。

基于上述分析,技术创新 RD_{it} 作为一种新的生产要素,则金融科技公司股东对商业银行生产函数的影响可以表示为:

$$Y_{it}=A(Fintech)_{it} \times f(Deposit(Fintech)_{it}, Labour(Fintech)_{it}, Fixed_{it}, RD(Fintech)_{it}) \tag{6-8}$$

为了分析简单,假设商业银行生产函数是柯布-道格拉斯函数形式,$A(Fintech)_{it}$ 为幂函数,则式(6-8)可以表示为:

$$Y_{it}=Fintech_{it}^{\pi} \times Deposit(Fintech)_{it}^{\alpha} \times Labour(Fintech)_{it}^{\beta} \times Fixed_{it}^{\gamma} \times RD(Fintech)_{it}^{\delta} \tag{6-9}$$

为了更加符合现实情况,本章不严格约束商业银行生产函数规模报酬不变,假设 $\alpha+\beta+\gamma+\delta=\lambda$。对模型(6-9)取对数,参考已有研究提出的控制变量(刘孟飞等,2012;曾刚、李广子,2013),记作 X_{it},得到以下模型:

$$\ln Y_{it}=(\pi+\rho\delta+\alpha\epsilon+\beta\varepsilon)\ln Fintech_{it}+\alpha\ln Deposit_{i(t-1)}+\beta\ln Labour_{i(t-1)}+\gamma\ln Fixed_{it}+(\lambda-\alpha-\beta-\gamma)\ln RD_{i(t-1)}+\theta\ln X_{it} \tag{6-10}$$

其中,$\pi+\rho\delta+\alpha\epsilon+\beta\varepsilon$ 代表金融科技公司股东对商业银行产出的影响,是本书重点研究的对象。基于上文提到的金融科技公司持股比例($Fintech_{it}$)和具有金融科技公司工作经验的高管比例($Manager_{it}$),得到最终回归模型为:

$$\ln Y_{it}=\alpha_0+\alpha_1 Fintech_{it}+\alpha_2\ln Deposit_{i(t-1)}+\alpha_3\ln Labour_{i(t-1)}+\alpha_4\ln Fixed_{it}+\alpha_5\ln RD_{i(t-1)}+u_i+\tau_t+\delta X_{it}+\varepsilon_{it} \tag{6-11}$$

$$\ln Y_{it}=\alpha_0+\alpha_1 Manager_{it}+\alpha_2\ln Deposit_{i(t-1)}+\alpha_3\ln Labour_{i(t-1)}+\alpha_4\ln Fixed_{it}+\alpha_5\ln RD_{i(t-1)}+u_i+\tau_t+\delta X_{it}+\varepsilon_{it} \tag{6-12}$$

二、研究样本与研究变量

商业银行披露的股权结构信息有限,大部分商业银行只在年度报告中披露前十大股东信息,非上市商业银行披露的股权结构信息则更少。故本节以17家民营银行为基础，选取同一地区的区域性商业银行，构建起51家商业银行2018—2020年的非平衡面板数据。数据来源主要是各家银行官网公布的年度报告、企查查数据库、地方经济发展统计公报等。

选取17家民营银行的原因：一是民营银行与金融科技公司的股权联系紧密，金融科技公司通过发起或参股民营银行的方式进入银行业，因此需要将民营银行纳入研究范围内；二是民营银行股权结构具有"股东数量少、股权集中度高"的特点，信息披露得较为详细，能够保证商业银行股权结构数据的可得性；三是17家民营银行连续发布了至少3年的年度报告，具有一定的代表性。

构建51家商业银行作为研究样本的原因：一是仅研究我国17家民营银行，可能存在样本量过少的问题；二是从现实来看，金融科技公司持股一些城市商业银行和农村商业银行；三是民营银行在资产规模、人员数量等方面更接近中小银行，且部分民营银行在经营发展中对标区域性金融服务，故选取注册地所在地的城市商业银行和农村商业银行。研究样本具体见表6-1。

表6-1 第六章研究样本①

序号	民营银行	城市商业银行	农村商业银行
1	深圳前海微众银行	广州银行	深圳农商行
2	浙江网商银行	杭州银行	杭州联合农村商业银行
3	温州民商银行	温州银行	温州鹿城农商行
4	天津金城银行	天津银行	天津农商行
5	上海华瑞银行	上海银行	上海农商行
6	重庆富民银行	重庆银行	重庆农商行
7	四川新网银行	成都银行	成都农商行
8	湖南三湘银行	长沙银行	长沙农商行

① 由于深圳没有成立城市商业银行，故选取了与深圳地理位置较为接近、资产规模较大的广州银行作为对照银行。由于威海农村商业银行的数据较难获得，故使用同一地区的青岛农村商业银行进行代替。

续表

序号	民营银行	城市商业银行	农村商业银行
9	安徽新安银行	徽商银行	合肥科技农村商业银行
10	福建华通银行	福建海峡银行	福建平潭农商行
11	武汉众邦银行	汉口银行	武汉农商行
12	吉林亿联银行	吉林银行	吉林九台农商行
13	辽宁振兴银行	盛京银行	沈阳农商行
14	威海蓝海银行	威海市商业银行	青岛农商行
15	江苏苏宁银行	南京银行	紫金农商行
16	北京中关村银行	北京银行	北京农商行
17	梅州客商银行	广东南粤银行	广东南海农商行

资料来源：笔者根据公开信息自制而成。

为了保证研究结论可靠性，本节主要采取更换样本银行的方式进行稳健性检验。由于选取的区域性银行主要集中在民营银行注册地，但民营银行通过线上方式发放贷款，经营规模不受严格限制，因此去掉资产规模较小、主营业务面向当地的农村商业银行，对其余34家商业银行的面板数据进行回归。此外，还可以在17家民营银行的基础上，加入32家连续公布2010—2020年年度报告的城市商业银行（见表5-1），组成新的非平衡面板数据。

模型涉及的被解释变量包括：商业银行无形资产净值占总资产比重（RD_{it}）、商业银行申请的知识产权专利数量（$Patent_{it}$）、商业银行不良贷款率（NPL_{it}）、商业银行贷款余额（$Loan_{it}$）、商业银行总资产收益率（ROA_{it}）。核心解释变量包括：金融科技公司持股比例（$Fintech_{it}$）、具有金融科技公司工作经验的高管比例（$Manager_{it}$）。

控制变量包括银行类型的两个虚拟变量，对于$Type_1$，若为民营银行，则$Type_1=1$，否则为0；对于$Type_2$，若为城市商业银行，则$Type_2=1$，否则为0。该虚拟变量可以用来验证研究假设三，即民营性质的股东使商业银行面临的预算软约束程度最低，同时可以检验民营银行与城市商业银行和农村商业银行是否存在显著的差异。

式（6-4）和式（6-5）的控制变量，主要包括贷款规模（$Loan_{i(t-1)}$）、固定资产净值（$Fixed_{it}$）、员工人数（$Labour_{i(t-1)}$）、资产规模（$Asset_{it}$）、资产收益率（ROA_{it}）、资本充足率（CAR_{it}）、地区生产总值增长率（GDP_{it}）等变量。模型（6-11）和模型（6-12）的控制变量，主要包括资产净值（$Asset_{it}$）、资产负债率（LEV_{it}）、资本充足率（CAR_{it}）、地区生产总值增长率（GDP_{it}）、物价水平（CPI_{it}）、利率水平（$Interest_{it}$）等变量。变量描述性统计结果见表6-2。

表6-2 变量描述性统计①

变量	Min	Max	AVERAGE	SD	N
RD_{it}	0.00	2.40	0.27	0.39	148
$Patent_{it}$	0	1055	19	111	153
$Loan_{it}$	-0.72	9.63	6.62	1.65	153
ROA_{it}	-1.95	2.82	0.72	0.51	152
NPL_{it}	0.00	11.81	1.60	1.55	153
$Fintech_{it}$	0.00	42.10	4.12	11.14	153
$Share_{it}$	10.31	80.50	44.44	19.96	153
$Manager_{it}$	0.00	36.36	3.83	9.17	153
$Deposit_{i(t-1)}$	2.63	9.71	6.95	1.56	152
$Fixed_{it}$	-3.43	5.22	1.49	2.31	152
$Labour_{i(t-1)}$	4.45	9.66	7.47	1.53	147
$Asset_{it}$	4.38	10.28	7.48	1.46	153
CAR_{it}	5.01	63.36	15.46	7.29	151
LEV_{it}	0.27	9.13	0.81	0.70	152
GDP_{it}	-5.00	8.52	5.33	2.62	153
CPI_{it}	2.07	2.90	2.46	0.34	153
$Interest_{it}$	4.05	4.75	4.32	0.31	153

资料来源：商业银行历年年度报告，BVD-Orbis Intellectual Property 全球知识产权数据库。

---

① 除百分比变量之外，所有变量均取对数，消除有可能存在的异方差等问题。

三、金融科技公司股东对商业银行技术创新的影响

进行 Hausman 检验，结果表明应当使用固定效应模型（见表 6-3）。特别地，对于金融科技公司持股比例（$Fintech_{it}$），由于大部分商业银行的股权结构相对稳定，若考虑时间固定效应，$Fintech_{it}$ 会被略去；但是对解释变量 $Manager_{it}$ 来说，使用固定效应模型仍是必要的。

表 6-3　金融科技公司股东对商业银行技术创新影响的回归结果①

变量	RD_{it} (1)	(2)	(3)	$Patent_{it}$ (4)	(5)	(6)
$Fintech_{it}$	-0.0014 (-0.25)			1.4588 (0.90)		
$Share_{it}$	-0.0009 (-0.47)	-0.0009 (-0.53)	-0.0002 (-0.10)	0.3025 (0.39)	0.3446 (0.45)	-0.0828 (-0.11)
$Manager_{it}$		0.0090 (1.30)	0.0436** (1.95)		-0.2131 (-0.10)	-11.0903 (-1.21)
$Loan_{it}$	0.1650*** (4.63)	0.1672*** (4.74)	0.2088*** (4.78)	-22.9886 (-1.46)	-22.5421 (-1.44)	-16.7074 (-0.94)
$Fixed_{it}$	0.0247 (0.78)	0.0251 (0.80)	0.0338 (0.96)	83.1330*** (6.43)	84.4426*** (6.53)	97.2529*** (6.71)
$Labour_{it}$	-0.0616 (-0.80)	-0.0759 (-0.99)	-0.1345 (-1.31)	37.6764 (1.30)	40.2565 (1.37)	164.6209*** (3.93)
$Asset_{it}$	-0.0007 (-0.02)	-0.0017 (-0.04)	0.0116 (0.20)	-39.9885** (-1.99)	-40.6785** (-2.02)	-33.7090 (-1.43)
CAR_{it}	0.0199*** (5.40)	0.0202*** (5.52)	0.0229*** (5.10)	-0.1371 (-0.09)	-0.1167 (-0.07)	-0.0052 (-0.00)
GDP_{it}	0.0118*** (2.70)	0.0116*** (2.71)	0.0062 (0.86)	-2.6899 (-1.40)	-2.5845 (-1.35)	2.5248 (0.86)

① 由于回归系数较小，本表各回归系数取小数点后四位。

续表

变量	RD_{it}			$Patent_{it}$		
	(1)	(2)	(3)	(4)	(5)	(6)
$Type_1$	0.1667 (0.82)	0.0202 (0.10)		293.6992*** (4.45)	321.6349*** (4.68)	
$Type_2$	-0.2492* (-1.75)	-0.2379* (-1.66)		-43.6342 (-1.05)	-47.0792 (-1.12)	
_cons	-0.6150 (-1.15)	-0.5106 (-0.95)	-0.6979 (-0.84)	-38.3617 (-0.21)	-62.0991 (-0.33)	-965.0562*** (-2.83)
个体固定效应	N	N	Y	N	N	Y
时间固定效应	N	N	Y	N	N	Y
R^2	0.4184	0.4299	0.4644	0.5765	0.5797	0.6496
样本量	153	153	153	153	153	153

注：***、**、*分别代表在1%、5%、10%的水平下显著，括号内数值为t值。Y代表考虑个体固定效应或时间固定效应；N表示不考虑个体固定效应或时间固定效应。若不特别注明，本书实证检验结果涉及的符号代表的含义与表6-4一致，后续回归结果图表将不再特别注明。

资料来源：笔者通过Stata软件计算得到。

表6-3中列（1）、列（2）和列（3）表示被解释变量是无形资产净值占总资产比重（RD_{it}）的回归结果。其中列（1）和列（2）表示使用GLS随机效应模型的回归结果，列（3）表示使用双向固定效应的回归结果。列（1）代表核心解释变量为$Fintech_{it}$，回归系数不显著，说明金融科技公司股东并未显著影响商业银行的科研投入和技术创新水平；$Type_2$的系数显著为负，说明城市商业银行无形资产占总资产比重显著低于民营银行，这与实际情况相符。列（2）和列（3）表示核心解释变量为$Manager_{it}$，列（3）表明在考虑个体差异和时间差异的情况下，$Manager_{it}$的系数在5%的置信水平下显著为正，说明管理层中具有金融科技公司工作经验的高管比例越高，商业银行科研投入和技术创新水平越高。此外，贷款规模（$Loan_{it}$）、资本充足率（CAR_{it}）等控制变量对商业银行科研投入的增加也有明显的影响，具有经济学意义。尤其是资本充足率（CAR_{it}）的系数显著为正，说明资本状况更好的银行拥有更多的资源，可以对计算机

软件等无形资产进行更大规模的投资。因此，加强技术专业人才的引入和提高资本充足率，是商业银行改善创新能力的两种主要方式。

表6-3中列（4）、列（5）和列（6）表示被解释变量是知识产权专利数量（$Patent_{it}$）的回归结果。其中，列（4）表示核心解释变量为$Fintech_{it}$、使用GLS随机效应回归的情形；列（5）表示核心解释变量为$Manager_{it}$、使用GLS随机效应回归的情形；列（6）表示核心解释变量为$Manager_{it}$，考虑个体固定效应和时间固定效应回归的情形。在上述三种情形下，核心解释变量的系数均不显著，说明金融科技公司股东及高级管理层人员构成对商业银行专利研发数量的影响不显著。可能的原因在于：一是商业银行对知识产权的重视程度较弱，导致专利数量普遍较少；二是金融科技公司股东独立申请专利，拥有专利的所有权，再将技术产品应用到商业银行中，因此商业银行不直接拥有专利所有权，自主研发能力较弱。

使用新的研究样本，得到的回归结果（见表6-4）。与表6-3相比，核心解释变量的系数大小和显著性与基础回归模型基本一致，表明上述分析是稳健的。

表6-4 金融科技公司股东对商业银行技术创新影响的稳健性检验

变量	RD_{it}			$Patent_{it}$		
	（1）	（2）	（3）	（4）	（5）	（6）
$Fintech_{it}$	-0.0008 (-0.22)			0.1451 (0.08)		
$Share_{it}$	-0.0010 (-0.50)	-0.0013 (-0.67)	-0.0003 (1.15)	0.4311 (0.48)	0.4943 (0.56)	-0.0906 (-0.09)
$Manager_{it}$		0.0073 (1.58)	0.0396* (1.65)		-2.0702 (-0.92)	-11.9447 (-1.07)
$Loan_{it}$	0.1858*** (4.45)	0.1845*** (4.50)	0.2306*** (4.34)	-25.6945 (-1.40)	-25.4316 (-1.40)	-14.2249 (-0.63)
$Fixed_{it}$	-0.0071 (-0.20)	-0.0047 (-0.13)	0.0379 (0.87)	91.0378*** (5.73)	90.8765*** (5.76)	100.9161*** (5.46)

续表

变量	RD_{it}			$Patent_{it}$		
	（1）	（2）	（3）	（4）	（5）	（6）
$Labour_{it}$	-0.0424 (-0.45)	-0.0833 (-0.88)	-0.1854 (-1.41)	114.9886*** (2.72)	124.2008 (2.90)	179.0458*** (3.20)
$Asset_{it}$	-0.0093 (-0.17)	0.0040 (0.07)	0.0749 (0.96)	-40.7425* (-1.68)	-42.7134* (-1.77)	-31.9745 (-1.04)
CAR_{it}	0.0221*** (5.25)	0.0216*** (5.20)	0.0235*** (4.28)	0.0407 (0.02)	0.1099 (0.06)	-0.0452 (-0.02)
GDP_{it}	0.0096 (1.62)	0.0092*** (1.58)	0.0117 (1.14)	-0.3689 (-1.40)	-0.2167 (-0.08)	3.9536 (0.91)
$Type_1$	0.3592* (1.73)	0.1963 (0.93)		604.3954*** (6.21)	650.4238*** (6.53)	
_cons	-1.0261 (-1.57)	-0.7557 (-1.16)	-1.0421 (-0.97)	-768.9678*** (6.21)	-838.5724*** (-2.76)	-1005.2950** (-2.24)
个体固定效应	N	N	Y	N	N	Y
时间固定效应	N	N	Y	N	N	Y
R^2	0.4753	0.4901	0.5366	0.6491	0.5797	0.6755
样本量	102	102	102	102	102	102

资料来源：笔者通过 Stata 软件计算得到。

四、金融科技公司股东对商业银行绩效和风险的影响

由于民营银行成立的时间较短，若将商业银行投入产出效率作为被解释变量，将导致研究样本进一步减少，样本数量严重不足。因此，本部分不将商业银行投入产出效率作为被解释变量，而是分析金融科技公司股东对商业银行贷款规模、盈利水平和信用风险三大产出目标的影响。

回归结果见表6-5。其中，列（1）和列（3）是使用 GLS 随机效应模型的回归结果；列（2）和列（4）表示考虑双向固定效应的回归结果。首先是被解释变量为贷款规模（$Loan_{it}$）的回归结果。结果表明：民营银行与同一地区的区域性商业银行在贷款规模方面没有显著的差异。在列（1）

表 6-5　金融科技公司股东对商业银行经营产出影响的回归结果

变量	$Loan_{it}$ (1)	(2)	(3)	(4)	ROA_{it} (1)	(2)	(3)	(4)	NPL_{it} (1)	(2)	(3)	(4)
$Fintech_{it}$	-0.002 (-0.63)				0.007 (1.04)				0.011 (0.62)			
$Share_{it}$	-0.001 (-0.31)	-0.000 (-0.03)	-0.001 (-0.44)	-0.000 (-0.07)	-0.006 (-1.52)	-0.001 (-0.22)	-0.006 (-1.46)	-0.001 (-0.28)	-0.008 (-0.85)	-0.022** (-1.85)	-0.008 (-0.85)	-0.021** (-2.11)
$Manager_{it}$			0.004 (1.08)	0.064* (1.68)			0.012 (1.36)	0.146* (1.83)			0.002 (0.10)	-0.105 (-0.67)
$Deposit_{i(t-1)}$	0.970*** (10.86)	1.003*** (5.90)	0.960*** (11.00)	1.177*** (5.04)	0.250* (1.68)	0.693*** (2.97)	0.291** (1.94)	1.092*** (3.44)	-1.212*** (-3.28)	0.066 (0.15)	-1.175*** (-3.11)	-0.222 (-0.36)
$Fixed_{it}$	0.047 (1.17)	0.185*** (2.70)	0.041 (1.03)	0.197*** (2.84)	-0.141** (-2.14)	0.063 (0.67)	-0.129* (-1.94)	0.090 (0.95)	0.243 (1.50)	0.280 (0.52)	0.254 (0.66)	0.443 (0.75)
$Labour_{i(t-1)}$	-0.047 (-0.57)	-0.693*** (-3.78)	-0.054 (-0.66)	-0.791*** (-3.56)	-0.089 (-0.60)	-0.632** (-2.26)	-0.152 (-0.99)	-0.858*** (-2.84)	0.268 (0.71)	0.130 (0.71)	0.248 (1.53)	0.110 (0.60)
$RD_{i(t-1)}$	0.219*** (2.71)	0.943*** (5.27)	0.206*** (2.59)	0.911*** (5.03)	-0.225 (-1.56)	-0.844*** (-3.44)	0.272* (-1.83)	-0.918*** (-3.73)	1.544*** (4.22)	2.678*** (5.64)	1.549*** (4.20)	2.731*** (5.66)
$Asset_{it}$	-0.013 (-0.18)	-0.141 (-1.27)	0.003 (0.04)	-0.234 (-1.66)	0.081 (0.68)	0.252 (1.64)	0.090 (0.75)	0.040 (0.21)	0.454 (1.55)	0.693** (2.34)	0.446 (1.53)	0.846** (2.26)
CAR_{it}	-0.032*** (-6.05)	-0.041*** (-4.75)	-0.032*** (-6.18)	-0.031** (-2.46)	-0.007 (-0.82)	0.008 (0.72)	-0.006 (-0.68)	0.031* (1.83)	-0.074*** (-3.52)	-0.034 (-1.48)	-0.073*** (-3.47)	-0.050 (-1.50)

续表

变量	$Loan_{it}$ (1)	$Loan_{it}$ (2)	$Loan_{it}$ (3)	$Loan_{it}$ (4)	ROA_{it} (1)	ROA_{it} (2)	ROA_{it} (3)	ROA_{it} (4)	NPL_{it} (1)	NPL_{it} (2)	NPL_{it} (3)	NPL_{it} (4)
LEV_{it}	0.302*** (7.57)	0.281*** (4.85)	0.300*** (7.58)	0.331*** (4.48)	0.094 (1.57)	0.211*** (2.65)	0.104* (1.74)	0.325*** (3.24)	−0.387*** (−2.68)	−0.012 (−0.08)	−0.377** (−2.62)	−0.094 (−0.48)
GDP_{it}	0.009 (0.67)	−0.009 (−0.63)	0.008 (0.54)	−0.008 (−0.58)	0.031 (1.58)	0.026 (1.30)	0.030 (1.56)	0.028 (1.41)	−0.118*** (−2.56)	−0.075** (−1.94)	−0.116** (−2.53)	−0.076** (−1.97)
CPI_{it}	−0.101 (−0.83)	−0.090 (−0.75)	−0.085 (−0.70)	−0.094 (−0.79)	0.114 (0.68)	0.262 (1.60)	0.129 (0.80)	0.252 (1.56)	0.525 (1.36)	0.497 (1.57)	0.515 (1.34)	0.505 (1.59)
$Interest_{it}$	−0.199 (−1.21)	−0.223 (−1.25)	−0.180 (−1.10)	−0.197 (−1.10)	0.034 (0.15)	0.421* (1.72)	0.066 (0.30)	0.480* (1.97)	0.582 (1.10)	1.056** (2.24)	0.577 (1.09)	1.013** (2.12)
$Type_1$	0.111 (0.66)		0.016 (0.10)		−0.004 (−0.01)		−0.070 (−0.22)		−1.102 (−1.42)		−0.953 (−1.20)	
$Type_2$	−0.002 (−0.60)	0.001 (0.23)	−0.002 (−0.56)	0.001 (0.33)	−0.006 (−1.21)	−0.003 (−0.73)	−0.006 (−1.26)	−0.003 (−0.57)	0.007 (0.65)	0.007 (0.82)	0.007 (0.63)	0.007 (0.75)
个体固定效应	Y	N	Y	N	Y	N	Y	N	Y	N	Y	N
时间固定效应	Y	N	Y	N	Y	N	Y	N	Y	N	Y	N
R^2	0.9761	0.7903	0.9765	0.8847	0.2680	0.3917	0.2873	0.4157	0.3527	0.4183	0.3500	0.4215
样本量	153	153	153	153	153	153	153	153	153	153	153	153

资料来源：笔者通过 Stata 软件计算得到。

和列（2）中，金融科技公司持股比重 $Fintech_{it}$ 和股权集中度 $Share_{it}$ 的系数均为负，且接近于0，但是不显著。在列（3）和列（4）中，$Manager_{it}$ 的系数均为正，且在考虑个体和时间差异性的情形下 $Manager_{it}$ 系数在 10%的置信水平下显著为正，在一定程度上说明具有金融科技公司工作经验的高管比例越高，商业银行发放的贷款规模越大。

其次是被解释变量为总资产收益率（ROA_{it}）的回归结果。结果表明：金融科技公司持股比重（$Fintech_{it}$）、股权集中度（$Share_{it}$）的系数均不显著，且民营银行与其他类型的商业银行在总资产收益率方面没有显著差异，表明商业银行盈利能力没有受到金融科技公司股东和银行类型的显著影响。表6-5中列（4）表明，在考虑个体和时间差异的情形下，$Manager_{it}$ 的系数在10%的置信水平下显著为正，一定程度上说明具有金融科技公司工作经验的高管占比越高，商业银行盈利能力越强。

最后是被解释变量为不良贷款率（NPL_{it}）的回归结果。结果表明：$Fintech_{it}$ 和 $Manager_{it}$ 的系数均不显著，且民营银行与其他类型的商业银行在不良贷款率方面不存在显著的差异。在考虑个体和时间差异时，$Share_{it}$ 的系数在5%的置信水平下显著为负，说明商业银行股权集中度对信用风险具有负面的影响。可能的原因在于：商业银行股权集中度越高，大股东对商业银行经营决策的控制能力越强，对贷款客户信用风险的控制能力也越强。

对于其他解释变量，尤其是商业银行科研投入 RD_{it} 的系数均在1%的置信水平下显著。表6-5中列（4）表明，商业银行科研投入显著促进了商业银行贷款规模增加，对商业银行总资产收益率和信用风险具有显著的负面影响。这说明中小银行增加科研投入主要是为了拓展业务，而不是提高风险管理能力，这与第八章的实证分析结果一致。而具有金融科技公司工作经验的高管能够在一定程度上改变商业银行技术创新目的，从而提高盈利能力和降低信用风险。

本部分主要通过两种更换样本银行的方式进行稳健性检验，得到的回归结果见表6-6。回归结果与基础回归模型基本一致，表明本节的回归结果是稳健的。

表6-6 金融科技公司股东对商业银行经营产出影响的稳健性检验

变量	稳健性检验一							稳健性检验二					
	$Loan_{it}$		ROA_{it}		NPL_{it}		$Loan_{it}$		ROA_{it}		NPL_{it}	
	(1)	(2)	(3)	(4)	(5)	(6)	(1)	(2)	(3)	(4)	(5)	(6)
$Fintech_{it}$	-0.002 (-0.58)		0.005 (0.68)		0.011 (0.45)		-0.003 (-0.06)		0.010 (0.54)		-0.001 (-0.33)	
$Share_{it}$	-0.001 (-0.75)	-0.000 (-0.13)	-0.006 (-0.15)	-0.002 (-0.05)	-0.001 (-1.63)	-0.030** (-2.26)	-0.010 (-0.66)	-0.005 (-0.25)	-0.020 (-1.18)	-0.280 (-1.26)	-0.001 (-0.02)	-0.010* (-1.96)
$Manager_{it}$		0.054* (1.74)		0.166* (1.80)		0.100 (0.03)		0.071* (1.81)		0.200* (1.90)		0.130 (0.59)
个体固定效应	Y	N	Y	N	Y	N	Y	N	Y	N	Y	N
时间固定效应	Y	N	Y	N	Y	N	Y	N	Y	N	Y	N
R^2	0.7992	0.8482	0.3401	0.4306	0.3925	0.2944	0.9077	0.8796	0.4544	0.5285	0.4051	0.6119
样本量	102	102	102	102	102	102	102	102	102	102	102	102

资料来源：笔者通过Stata软件计算得到。

五、基于分位数回归模型的异质性分析

分位数回归模型可以考察金融科技公司股东持股比例和具有金融科技公司工作经验的高管比例对商业银行技术创新、经营绩效和风险承担的异质性影响。根据Koenker和Bassett（1978）、刘生龙（2008）、张曙霄和戴永安（2012）等的研究，面板分位数回归模型不考虑固定效应，而是将其回归结果与固定效应回归模型进行对比分析。此外，使用block bootstrap方法进行1000次重复抽样，估计系数的标准误。使用的软件为Stata/SE 15.1。本部分主要考察金融科技公司股东、具有金融科技公司工作经验的高管比例在10%、30%、40%、50%、60%、70%、90%七个分位点的估计结果。

1. 金融科技公司股东持股比例的异质性影响

当被解释变量为商业银行研发投入RD_{it}时，$Fintech_{it}$的系数从负显著到正显著再到不显著，表明金融科技公司持股比例处于40%分位点位置时，对商业银行研发投入的促进作用最大；金融科技公司股东持股比例处于较低水平时，商业银行减少研发投入；金融科技公司股东持股比例处于较高水平时，对商业银行研发投入不产生显著影响。

当被解释变量为商业银行贷款余额（$Loan_{it}$）时，$Fintech_{it}$的系数不显著，表明金融科技公司股东持股比例对商业银行贷款余额的影响不显著。当被解释变量为商业银行资产收益率（ROA_{it}）时，$Fintech_{it}$的系数从不显著到显著，且系数逐渐增加，表明随着金融科技公司股东持股比例升高，商业银行盈利水平也会逐渐增加。当被解释变量为商业银行不良贷款率（NPL_{it}）时，$Fintech_{it}$的系数从显著到不显著，表明金融科技公司股东股权比例处于较低水平时，商业银行不良贷款率较低（见表6-7）。

从实际情况来看，若金融科技公司股东持股比例处于40%分位点位置附近，即金融科技公司处于主发起人地位，对商业银行研发投入具有较大的推进作用，且有利于商业银行盈利能力的提高，并导致商业银行不良贷

表 6-7 分位数模型回归结果（一）

变量	\multicolumn{7}{c}{RD_{it}}
	10	30	40	50	60	70	90
$Fintech_{it}$	-0.002*** (-3.45)	-0.001 (-0.72)	-0.000 (-0.34)	0.004** (2.05)	0.004 (1.54)	-0.001 (-0.34)	-0.005 (-1.42)
_cons	-0.463*** (-5.04)	-0.492*** (-3.40)	-0.442** (-2.33)	-0.378 (-1.29)	-0.553 (-1.40)	-0.945* (-1.97)	-0.716 (-1.37)
控制变量	Y	Y	Y	Y	Y	Y	Y
样本量	153	153	153	153	153	153	153

变量	\multicolumn{7}{c}{$Loan_{it}$}
	10	30	40	50	60	70	90
$Fintech_{it}$	0.001 (0.26)	-0.000 (-0.06)	-0.000 (-0.00)	-0.001 (-0.38)	-0.001 (-0.42)	-0.001 (-1.11)	-0.000 (-1.04)
_cons	-0.050 (-0.03)	0.495 (0.29)	0.911 (0.57)	-0.261 (-0.24)	-0.742 (-0.85)	-0.979*** (-3.23)	-1.177*** (-9.06)
控制变量	Y	Y	Y	Y	Y	Y	Y
样本量	153	153	153	153	153	153	153

变量	\multicolumn{7}{c}{ROA_{it}}
	10	30	40	50	60	70	90
$Fintech_{it}$	-0.013 (-1.61)	-0.001 (-0.22)	0.002 (0.33)	0.011*** (2.88)	0.011*** (3.00)	0.010** (2.30)	0.026*** (5.11)
_cons	-1.429 (-0.42)	-1.525 (-0.58)	-1.710 (-0.70)	-0.682 (-0.40)	0.194 (0.12)	-0.163 (-0.09)	-0.090 (-0.090)
控制变量	Y	Y	Y	Y	Y	Y	Y
样本量	153	153	153	153	153	153	153

变量	\multicolumn{7}{c}{NPL_{it}}
	10	30	40	50	60	70	90
$Fintech_{it}$	0.012*** (3.46)	0.008* (1.90)	0.008 (1.39)	0.012* (1.68)	0.011 (1.33)	0.008 (0.85)	0.008 (0.68)
_cons	-1.161 (-0.76)	0.432 (0.23)	-0.041 (-0.02)	-0.447 (-0.15)	-0.265 (-0.08)	-4.694 (-1.13)	-0.197 (-0.04)
控制变量	Y	Y	Y	Y	Y	Y	Y
样本量	153	153	153	153	153	153	153

注：为了全书一致性，括号内数值不是分位数回归模型使用较多的系数标准误，而是 t 值。同表 6-8。

资料来源：笔者通过 Stata 软件计算得到。

款率增加，如深圳前海微众银行和浙江网商银行等。若金融科技公司处于参股的小股东地位，则不利于商业银行增加研发投入，且显著增加了商业银行信用风险，金融科技公司的"声誉作用"可能大于"实际作用"，对银行技术创新和风险管理反而具有负面作用。此外，若商业银行引入了多个金融科技公司共同持股，持股比例处于较高分位点位置，商业银行盈利能力较强，能够利用股东资源开拓业务。

2. 具有金融科技公司工作经验的高管比例的异质性影响

当被解释变量为商业银行研发投入 RD_{it} 时，$Manager_{it}$ 的系数从不显著到正显著再到不显著，表明具有金融科技公司工作经验的高管比例处于20%~40%分位点位置时，商业银行研发投入最多；具有金融科技公司工作经验的高管过多或过少，对商业银行研发投入的影响均不显著。

当被解释变量为商业银行贷款余额（$Loan_{it}$）时，$Manager_{it}$ 的系数不显著，表明具有金融科技公司工作经验的高管比例对商业银行贷款余额的影响不显著。当被解释变量为商业银行资产收益率（ROA_{it}）时，$Fintech_{it}$ 的回归系数从不显著到显著为正，且系数逐渐增加，表明具有金融科技公司工作经验的高管比例越高，商业银行盈利水平也会逐渐增加。当被解释变量为商业银行不良贷款率（NPL_{it}）时，$Manager_{it}$ 的系数从显著到不显著，表明具有金融科技公司工作经验的高管比例处于较低水平时，商业银行不良贷款率较低（见表6-8）。

表6-8 分位数模型回归结果（二）

变量	RD_{it}						
	10	30	40	50	60	70	90
$Manager_{it}$	-0.001 (-1.35)	0.008*** (4.41)	0.009*** (3.50)	0.008** (2.18)	0.005 (1.21)	0.003 (0.37)	0.001 (0.10)
_cons	-0.353*** (-4.41)	-0.523** (-2.48)	-0.346 (-1.24)	-0.659* (-1.68)	-1.427*** (-3.23)	-1.629** (-2.11)	-1.458 (-1.14)
控制变量	Y	Y	Y	Y	Y	Y	Y
样本量	153	153	153	153	153	153	153

续表

变量	$Loan_{it}$						
	10	30	40	50	60	70	90
$Manager_{it}$	0.003 (0.60)	-0.004 (-0.81)	0.000 (0.14)	0.000 (0.07)	-0.000 (-0.41)	-0.000 (-0.20)	-0.000 (-1.64)
_cons	-0.388 (-0.20)	0.891 (0.59)	-0.203 (-0.18)	-0.693 (-0.79)	-1.081*** (-5.05)	-1.196*** (-9.31)	-1.215*** (-90.94)
控制变量	Y	Y	Y	Y	Y	Y	Y
样本量	153	153	153	153	153	153	153
变量	ROA_{it}						
	10	30	40	50	60	70	90
$Manager_{it}$	0.003 (0.24)	0.001 (0.12)	0.008 (1.50)	0.010** (2.27)	0.011** (2.37)	0.014** (2.17)	0.064*** (9.95)
_cons	-1.991 (-0.48)	-1.390 (-0.58)	-0.770 (-0.41)	-0.681 (-0.45)	-1.033 (-0.64)	-0.068 (-0.03)	5.376** (2.45)
控制变量	Y	Y	Y	Y	Y	Y	Y
样本量	153	153	153	153	153	153	153
变量	NPL_{it}						
	10	30	40	50	60	70	90
$Manager_{it}$	0.010** (1.99)	0.007 (1.02)	-0.002 (-0.26)	0.012 (1.25)	0.005 (0.37)	0.006 (0.39)	-0.020 (-0.38)
_cons	-1.569 (-0.94)	-0.087 (-0.04)	-1.439 (-0.47)	-0.472 (-0.14)	-4.457 (-1.05)	-4.492 (-0.09)	-30.555* (-1.70)
控制变量	Y	Y	Y	Y	Y	Y	Y
样本量	153	153	153	153	153	153	153

资料来源：笔者通过Stata软件计算得到。

综合来看，具有金融科技公司工作经验的高管比例位于50%分位点位置附近，对商业银行研发投入具有促进作用，且有利于商业银行盈利能力的提高。过度引入或者完全不引入具有金融科技公司工作经验的高管，对商业银行经营绩效和风险管理均有负面的影响。

六、小结

研究发现：金融科技公司股东通过影响具有金融科技公司工作经验的高管比例，提高商业银行研发投入、信贷业务规模和盈利能力。具有金融科技公司工作经验的高级管理人员越多，商业银行的科研投入越多，发放的贷款规模越大，盈利能力越强。具有金融科技公司工作经验的高管人员在一定程度上能够影响商业银行技术创新的目的，对提高盈利能力和降低信用风险产生影响。

若金融科技公司处于控股地位，对商业银行研发投入具有促进作用，且有利于商业银行盈利能力的提高；若金融科技公司处于参股的小股东地位，不利于商业银行技术创新，且导致银行信用风险加大。此外，具有金融科技公司工作经验的高管比例处于50%分位点位置附近，对商业银行研发投入具有推进作用，且有利于提高商业银行盈利能力。

因此在商业银行数字化转型过程中，适当提高高级管理层中金融科技人员比重是促进技术创新的重要手段。在引入金融科技公司股东的过程中，需要区分大股东和小股东对商业银行的"利益协同"效应和"隧道"效应。

第三节 案例分析：民营银行与金融科技公司股东协同创新实践

对于民营银行的研究价值体现在股东性质、监管政策、业务模式等多个方面，民营银行与金融科技公司股东协同创新具有较强的典型性和特殊性。基于第二节实证检验的结果，本节重点分析金融科技公司股东及股权变动对民营银行战略定位、技术创新、信用风险等方面的影响。

一、金融科技公司股东与民营银行战略定位

在民营银行试点之初，监管部门要求民营银行"明确定位、创新发

展"，积极利用信息技术提供普惠金融服务。① 实践发展中，民营银行坚持"一行一策"，在成立之初根据股东的资源禀赋和发展目标确定业务定位，并在成立后与股东开展市场化业务合作或技术合作，形成了差异竞争、特色鲜明的市场定位。

17家民营银行形成了互联网银行和区域性银行两种模式②（见表6-9）。其中，深圳前海微众银行、浙江网商银行、四川新网银行3家民营银行已经建成完善的互联网银行运营体系。这3家民营银行的主发起人均为从事一部分类银行业务的金融科技公司，拥有开展业务所需的场景和技术能力。金融科技公司股东为民营银行提供技术、渠道、场景等资源，帮助其在短期内构建起互联网金融服务模式。此外，武汉众邦银行、江苏苏宁银行、吉林亿联银行和天津金城银行依托股东的金融科技属性和业务发展需求，也在加快互联网银行建设。

表6-9 互联网民营银行和区域性民营银行

类型	民营银行	主要产品	发起人股东	特点
互联网民营银行	深圳前海微众银行	微粒贷、微车贷	腾讯金融	普惠小微
	浙江网商银行	网商贷、信任付、网商贴	蚂蚁小微	开放银行
	四川新网银行	好人贷、小微金融	小米金融	数字科技普惠金融
	武汉众邦银行	邦你贷、邦你链	卓尔集团	供应链金融
	江苏苏宁银行	苏宁云贷	苏宁云商	供应链金融
	吉林亿联银行	利添利、亿联易贷	美团金融	数字银行
	天津金城银行	金网贷、金奇贷	360金融	数字普惠金融

---

① 出自原中国银监会2015年发布的《关于促进民营银行发展的指导意见》。详细内容可见http：//www.gov.cn/zhengce/2016-02/18/content_5042920.htm。

② 目前对互联网银行和区域性银行的分类存在一些争议。一方面，监管机构及现有的政策文件中未对互联网银行进行官方界定，但实践与监管层面陆续出现对互联网银行问题的探讨，如中国银保监会主席郭树清2021年公开表示"对互联网银行比如浙江网商银行、深圳前海微众银行等，鼓励其发展，但必须按照金融的规律和规则实行统一管理"（详见 https：//baijiahao.baidu.com/s？id=1693091064136312318&wfr=spider&for=pc）；另一方面，民营银行在加大产品和服务创新时，监管部门也对"提高本地业务占比"提出了明确要求。因此，本节基于17家民营银行的业务定位和发展特色，并参考公开的研究资料，将17家民营银行分为互联网银行和区域性银行两类，但是对于互联网银行包括的具体银行可以进一步商榷。

续表

类型	民营银行	主要产品	发起人股东	特点
区域性民营银行	福建华通银行	福e花、福e贷	永辉超市	供应链金融
	北京中关村银行	投贷联动业务	用友金融	投贷联动业务
	湖南三湘银行	消费壹贷、税壹贷	三一集团	供应链金融
	温州民商银行	订单融资产品	正泰集团	供应链金融
	重庆富民银行	富税贷、富民贷、富条	瀚华金控	"场景+平台"模式
	辽宁振兴银行	税e贷	荣盛中天	供应链金融
	安徽新安银行	税融通、银政担、安心贷	南翔集团	人工智能
	上海华瑞银行	智慧供应链金融	均瑶集团	投贷联动、场景金融
	威海蓝海银行	银贴宝、蓝海卡	威高集团	供应链金融
	梅州客商银行	客e快贷、客易贷	宝新能源	供应链金融

资料来源：民营银行官网及公开数据。

区域性民营银行的股东以实体企业或综合性集团为主，大股东发起或参股民营银行的主要目的是为了整合股东所处行业上下游资源，并提供金融服务。由于资产规模及经营区域的限制，区域性民营银行大多以供应链金融为业务定位和发展方向，围绕大股东所处产业或场景，服务产业上下游企业或场景内其他企业。

通过公开资料收集及调研走访[①]，民营银行区域性展业模式存在诸多问题。一是沿着"服务本地→股东为注册地规模较大的民营企业→服务股东所处产业"的经营思路，区域性民营银行贷款集中问题突出。例如，围绕大股东正泰集团[②]，温州民商银行2021年23.50%的信贷资金投向批发和零售业，26.83%投向制造业[③]，行业经营状况的变化将导致温州民商银行面临较大的风险暴露。二是区域性民营银行过度注重市场营销与管理，忽略了技术研发。温州民商银行2021年员工构成中，营销岗位和管理岗

---

① 本部分主要以温州民商银行为例进行重点分析。
② 正泰集团股份有限公司创建于1984年，是智慧能源解决方案提供商，集团积极布局智能电气、绿色能源、工控与自动化、智能家居以及孵化器等"4+1"产业板块，形成了集"发电、储电、输电、变电、配电、售电、用电"为一体的全产业链。
③ 温州民商银行2021年年度报告。

位分别占比40.37%和47.52%，其他岗位员工只有6人①，专门从事技术研发与技术维护的员工非常少，这反映了温州民商银行对技术研发的重视程度不够。三是区域经营模式导致民营银行缺少核心竞争力及可持续的经营模式。长期来看，温州民商银行开展供应链金融业务，不能停留在最原始的供应链条融资，而应当基于互联网银行定位，形成一套较为成熟的、智能的、透明的、一体化供应链融资模式。

从监管政策和长期发展来看，各家民营银行实际经营模式各异，但受物理网点的限制，加强线上系统建设、开展线上业务是所有民营银行的共同选择。但在开展线上业务时，民营银行仍需要遵守服务当地的发展定位，因此民营银行线上化建设不能采用"互联网贷款"的扩张模式，而需要利用各类技术改善服务理念和服务流程，提高金融服务效率。因此，金融科技公司股东对民营银行确立"互联网银行"发展定位具有一定的引导和推动作用，符合民营银行的长期发展规划和市场定位。

二、金融科技公司股东与民营银行关联交易

基于17家民营银行的公开资料及实地调研，民营银行与股东主要开展技术服务、渠道服务、授信三类关联交易。金融科技公司股东通过技术服务类和渠道服务类关联交易，促进民营银行数字化转型与业务开展；非金融科技公司股东与民营银行以授信类关联交易为主，难以发挥技术创新的作用。此外，民营银行关联交易管理不到位，导致违规行为频繁发生且很难及时处理。

1. 金融科技公司股东与民营银行的技术服务类和渠道服务类关联交易

基于资源禀赋，金融科技公司股东主要与民营银行开展技术服务、渠道服务等关联交易。以深圳前海微众银行为例，他是"腾讯生态圈"中金融科技板块的重要主体。深圳前海微众银行与腾讯及关联公司以市场化协

---

① 温州民商银行2021年年度报告。

议的方式，开展个人信贷产品、个人银行账户、私有云云服务等方面的合作，未涉及大额的授信类和存款类业务（见图6-1）。这种协同创新模式的本质是金融科技公司为了开拓金融市场、获得银行牌照，将原有的渠道、技术、数据等资源全面赋能银行业务开展，促进整个集团金融科技生态的发展。此外，浙江网商银行、天津金城银行、吉林亿联银行等民营银行都采用类似的协同创新模式。

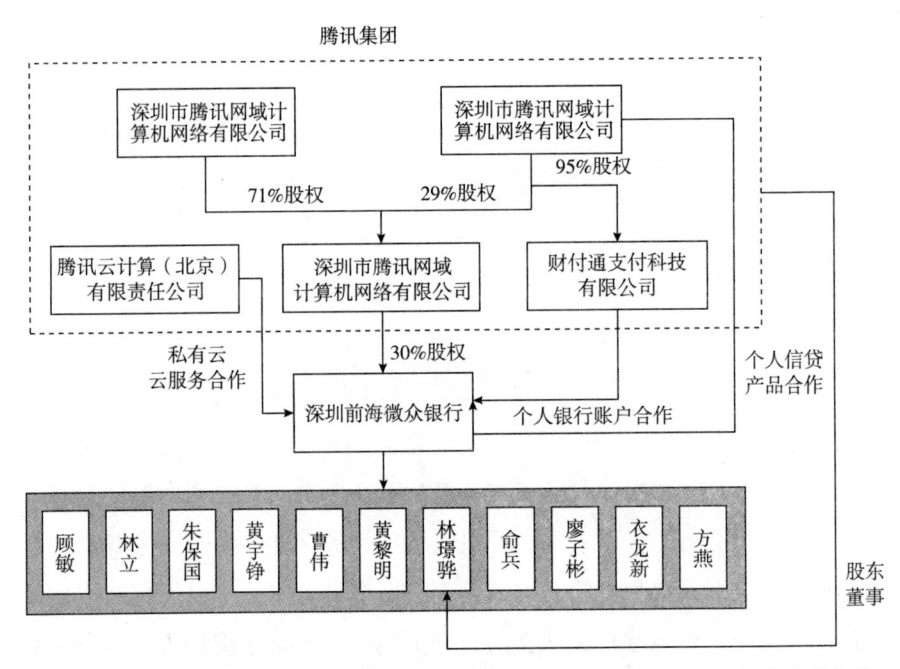

图6-1　深圳前海微众银行与金融科技公司股东技术服务类、渠道服务类关联交易
资料来源：笔者根据深圳前海微众银行公布的公开信息进行整理。

平台型金融科技公司股东与民营银行联合开展互联网贷款业务。以吉林亿联银行为例，2021年，吉林亿联银行与第二大股东重庆美团三快小额贷款有限公司共发生18笔重大关联交易事项，涉及平台服务费支出64554.75万元，较2020年增长42.19%。① 目前，吉林亿联银行形成了以

① 吉林亿联银行公布的2021年年度报告。

互联网贷款为主的业务模式，与国内13家主要互联网平台建立存款合作和贷款合作。截至2020年第三季度末，吉林亿联银行线上平台存款余额210.07亿元，其中自营线上存款余额70.75亿元，外部平台存款余额139.32亿元①，约1/2的存款来自其合作的互联网平台。② 在2020年互联网贷款政策的影响下③，吉林亿联银行亟须调整业务模式，加强自营渠道建设。

2. 非金融科技公司股东与民营银行的授信类关联交易

非金融科技公司股东与民营银行以授信类关联交易为主。表6-10列举了我国8家民营银行授信类关联交易情况。非金融科技公司股东与民营银行的授信类关联交易规模明显高于金融科技公司股东。湖南三湘银行授信类关联交易金额最高，2018—2021年分别为6.11亿元、10.79亿元、16.69亿元、6.91亿元，且对公客户主要来自股东④。说明民营银行过度依赖非金融科技公司股东的存款、贷款等资源，进而影响自身的可持续发展和风险管理能力。北京中关村银行的股东包括东华软件股份公司等金融科技公司和其他行业的信息技术企业，对银行信贷资金需求较大，贷款类关联交易也处于较高水平。

表6-10 民营银行授信类关联交易情况　　　　单位：亿元

民营银行 \ 年份	2018	2019	2020	2021
温州民商银行	未公布	7.78	6.52	6.06
上海华瑞银行	1.81	2.33	0.34	0.00
重庆富民银行	3.80	5.48	7.71	7.00

---

① 吉林亿联银行公布的2020年第三季度报告。
② 基于对吉林亿联银行工作人员的内部调研数据以及网络公开资料。
③ 2020年7月中国银保监会制定了《商业银行互联网贷款管理暂行办法》，进一步规范商业银行互联网贷款业务经营行为，促进互联网贷款业务平稳健康发展。
④ 根据湖南三湘银行披露的2020存单发行计划，2017年、2018年、2019年三湘银行单一客户贷款集中度分别为9.88%、8.98%、7.73%，逼近10%的监管红线；2017年、2018年、2019年前十大客户贷款集中度分别为64.12%、79.93%、60.41%，其中对大股东三一集团发放贷款最多。

续表

年份 民营银行	2018	2019	2020	2021
湖南三湘银行	6.11	10.79	16.69	6.91
深圳前海微众银行	0.00	0.00	0.00	0.00
浙江网商银行	未公布	未公布	4.64	未公布
武汉众邦银行	1.35	0.36	0.35	0.19
北京中关村银行	4.93	6.67	9.09	4.26

资料来源：民营银行历年年度报告。

在实践中，民营银行关联交易存在诸多不规范之处。截至2021年底，深圳前海微众银行、浙江网商银行、湖南三湘银行、重庆富民银行、辽宁振兴银行、上海华瑞银行六家民营银行因关联交易违规行为受到中国银保监会处罚（见表6-11）。授信类关联交易违规行为主要包括发放程序不合规、管理不规范、定价不公允等。此外，虽然各家民营银行在年报中都提到"关联交易金额在金融监管要求范围内"[①]，但是从银行实际经营来看，贷款资金可以经过多层流转，控股股东所属公司间接获得贷款资金，从而形成"隐性、实际"的关联交易，导致民营银行授信类违规行为频繁发生且很难及时处理。

表6-11 民营银行与股东关联交易违规行为

序号	民营银行	主要违法违规事实	行政处罚决定书文号	行政处罚决定
1	深圳前海微众银行	向关系人发放信用贷款	深银保监罚决字〔2019〕4号	罚款200万元
2	浙江网商银行	重大关联交易未经关联交易委员会审查	浙银保监罚决字〔2020〕14号	罚款95万元

---

① 《商业银行与内部人和股东关联交易管理办法》具体规定：商业银行对一个关联方的授信余额不得超过商业银行资本净额的10%；商业银行对一个关联法人或其他组织所在集团客户的授信余额总数不得超过商业银行资本净额的15%；商业银行对全部关联方的授信余额不得超过商业银行资本净额的50%。

续表

序号	民营银行	主要违法违规事实	行政处罚决定书文号	行政处罚决定
3	湖南三湘银行	关联交易管理不到位	湘银保监罚决字〔2021〕4号	罚款390万元
4	重庆富民银行	关联交易定价、管控、审查等方面均存在问题	渝银保监罚决字〔2021〕30号	罚款850万元
5	辽宁振兴银行	重大关联交易管理不规范	辽银保监罚决字〔2021〕36号	罚款140万元
6	上海华瑞银行	重大关联交易未经董事会批准；违规向关系人发放信用贷款	沪银保监罚决字〔2021〕150号	罚款520万元

资料来源：中国银行保险监督管理委员会官网。

综合来看，无论是关联交易规模，还是关联交易违规行为，民营银行与非金融科技公司股东之间的联系都以传统存款、贷款、担保等银行业务为主，对民营银行技术创新很难产生实质性的影响，且造成了民营银行业务模式单一与关联交易风险加剧等问题。

三、金融科技公司股东与民营银行信用风险

金融科技公司持股的民营银行在客户来源、技术成熟度、风险管控能力等方面具有天然的优势，在帮助民营银行引流获客的同时，其信贷决策模型和风险管理模型也相对成熟。因此，依托金融科技公司股东发展的互联网银行，被认为是业务模式创新和风险控制的先行者。

通过统计分析，我国民营银行平均不良贷款率显著低于银行业平均水平，但金融科技公司持股的民营银行不良贷款率均值并没有显著低于非金融科技公司持股的民营银行。2020年受新冠肺炎疫情的冲击，17家民营银行不良贷款率出现了较大上涨，首次上升到1%以上，但与我国银行业平均不良贷款率相比仍然处于较低水平（见图6-2）。进一步分析，金融科技公司持股的民营银行近三年不良贷款率均高于非金融科技公司持股的民营银行。可能的原因是：受到依附性预算约束的影响，非金融科技公司持股的民营银行更注重对风险的把控，对贷款客户进行人力筛选，将不良贷款率维持在较低水平。

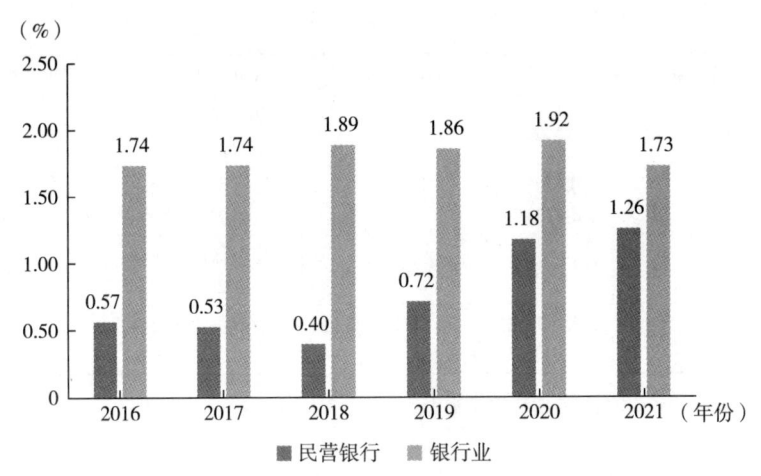

图 6-2　2016—2021 年民营银行和中国银行业不良贷款率对比

资料来源：民营银行历年年度报告及中国银行保险监管管理委员会官网。

　　隐性不良贷款是商业银行普遍存在的隐性金融风险。基于风险管理实践，商业银行不良贷款率并不是越低越好，且不良贷款率低并不意味着信用风险低。目前，民营银行的不良贷款率处于较低水平，有的民营银行的不良贷款率甚至为零，主要有两个方面的原因：一是对贷款客户的严格把控，正常业务开展受到较大影响；二是财务上采取控制不良贷款率的方法，延缓或推迟了不良贷款率的暴露。

　　以北京中关村银行为例①，该银行以科技创新引领金融创新，以服务科创企业为特色。北京中关村银行作为投贷联动试点银行，对科创企业盈利指标没有硬性要求，但需要企业给予一定金额的认股权，来弥补可能存在的风险。根据调研，北京中关村银行 2019 年和 2020 年科技型企业贷款余额分别为 8.87 亿元和 42.20 亿元，不良贷款率全部为零。根据各年度财务报告，北京中关村银行 2017 年、2018 年和 2019 年不良贷款率均为零，2020 年为 0.89%，2021 年为 0.83%。整体来看，北京中关村银行等民营银行对不良贷款率的严格把控，存在以下几个方面的问题：

---

　　① 主要通过对北京中关村银行的内部调研走访及北京中关村银行公开的年度报告进行分析。虽然北京中关村银行的股东中有一些金融科技公司，但是分散的股权结构使得其经营模式和业务开展更加偏向区域性银行，对各类技术的利用程度不高。

一是贷款规模增长缓慢，难以满足科技型企业和个人的融资需求。根据贷款定价原则，贷款利率已经考虑了个别企业逾期的概率。将不良贷款率维持在零的水平，必然会导致民营银行发放的贷款总量较少且增长较慢。

二是不良贷款率内部操作空间较大，其实质是信用风险的延缓和积压。商业银行可以通过贷款核销、展期或续贷、转让不良资产等方式降低不良贷款率。尤其是在新冠肺炎疫情冲击下，民营银行可以通过发放等值或超额贷款来偿还到期贷款，或采取无还本续贷方式减轻企业的还款压力。这种方式对缓解疫情防控期间小微企业的还款压力发挥了重要的作用，但也积累了大量的信用风险。

三是信用风险转化为其他风险。北京中关村银行开展的投贷联动业务，一般会积累大量的可供出售金融资产，其来源是科技型企业授予商业银行的认股权，本质是民营银行的贷款拨备，将信用风险转化为市场风险和投资风险等。

四是民营银行对不良贷款率的严格把控，更多依靠人工审核，需要投入大量人力。目前的数字化信贷模型或大数据模型，均存在一定的误差和容错率。金融科技公司持股的民营银行不良贷款率普遍在1%左右，与其他类型的商业银行基本持平（见表6-12）。通过调研，北京中关村银行虽然有金融科技股东，且服务科技型企业，但是业务开展主要依靠人工审核，对项目的审核标准较严格，从而对人力投入提出了较高的要求。

表6-12　金融科技公司持股的民营银行2018—2021年不良贷款率

单位：%

民营银行	2018年	2019年	2020年	2021年	平均值
深圳前海微众银行	0.50	1.24	1.20	1.20	1.04
浙江网商银行	1.30	1.30	1.52	1.53	1.41
天津金城银行	0.58	1.12	1.98	1.37[①]	1.26

① 由于天津金城银行2021年年度报告中未公布不良贷款率数据，表中为2021年9月末不良贷款率。

续表

民营银行	2018 年	2019 年	2020 年	2021 年	平均值
四川新网银行	0.39	0.60	1.19	1.20	0.85
吉林亿联银行	0.003	1.21	1.67	1.75	1.16
江苏苏宁银行	0.00	0.88	0.94	1.01	0.71

资料来源：各家民营银行公布的年度报告。

五是"零不良贷款率"模式的不可持续性。对信贷资产风险的零把控，抑制了民营银行资产规模和盈利规模的增长，且不符合民营银行股东的长期利益。因此，这种经营模式一般只出现在民营银行成立初期。

四、金融科技公司股权变动与经营状况对民营银行的影响

民营银行股东结构具有"数量少、持股集中、变动频繁"的特点，股权变动与股东经营会对民营银行的生产经营及社会声誉产生较大的影响。目前，民营企业股东被动拍卖或者主动转让股份的情况不断出现。截至2021年底，我国19家民营银行共发生了7起股权变动事件（见表6-13）。司法拍卖主要是由于民营银行的小股东企业将其所持有的银行股权质押进行融资，一旦自身生产经营出现问题而无法正常偿还其他债权人，银行股权会被进行市场化拍卖。由于股权质押的总体规模较小，一般不会对民营银行的股权结构、公司治理、风险控制等带来重大不利影响，但会对民营银行的声誉产生负面影响。

表6-13 民营银行股权质押与拍卖

民营银行	转让时间	事由	股份（%）	股东情况	每股价格（元）
四川新网银行	2021 年 5 月	司法拍卖	6.000	并列五股东	2.02
上海华瑞银行	2021 年 4 月	主动转让	10.100	二股东	—
无锡锡商银行	2020 年 10 月	司法拍卖	18.500	二股东	1.00
天津金城银行	2020 年 8 月	主动转让	30.000	大股东（转让后）	1.42
江苏苏宁银行	2020 年 4 月	司法拍卖	2.240	并列四股东	1.07

续表

民营银行	转让时间	事由	股份（%）	股东情况	每股价格（元）
深圳前海微众银行	2018年12月	司法拍卖（暂缓）	2.875	—	35.00
天津金城银行	2018年7月	司法拍卖	0.500	—	0.82

资料来源：笔者根据民营银行公开资料整理。

股东主动转让股权主要有两个方面的原因：一是受到经济下行、监管趋严等因素的影响，民营银行成立之后经营不善、业绩表现欠佳，资本的逐利性使民营企业主动退出银行业，如上海华瑞银行；二是实力雄厚的互联网企业为了获得银行牌照，以较高的价格收购中小股东的股份，从而获得控股权，如天津金城银行。

目前，我国19家民营银行中股权变动最大的是天津金城银行。2020年，奇富科技主要关联方三六零安全科技股份有限公司收购天津金城银行股份，成为第一大股东，导致天津金城银行经营模式、高级管理人员和普通员工发生了剧烈的变动。2021年具有金融科技公司工作经验的温树海担任天津金城银行行长，高级管理层及员工整体上也更加偏向金融科技人员。

天津金城银行贷款业务的开展，主要依赖与其他商业银行、金融科技公司开展的信贷合作业务，自建平台处于起步阶段。2020年后，天津金城银行与金融科技公司股东开展了丰富的技术与业务合作。上海淇毓信息科技有限公司是三六零安全科技股份有限公司的金融科技板块，与天津金城银行开展互联网贷款业务合作和互联网贷款业务系统建设项目。天津金城银行借助股东的数据与技术优势，在依托外部互联网平台开展信贷业务的同时，也在积极打造自有的系统（见表6-14）。

表6-14 天津金城银行主要互联网贷款业务

时间	方式	产品名称	业务规模
2016年	与深圳前海微众银行合作	微粒贷	贷款余额3.95亿元，累计放款9.9亿元

续表

时间	方式	产品名称	业务规模
2017 年	自建平台	政采贷	发放贷款 0.2159 亿元
2018 年	互联网金融和零售业务调整和组织合并		
2019 年	与中国人民财产保险股份有限公司合作	无	贷款余额 7.9 亿元，累计放款 20.15 亿元
	网商银行	金网贷	贷款余额 4.7 亿元，累计放款 10.6 亿元
	与 16 家互联网渠道合作	金惠存	存款余额 88 亿元
2020 年	网商银行	金网贷	全年累计发放贷款 35.99 亿元
	自建平台	金奇贷	全年累计发放贷款 7.11 亿元
2021 年	开拓自有渠道	金城小微金融 App	专注于小微企业的金融服务

资料来源：历年天津金城银行年度报告。

第四节　本章小结

本章综合使用实证检验和案例分析方法，对商业银行和金融科技公司股东协同创新模式进行了深入研究。研究发现，金融科技公司股东主要通过影响具有金融科技公司工作经验的高管比例，进而影响商业银行技术创新。因此，仅从技术创新预算软约束来看，提高管理层中金融科技工作经验人员比重，是更有效的手段。基于案例分析，金融科技公司股东帮助民营银行较早地确定了"互联网银行"的发展定位，有利于民营银行数字化建设；但是民营银行过度依赖股东技术和渠道，忽略了内部技术创新投入和自营渠道建设，导致金融科技公司股东对商业银行技术创新的影响不显著。

从其他影响渠道来看，金融科技公司股东显著影响商业银行信贷业务规模和盈利能力。尤其是当金融科技公司处于控股地位时，对商业银行研发投入具有推进作用，且有利于商业银行盈利能力的提高；当金融科技公司处于参股的小股东地位时，则不利于商业银行技术创新支出，且显著提高了商业银行信用风险。基于案例分析，由于民营资本依附性预算软约束程度最低，民营银行严格把控信用风险和盈利能力，不良贷款率长期处于较低水平。

综合来看，金融科技公司股东对商业银行具有"利益协同"效应和"隧道"效应两种影响，从而导致对商业银行技术创新的综合影响不显著，无法达到硬化技术创新预算约束的作用。但从商业银行发展角度来看，金融科技公司股东给商业银行带来一定的正面收益，如以较低的成本建立技术合作、享受一定的价格优惠、业务与渠道合作等，尤其是处于控股地位的金融科技公司股东对商业银行开展业务和提高盈利能力都产生了积极影响。未来，商业银行技术创新的重点，应从盲目引入金融科技公司股东，转为重视金融科技人才培养，从而提高金融科技人才占比。

第七章　商业银行与银行系金融科技公司协同创新模式研究

银行系金融科技公司是商业银行硬化技术创新预算约束、创新研发组织形式的重要措施。研究发现：银行系金融科技公司显著硬化了商业银行技术创新预算约束，进而推动了商业银行经营效率提升，具有显著的单方向影响；结合决策阶段回归模型，商业银行经营效率与银行系金融科技公司之间具有较明显的双向因果关系；银行系金融科技公司对商业银行净利润和信用风险还未产生显著影响。基于调研，各家银行系金融科技公司在战略定位、组建模式、科研实力、人员配备等方面存在显著的差异。整体来看，银行系金融科技公司基本构建了商业银行与技术研发部门的硬预算约束机制，但需要培养长期可持续发展能力。

第一节　理论分析与研究假设

为了应对需求端数字化需求增加、供给端跨界竞争压力加大、互联网合作平台整治等一系列变革，我国商业银行积极推进研发组织创新，纷纷设立金融科技公司，促进新技术与新金融的深度融合。2020年，廊坊银行注册成立廊坊易达科技公司，标志着中小银行开始探索内部协同创新实践。银行系金融科技公司除了服务银行内部的研发创新与数字化转型之外，还承担了基础技术研发、同业技术与服务输出、外界机构合作与服务等职能。尽管各家银行系金融科技公司开展的具体业务不同，但在短期内都将"利用技术手段帮助商业银行提质增效"作为工作的重点。

商业银行与银行系金融科技公司协同创新,涉及母子公司、子公司之间的制度安排与风险管理,是公司治理领域的重要问题。目前关于多元化经营对公司经营绩效的影响存在完全相反的观点。例如,Rumelt(1982)认为,企业通过具有关联性的业务多元化经营,能够获得更好的业绩;Jones 和 Hill(1988)认为,企业多元化经营存在一个最优水平。围绕商业银行母子公司关系,刘孟飞等(2012)认为,银行多元化经营能够降低风险,但对绩效的影响并不显著;魏成龙和刘建莉(2007)认为,商业银行多元化经营难以起到分散风险、提高经营绩效的作用。因此,基于多元化经营理论,商业银行开展技术业务对整体经营绩效的影响还未得到一致性结论。

从商业银行角度来看,银行系金融科技公司是硬化商业银行内部研发嵌入性预算约束的主要措施。通过变革商业银行研发组织和管理模式,银行系金融科技公司对研发项目具有较强的决策权和事后止损机制,并通过参与市场化竞争,利用大量"生死"机制提高技术创新效率,进而影响商业银行的产出。现阶段,大部分银行系金融科技公司的主要任务是助力商业银行数字化转型。因此,技术创新是现阶段银行系金融科技公司影响商业银行经营绩效和风险承担的主要渠道。

银行系金融科技公司独立经营、自负盈亏,需要商业银行持续投入资金,并在其处于亏损状态时获得商业银行的救助,从而面临"利润"预算软约束问题。长期来看,银行系金融科技公司通过不断赋能其他经济组织,开拓业务范围、扩大服务对象,实现自身的持续经营,并为商业银行创造新的盈利来源。从可持续发展角度看,需要特别关注银行系金融科技公司的自主创新和盈利问题。基于此,本章主要提出以下三个研究假设:

H1:银行系金融科技公司对商业银行提高经营绩效、降低风险承担水平具有促进作用;

H2:现阶段,银行系金融科技公司通过提高商业银行技术创新效率,尤其是强化研发项目事后筛选机制,进而对商业银行经营绩效和风险承担产生影响；

H3：银行系金融科技公司自身面临持续经营问题，盈利能力较弱，导致非技术创新的预算软约束问题。

为了解决商业银行成立金融科技公司的内生性问题，本章的安排如下：第一节为理论分析与研究假设；第二节分析银行系金融科技公司对商业银行绩效和风险的影响；第三节分析银行系金融科技公司对商业银行绩效与风险的影响机制；第四节为案例分析：银行系金融科技公司运营实践；第五节为本章总结。

第二节 银行系金融科技公司对商业银行绩效和风险的影响

为了解决实证研究过程中可能存在的样本自选择、双向因果关系等问题，本节从多个角度，综合使用基础回归模型、PSM-DID 模型、Heckman 两阶段模型等方法，分析成立银行系金融科技公司对商业银行经营绩效与风险承担的影响。研究发现：银行系金融科技公司的成立显著提高了商业银行投入产出效率，对信用风险和净利润的影响还不显著。且在不考虑商业银行自选择偏差的情况下，将低估银行系金融科技公司对银行经营效率的促进作用。

一、基础回归模型

银行系金融科技公司有助于商业银行通过变革组织形式，加强金融科技人才引进、提高研发项目事后筛选机制等，进而提高投入产出效率；此外，还可以通过技术输出提高商业银行在金融科技研发领域的战略地位。短期来看，内银行系金融科技公司对商业银行的影响主要体现在增加金融科技人才和提高研发效率；长期来看，银行系金融科技公司对商业银行的投入产出效率和经营业绩都将产生影响。构建银行系金融科技公司对商业银行影响的基础回归模型：

$$\ln Y_{it} = \alpha_0 + \alpha_1 T_{it} + \alpha_2 \ln Deposit_{i(t-1)} + \alpha_3 \ln Labour_{i(t-1)} + \alpha_4 \ln Fixed_{it} +$$
$$\alpha_5 \ln RD_{i(t-1)} + \theta Control_{it} + \varepsilon_{it} \tag{7-1}$$

其中，被解释变量 $\ln Y_{it}$ 代表商业银行投入产出效率、风险承担水平及净利润；T_{it} 代表第 i 家商业银行在第 t 期是否成立银行系金融科技公司，若未成立，取值为 0；若成立，则取值为 1。通过 T_{it} 的回归系数 α_1 的大小和显著性，初步判断银行系金融科技公司对商业银行的影响。

研究样本包括成立银行系金融科技公司满两年的 10 家商业银行及连续发布 2010—2020 年度报告的 44 家商业银行，构成了一个 54 家商业银行共 10 期的平衡面板数据①，即描述性统计结果（见表 7-1）。

表 7-1 变量描述性统计②

变量名称	Max	Min	AVERAGE	SD	N
TFP_{it}	4.31	0.03	1.06	0.33	540
NPL_{it}	11.20	0.01	1.37	0.87	540
$Profit_{it}$	8.06	-1.16	4.19	1.59	540
$Deposit_{i(t-1)}$	12.43	4.90	8.46	1.57	540
$Labour_{i(t-1)}$	13.14	6.71	9.17	1.57	540
$Fixed_{it}$	7.84	0.27	3.61	1.77	540
$RD_{i(t-1)}$	7.89	-3.98	3.35	1.97	540
$Asset_{it}$	12.72	5.42	8.84	1.56	540
ROA_{it}	2.33	-0.58	0.97	0.32	540
LEV_{it}	0.96	0.83	0.93	0.01	540

---

① 54 家银行包括兴业银行、平安银行、招商银行、光大银行、中国建设银行、民生银行、华夏银行、中国工商银行、北京银行、中国银行、中国农业银行、交通银行、中信银行、广发银行、浦发银行、浙商银行、渤海银行、天津银行、徽商银行、南京银行、宁波银行、上海银行、江苏银行、杭州银行、长沙银行、成都银行、贵阳银行、河北银行、浙江泰隆银行、西安银行、苏州银行、潍坊银行、东莞银行、广州银行、锦州银行、江西银行、厦门国际银行、昆仑银行、大连银行、青岛银行、汉口银行、晋商银行、浙江稠州银行、九江银行、广西北部湾银行、长安银行、唐山银行、常熟农村商业银行、重庆农村商业银行、上海农村商业银行、广州农村商业银行、天津农村商业银行、顺德农村商业银行、武汉农村商业银行。

② 除百分比变量外，其余变量均取对数，消除有可能存在的异方差等问题。

续表

变量名称	Max	Min	AVERAGE	SD	N
$Share_{it}$	99.16	13.73	44.99	22.15	540
GDP_{it}	9.60	2.30	6.85	1.77	540
CPI_{it}	5.55	1.44	2.51	1.11	540
$Interest_{it}$	7.00	3.29	4.82	0.94	540
$Money_{it}$	17.32	6.99	11.50	3.02	540

资料来源：笔者根据公开资料整理得到。

使用 Hausman 检验判断回归模型研究方法。通过检验，Prob.>chi2 较小，需要拒绝原假设，使用固定效应模型。此外，从应用角度来看，由于商业银行的样本数量有限且存在明显的异质性，更适合采用固定效应模型。

回归结果见表 7-2。其中，列（1）、列（3）和列（5）表示使用 GLS 随机效应模型的回归结果，列（2）、列（4）和列（6）表示使用双向固定效应模型的回归结果。整体来看，使用 GLS 随机效应模型和双向固定效应模型两种方法的回归结果差别不大。通过列（2）发现，银行系金融科技公司成立之后，TFP_{it} 显著提高了 0.145 个百分点，商业银行经营效率显著提高。NPL_{it} 和 $Profit_{it}$ 的系数均不显著，表明银行系金融科技公司的成立，对商业银行信用风险控制和盈利水平提高还未产生显著的影响。

表 7-2 基础模型回归结果

被解释变量 解释变量	TFP_{it}		NPL_{it}		$Profit_{it}$	
	(1)	(2)	(3)	(4)	(5)	(6)
T_{it}	0.189*** (3.24)	0.145** (2.49)	-0.135 (-0.90)	-0.108 (-0.68)	0.073 (1.05)	0.073 (0.98)
$Deposit_{i(t-1)}$	-0.048 (-0.63)	-0.110 (-1.28)	0.610*** (3.38)	0.927*** (3.94)	-0.178** (-2.21)	-0.321*** (-2.91)

续表

被解释变量 解释变量	TFP_{it} (1)	TFP_{it} (2)	NPL_{it} (3)	NPL_{it} (4)	$Profit_{it}$ (5)	$Profit_{it}$ (6)
$Labour_{i(t-1)}$	-0.009 (-0.20)	-0.201*** (-3.30)	-0.212* (-1.87)	-0.388** (-2.34)	0.137*** (2.68)	0.166** (2.14)
$Fixed_{it}$	-0.171*** (-5.19)	-0.221*** (-6.04)	0.162** (2.06)	0.154 (1.54)	-0.047 (-1.35)	-0.001 (-0.03)
$RD_{i(t-1)}$	-0.015 (-0.97)	-0.030* (-1.81)	0.023 (0.61)	0.028 (0.63)	-0.010 (-0.57)	-0.015 (-0.72)
$Asset_{it}$	0.256*** (3.26)	0.333*** (2.95)	-0.592*** (-3.34)	-1.054*** (-3.42)	1.087*** (14.09)	1.166*** (8.06)
ROA_{it}	0.149*** (3.10)	0.167*** (3.43)	-1.113*** (-9.01)	-1.017*** (3.40)	1.184*** (20.69)	1.163*** (18.66)
LEV_{it}	-6.347*** (-5.31)	-6.771*** (-5.36)	-8.057*** (-2.66)	-4.892 (-1.42)	0.007 (0.00)	0.317 (0.20)
$Share_{it}$	0.004*** (2.87)	0.008*** (4.71)	0.006** (2.25)	0.016*** (3.40)	-0.003** (-2.42)	-0.010*** (-4.63)
GDP_{it}	-0.020** (-2.47)	-0.041** (-2.34)	0.022 (1.03)	0.029 (0.60)	0.02** (2.05)	0.027 (1.23)
CPI_{it}	0.025* (1.94)	0.046 (1.00)	-0.062* (-1.87)	0.084 (0.67)	0.016 (1.04)	-0.075 (-1.28)
$Interest_{it}$	0.0195 (1.49)	0.048 (0.53)	-0.089** (-2.59)	-0.348 (-1.41)	-0.013 (-0.79)	-0.028 (-0.25)
$Money_{it}$	0.005 (0.89)	-0.018 (-0.96)	-0.028* (-1.82)	-0.100** (-2.00)	-0.018** (-2.58)	0.015 (0.64)
个体固定效应	N	Y	N	Y	N	Y
时间固定效应	N	Y	N	Y	N	Y
_cons	5.460*** (5.14)	7.680*** (6.16)	11.747*** (4.38)	12.823*** (3.77)	-5.907*** (-4.79)	-5.778*** (-3.62)
R^2	0.2467	0.2919	0.3986	0.4252	0.9590	0.9444
样本量	540	540	540	540	540	540

资料来源：笔者通过 Stata 软件计算得到。

二、稳健性检验（一）：PSM-DID 模型

基础回归模型能够验证银行系金融科技公司成立后商业银行产出与风险的变化，但无法证明这一变化是由银行系金融科技公司成立带来的。为了解决这一问题，本章使用双重差分法（Difference-In-Differences，DID）进行稳健性检验。由于商业银行成立银行系金融科技公司可能具有的内生性问题，将其作为一个准自然实验并不合适①，但是双重差分法能够反映银行系金融科技公司成立后的综合影响，即实验组银行和对照组银行的差异及银行系金融科技公司成立前后商业银行的差异，故本节使用该方法进行稳健性检验。

1. 基于 PSM 的研究样本选择

为了解决商业银行成立银行系金融科技公司的内生性问题，参考 Rosenbaum 和 Donald（1983）提出的倾向评分匹配法（Propensity Score Matching，PSM），从资本充足率、贷款拨备率、资产负债率、不良贷款率、存贷比、贷款规模和资本收益率等可观测变量进行匹配，为每一家成立金融科技公司的商业银行挑选可供比较的银行。

将 10 家成立金融科技公司满两年的商业银行作为"实验组"，37 家资产规模较大，还未成立银行系金融科技公司的商业银行作为"对照组"。基于贷款拨备率、资产负债率、资本充足率和存贷比 4 个可观测变量进行"1∶1 最近邻"匹配。由于商业银行成立银行系金融科技公司发生在不同时期，对于多期面板数据，可以采用代表期匹配、混合匹配、逐期匹配等方法。但由于混合匹配法可能存在自匹配等问题，本节主要使用代表期匹

---

① 双重差分法常用来研究外部政策冲击的影响，将政策冲击下市场经济主体的反映与对策作为一个准自然实验。2015 年，中国人民银行等十部委联合印发《关于促进互联网金融健康发展的指导意见》，开始加强对互联网金融的监管；2016 年 4 月，《关于支持银行业金融机构加大创新力度开展科创企业投贷联动试点的指导意见》出台，正式允许商业银行成立子公司从事科技创新创业股权投资。在互联网平台整治与股权投资政策等冲击下，商业银行决定是否成立银行系金融科技公司。由于这种分析思路存在一定的内生性，因此，双重差分法只是作为基础回归模型的稳健性检验。

配和逐期匹配两种方法。

首先，使用代表期匹配法进行匹配。参考何靖（2016）关于延付高管薪酬政策的研究，将2014年作为可观测变量的数值进行观察，假设2014年实验组和对照组成立金融科技公司的概率相同。平衡性检验结果见表7-3。通过筛选，确定了10个实验组银行和10个对照组银行。从实验组和对照组各项指标的均值来看，只有贷款拨备率标准偏差减少幅度超过20%，存贷比标准偏差减小幅度较小，资产负债率和资本充足率标准偏差出现一定程度的上升。根据Rosenbaum和Rubin（1983）对于20%匹配效果的要求，代表期匹配法无法满足要求。

表7-3 代表期匹配法平衡性检验结果

变量名称		均值		标准偏差（%）	标准偏差减少幅度（%）	t统计量
		实验组	对照组			
贷款拨备率（%）	匹配前	2.34	2.78	2.13	—	0.53
	匹配后	2.34	2.61	0.76	−64.32	0.38
资产负债率（%）	匹配前	93.45	93.28	1.44	—	0.72
	匹配后	93.45	93.58	1.74	20.83	0.86
资本充足率（%）	匹配前	12.44	12.29	1.76	—	0.79
	匹配后	12.44	12.01	2.24	27.27	0.64
存贷比（%）	匹配前	54.77	48.06	0.10	—	0.71
	匹配后	54.77	48.46	0.09	−10.00	0.10

资料来源：笔者通过Stata软件计算得到。

其次，借鉴Bludel等（2000）的研究，使用逐期匹配法将实验组银行分别在2015—2020年进行匹配，在同期的对照组个体中寻找最合适的匹配，各年的匹配样本情况见表7-4。与代表期匹配法相比，采用逐期匹配方法4个指标标准整体偏差均减少，且贷款拨备率和资产负债率标准偏差的减少幅度超过20%。此外，t统计量均不显著，表明实验组和对照组不存在显著的差异。

表 7-4 逐期匹配法平衡性检验结果

变量名称		均值		标准偏差（%）	标准偏差减少幅度（%）	t 统计量
		实验组	对照组			
贷款拨备率（%）	匹配前	2.34	2.78	2.13	—	0.53
	匹配后	2.34	2.25	0.76	−64.32	0.34
资产负债率（%）	匹配前	93.45	93.28	1.44	—	0.72
	匹配后	93.45	92.85	0.01	−99.31	0.21
资本充足率（%）	匹配前	12.44	12.29	1.76	—	0.79
	匹配后	12.44	12.88	1.60	−9.09	0.57
存贷比（%）	匹配前	54.77	48.06	0.10	—	0.71
	匹配后	54.77	58.27	0.08	−20.00	0.18

资料来源：笔者通过 Stata 软件计算得到。

因此，在不考虑资产规模的情况下，逐期匹配法平衡性检验结果较好，故本部分主要采取逐期匹配法的结果进行分析。各变量的具体信息见表 7-5。

表 7-5 变量描述性统计[1]

变量名称	Max	Min	AVERAGE	SD	N
TFP_{it}	4.31	0.43	1.10	0.30	200
NPL_{it}	2.53	0.19	1.25	0.42	200
$Profit_{it}$	8.06	1.83	5.11	1.69	200
$Deposit_{it}$	12.34	5.77	9.32	1.80	200
$Labour_{it}$	13.05	7.20	10.13	1.74	200
$Fixed_{it}$	7.84	0.92	4.65	1.89	200
RD_{it}	7.61	−0.42	4.32	2.13	200
$Asset_{it}$	12.72	6.14	9.71	1.75	200
ROA_{it}	1.83	0.40	1.04	0.28	200

[1] 除百分比变量之外，其余变量均取对数，消除有可能存在的异方差等问题。

续表

变量名称	Max	Min	AVERAGE	SD	N
LEV_{it}	0.96	0.83	0.93	0.01	200
$Share_{it}$	99.16	20.25	52.71	24.55	200
GDP_{it}	9.60	2.30	6.85	1.77	200
CPI_{it}	5.55	1.44	2.51	1.11	200
$Interest_{it}$	7.00	3.29	4.82	0.94	200
$Money_{it}$	17.32	6.99	11.50	3.02	200

资料来源：笔者根据公开资料整理所得。

2. 双重差分法模型构建

本部分构造以下模型，检验银行系金融科技公司成立对商业银行经营绩效和风险承担的综合影响：

$$Y_{it}=\alpha_0+\alpha_1 treated_i+\alpha_2 t_i+\alpha_3 t_i treated_i+\alpha_4 X_{it}+\varepsilon_{it} \tag{7-2}$$

其中，$treated_i$代表个体虚拟变量，若第 i 家商业银行成立金融科技公司，即为实验组银行，则为 1；若未成立金融科技公司，即为对照组银行，则为 0。由于不同银行成立银行系金融科技公司的时间不同，按照实施的时间，设置时间虚拟变量 t_i，若在成立银行系金融科技公司之前，t_i 为 0；若在成立银行系金融科技公司之后，t_i 为 1。此外，构建交互项 $t_i treated_i$，用来检验成立银行系金融科技公司的实际效果，其系数 α_3 是重点观察和分析的对象。

由于商业银行成立银行系金融科技公司并不在同一个时间点上，是一个多期面板数据，因此分别设置时间虚拟变量、个体虚拟变量和交叉变量存在一定的共线性问题。本章参考 Beck 和 Levine（2010）的做法，利用双向固定效应模型，解决不同商业银行的差异性及随时间变化的差异，具体见模型（7-3）：

$$Y_{it}=\alpha_0+\alpha_1 t_i treated_i+u_i+\tau_t+\delta X_{it}+\varepsilon_{it} \tag{7-3}$$

考虑商业银行生产函数，加入个体虚拟变量和时间虚拟变量交叉项，得到最终的回归模型为：

$$\ln Y_{it} = \alpha_0 + \alpha_1 t_i treated_i + \alpha_2 \ln Deposit_{it} + \alpha_3 \ln Labour_{it} + \alpha_4 \ln Fixed_{it} + \alpha_5 \ln RD_{it} +$$
$$u_i + \tau_t + \delta X_{it} + \varepsilon_{it} \tag{7-4}$$

此外，借鉴丁宁等（2020）、何靖（2016）等构建的动态边际效应模型，检验银行系金融科技公司成立对商业银行的长期和动态影响。在模型（7-4）的基础上，基于银行系金融科技公司成立的时间，设置2016—2020年的时间虚拟变量 $t2016 \sim t2020$，检验银行系金融科技公司成立对商业银行经营绩效和风险承担的长期边际影响，建立的随机效应模型和固定效应模型分别为：

$$\ln Y_{it} = \alpha_0 + \alpha_1 treated_i + \alpha_2 t2016_i + \alpha_3 t2017_i + \alpha_4 t2018_i + \alpha_5 t2019_i + \alpha_6 t2020_i +$$
$$\alpha_7 t2016_i treated_i + \alpha_8 t2017_i treated_i + \alpha_9 t2018_i treated_i +$$
$$\alpha_{10} t2019_i treated_i + \alpha_{11} t2020_i treated_i + \beta X_{it} + \varepsilon_{it} \tag{7-5}$$

$$\ln Y_{it} = \alpha_0 + \alpha_1 t2016_i treated_i + \alpha_2 t2017_i treated_i + \alpha_3 t2018_i treated_i +$$
$$\alpha_4 t2019_i treated_i + \alpha_5 t2020_i treated_i + u_i + \tau_t + \delta X_{it} + \varepsilon_{it} \tag{7-6}$$

3. 平行趋势假设检验

平行趋势假设意味着实验组银行和对照组银行在没有受到冲击的时候，面临相同的环境，会做出相同的选择。本部分参照Beck等（2010）的方法，采用事件研究法（Event Study）进行平行趋势假设检验。建立回归模型：

$$\ln Y_{it} = \alpha_1 + \sum_{j=-M}^{N} \delta_j Reform_{i(t-j)} + \alpha_2 \ln Deposit_{it} + \alpha_3 \ln Labour_{it} + \alpha_4 \ln Fixed_{it} +$$
$$\alpha_5 \ln RD_{it} + u_i + \tau_t + \beta X_{it} + \varepsilon_{it} \tag{7-7}$$

其中，$\ln Y_{it}$ 代表被解释变量为商业银行投入产出效率、风险承担以及净利润；$Reform_{i(t-j)}$ 为第 i 家商业银行在第 $t-j$ 期是否设立了银行系金融科技公司，若设立则取值为1，否则为0。M 和 N 分别代表银行系金融科技公司设立前和设立后的期数，若设立当期，$j=0$；若成立前一期，$j=-1$；若成立后一期，$j=1$，以此类推。通过衡量银行系金融科技公司成立前的效果，即从 δ_{-M} 到 δ_{-2} 系数显著为0，证明银行系金融科技公司成立之前实验组银行和控制组银行不存在显著差别。以2015年作为基准期，分别定义 T_{-1}、T_{-2}、T_{-3}、T_{-4} 及 T_1、T_2、T_3、T_4 和 T_5，对模型（7-4）进行回归，并使用 Stata 软件绘制了平行趋势检验直观图，见图 7-1。

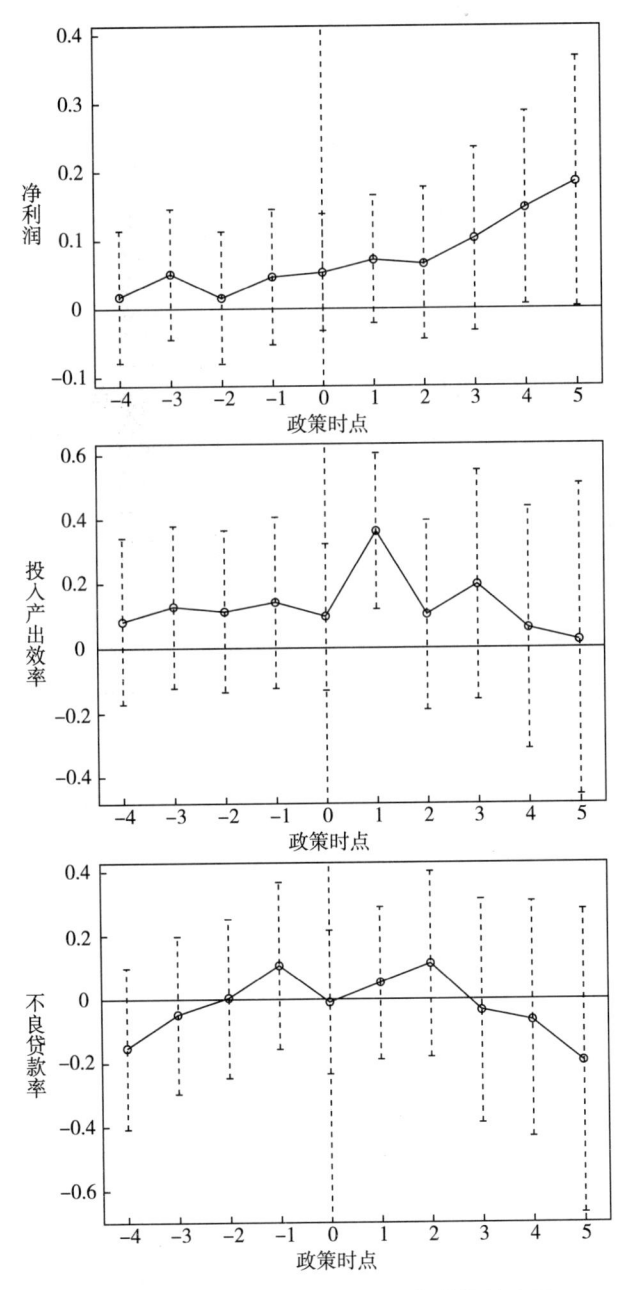

图 7-1 实验组和对照组银行平行趋势检验图

资料来源：笔者使用 Stata 作图得到。

由图 7-1 可知：被解释变量分别是 TFP_{it}、NPL_{it} 和 $Profit_{it}$ 时，T_{-1}、T_{-2}、T_{-3} 和 T_{-4} 的系数均不显著，表明银行系金融科技公司成立之前，实验组银行和对照组银行的投入产出效率、不良贷款率和净利润保持了相同的趋势，满足平行趋势假设检验。银行系金融科技公司设立后，商业银行投入产出效率出现了显著的变化，净利润在成立第四期和第五期后显著增加，不良贷款率未出现显著的变化，后续将进一步验证。

4. 回归结果分析

基于实验组和对照组数据，银行系金融科技公司成立对商业银行影响的回归结果见表 7-6。其中，列（1）、列（3）和列（5）表示考虑个体虚拟变量及个体和时间虚拟变量交叉项的回归结果，时间虚拟变量因为共线性被省略；列（2）、列（4）和列（6）表示考虑双向固定效应的回归结果。从回归结果来看，列（1）和列（2）中 $t_i treated_i$ 的系数均显著为正，表明银行系金融科技公司的成立显著提高了商业银行的投入产出效率。列（2）表明成立银行系金融科技公司之后，商业银行投入产出效率显著提高了 0.130 个百分点。银行系金融科技公司的成立，对商业银行不良贷款率和净利润的影响不显著。这一回归结果与本章第二节基础回归模型结论一致。

表 7-6 PSM-DID 模型回归结果

解释变量 \ 被解释变量	TFP_{it} (1)	TFP_{it} (2)	NPL_{it} (3)	NPL_{it} (4)	$Profit_{it}$ (5)	$Profit_{it}$ (6)
$treated_i$	−0.068 (−0.71)		−0.116 (−1.22)		0.010 (0.21)	
$t_i treated_i$	0.152** (2.14)	0.130* (1.64)	0.031 (0.41)	0.049 (0.63)	0.009 (0.29)	0.042 (1.40)
$Deposit_{it}$	−0.087 (−0.74)	0.052 (0.23)	−0.128 (−1.06)	0.136 (0.63)	0.037 (0.67)	0.142* (1.72)
$Labour_{it}$	0.247*** (2.69)	0.151 (0.91)	0.117 (1.24)	0.077 (0.48)	0.034 (0.80)	0.076 (1.23)

续表

解释变量 \ 被解释变量	TFP_{it} (1)	TFP_{it} (2)	NPL_{it} (3)	NPL_{it} (4)	$Profit_{it}$ (5)	$Profit_{it}$ (6)
$Fixed_{it}$	-0.217*** (-3.91)	-0.178*** (-1.95)	-0.017 (-0.30)	0.125 (1.41)	0.015 (0.59)	0.022 (0.65)
RD_{it}	-0.017 (-0.72)	-0.005 (-0.14)	-0.001 (-0.02)	0.022 (0.67)	-0.007 (-0.63)	0.011 (0.90)
$Asset_{it}$	0.256*** (3.26)	-0.355 (-1.12)	0.133 (1.42)	-0.282 (-0.91)	0.881*** (19.37)	0.688*** (5.84)
ROA_{it}	0.135 (1.44)	0.170 (1.35)	-0.362*** (-3.41)	-0.259** (-2.11)	0.670*** (15.37)	0.552*** (11.78)
LEV_{it}	-3.961* (-1.95)	-3.008 (-1.12)	-4.455** (-2.07)	-3.566 (-1.36)	-1.932** (-2.19)	-2.103** (-2.10)
$Share_{it}$	0.001 (0.30)	0.007 (1.37)	-0.001 (-0.46)	-0.003 (-0.66)	-0.000 (-0.03)	-0.005** (-2.60)
GDP_{it}	-0.037** (-2.43)	-0.061* (-1.81)	0.024 (1.49)	0.015 (0.46)	0.020*** (3.04)	0.021* (1.72)
CPI_{it}	0.027 (1.16)	0.015 (0.17)	-0.047* (-1.87)	-0.040 (-0.48)	-0.010 (-1.02)	-0.027 (-0.84)
$Interest_{it}$	0.006 (0.26)	-0.078 (-0.44)	-0.116*** (-4.74)	-0.069 (-0.40)	0.000 (0.02)	-0.007 (-0.11)
$Money_{it}$	-0.007 (-0.68)	-0.029 (-0.85)	-0.044*** (-4.00)	-0.048 (-1.41)	0.002 (0.55)	0.011 (0.83)
个体固定效应	N	Y	N	Y	N	Y
时间固定效应	N	Y	N	Y	N	Y
_cons	2.997 (1.63)	6.732** (2.34)	5.684*** (2.95)	5.906** (2.11)	-3.219*** (-3.97)	-2.336** (-2.18)
R^2	0.5509	0.2588	0.5996	0.6792	0.9943	0.9856
样本量	200	200	200	200	200	200

资料来源：笔者通过 Stata 软件计算得到。

5. 动态边际效应模型分析

银行系金融科技公司对商业银行的运营产生实质性影响，往往需要一定的时间。模型（7-5）和模型（7-6）的回归结果见表7-7。其中，列（1）、列（3）和列（5）表示考虑个体虚拟变量及个体和时间虚拟变量交叉项的回归结果，列（2）、列（4）和列（6）表示考虑双向固定效应的回归结果。

表7-7 银行系金融科技公司对商业银行的动态边际影响

变量	TFP_{it}		NPL_{it}		$Profit_{it}$	
	（1）	（2）	（3）	（4）	（5）	（6）
$treated_i$		-0.078 (-0.72)		-0.106 (-0.99)		0.001 (0.03)
$t2016_i treated_i$	0.070 (0.35)	0.024 (0.13)	0.197 (0.99)	0.396** (2.00)	-0.008 (-0.11)	-0.026 (-0.34)
$t2017_i treated_i$	0.079 (0.51)	0.084 (0.62)	0.185 (1.24)	0.140 (0.96)	0.010 (0.17)	-0.008 (-0.14)
$t2018_i treated_i$	0.103 (0.67)	0.102 (0.74)	0.035 (0.24)	0.051 (0.35)	0.038 (0.66)	0.008 (0.14)
$t2019_i treated_i$	0.064 (0.49)	0.895 (0.82)	0.005 (0.04)	-0.034 (-0.29)	0.060 (1.23)	0.014 (0.30)
$t2020_i treated_i$	0.262** (2.02)	0.337*** (2.86)	-0.04 (-0.32)	-0.094 (-0.75)	0.065 (1.34)	0.041 (0.83)
个体固定效应	N	Y	N	Y	N	Y
时间固定效应	N	Y	N	Y	N	Y
控制变量	Y	Y	Y	Y	Y	Y
R^2	0.2670	0.5448	0.6835	0.6167	0.9851	0.9941
样本量	200	200	200	200	200	200

资料来源：笔者通过Stata软件计算得到。

根据回归结果可知，表7-7中列（2）、列（4）和列（6）中的$treated_i$的系数均不显著，说明实验组银行和对照组银行在投入产出效率、贷款规模与盈利水平等方面并不存在显著的差异。若被解释变量为投入产出效率，两种情形下$t2020_i treated_i$的系数均显著为正，而其他交叉项均不显著，表明银行系金融科技公司在 2020 年对实验组银行投入产出效率起到了明显的促进作用。可能的原因在于：2015 年最早成立的两家银行系金融科技公司，经过约四年的协同与整合，直到 2020 年显著提高了商业银行的经营效率，也为之后成立的银行系金融科技公司提供了经验和教训，整体缩短了生效时间。被解释变量为不良贷款率和净利润，列（3）、列（4）、列（5）和列（6）中各个交叉项的系数均不显著，说明银行系金融科技公司的成立，对实验组银行信用风险控制和盈利能力提高还未产生显著的影响。

三、稳健性检验（二）：Heckman 两阶段模型

1. 模型构建

第五章第四节证实了经营效率较高的商业银行更倾向于成立银行系金融科技公司，即解释变量可能存在一定的自选择偏差。为了进一步解决商业银行成立金融科技公司的自选择问题，本部分主要参考 Heckman（1979）、李小荣和刘行（2012）等使用的两阶段回归模型，建立了以下 Heckman 两阶段模型：

第一阶段：商业银行内部特征与排除性约束条件对是否成立银行系金融科技公司的影响，即样本选择方程为：

$$Pr(T_{it}=1)=\alpha_0+\alpha_1\ln Deposit_{i(t-1)}+\alpha_2\ln Labour_{i(t-1)}+\alpha_3\ln Fixed_{i(t-1)}+\\ \alpha_4 RD_{i(t-1)}+\alpha_5 FT_{i(t-1)}+\beta Control_{i(t-1)}+\varepsilon_{it} \qquad (7-8)$$

在第一阶段中，商业银行对金融科技的重视程度 $FT_{i(t-1)}$ 既可以作为排除性约束条件，即工具变量；也可以直接作为解释变量。基于李小荣、刘行（2012）的研究，本书将商业银行在历年年度报告中提及金融科技的频率 $FT_{i(t-1)}$ 作为工具变量，该变量能够反映商业银行对金融科技的重视程度，从而影响了商业银行成立金融科技公司的决策；且经过检验，$FT_{i(t-1)}$ 对商业银行经营绩效和风险承担并未有显著影响。但是从实践意义来看，$FT_{i(t-1)}$ 并不是一个完美的工具变量，商业银行对金融科技的重视程度不只通过这一途径来影响银行绩效和风险。例如，李广子（2014）、

刘敏等（2016）并未设置排除性约束条件变量，只需保证第一阶段解释变量的数量多于第二阶段解释变量的数量，因此 $FT_{i(t-1)}$ 可以直接作为商业银行内部特征变量。两种思路不影响本部分的分析结果。

第二阶段：建立银行系金融科技公司虚拟变量与逆米尔斯比率 $\hat{\lambda}$[①] 对商业银行影响的回归模型，即处理效应方程为：

$$\ln Y_{it} = \alpha_0 + \alpha_1 T_{it} + \alpha_2 \ln Deposit_{it} + \alpha_3 \ln Labour_{it} + \alpha_4 \ln Fixed_{it} + \alpha_5 RD_{it} + \alpha_6 Control_{it} + \alpha_7 \hat{\lambda} + \varepsilon_{it} \qquad (7-9)$$

其中，$\hat{\lambda}$ 代表通过方程（7-8）计算的逆米尔斯比率，具体计算过程参见 Heckman（1979）。本部分主要通过观察 $\hat{\lambda}$ 回归系数的显著性，判断商业银行设立银行系金融科技公司是否存在自选择偏差问题。模型（7-9）中 $\hat{\lambda}$ 可能造成多重共线性问题，为此将通过 VIFs 值判断是否存在多重共线性问题。研究样本与基础回归模型一致。

2. 回归结果分析

虽然样本量不同，但第一阶段选择模型的回归结果与第五章第四节基本一致，故本部分只列出第二阶段影响模型的回归结果（见表7-8）。其中，列（1）为被解释变量为 TFP_{it} 的回归结果，列（2）为被解释变量为 NPL_{it} 的回归结果，列（3）为被解释变量为 $Profit_{it}$ 的回归结果。可以发现：列（1）、列（2）和列（3）均表明商业银行成立银行系金融科技公司存在显著的自选择偏差问题。列（1）中 T_{it} 的系数为0.184，在5%的置信度水平下显著，说明控制样本自选择偏差之后，银行系金融科技公司的成立依然显著提高了商业银行约投入产出效率；且 T_{it} 的系数高于基础回归模型中 T_{it} 的系数（0.145），说明在不考虑商业银行自选择偏差的情况下，将低估银行系金融科技公司对银行经营效率的影响。此外，通过多重共线性回归，T_{it} 和 $\hat{\lambda}$ 的 VIFs 值均小于10，表明不存在多重共线性问题。NPL_{it} 和 $Profit_{it}$ 的系数均不显著，说明考虑商业银行自选择偏差问题之后，银行系金融科技公司仍未对商业银行信用风险和净利润产生显著的影响。

---

① 逆米尔斯比率代表第一阶段回归方程中被遗漏的变量，用来矫正自选择问题。

表 7-8　Heckman 第二阶段模型回归结果

变量	(1)	(2)	(3)
T_{it}	0.184** (2.29)	-0.595 (-0.74)	0.068 (0.48)
$Deposit_{it}$	-0.143** (-2.41)	0.228* (1.87)	-0.033 (-0.53)
$Labour_{it}$	0.120*** (3.04)	0.072 (0.51)	0.095** (2.30)
$Fixed_{it}$	-0.082*** (-3.23)	0.156*** (3.21)	-0.081*** (-3.10)
RD_{it}	-0.011 (-0.79)	-0.029 (-0.96)	0.004 (0.27)
$Asset_{it}$	0.182*** (3.65)	-0.374*** (-3.63)	0.990*** (19.03)
ROA_{it}	-0.025 (-0.45)	-1.190*** (-9.11)	1.180*** (20.40)
LEV_{it}	-2.201* (-1.77)	-10.775*** (-3.43)	-0.909 (-0.70)
$Share_{it}$	-0.001 (1.39)	0.001 (0.95)	-0.001 (0.93)
GDP_{it}	-0.024** (-2.27)	0.004 (0.25)	0.022* (1.94)
CPI_{it}	0.028* (1.65)	-0.045 (-1.35)	0.013 (0.74)
$Interest_{it}$	0.021 (1.19)	-0.087** (-2.21)	-0.012 (-0.59)
$Money_{it}$	0.006 (0.87)	-0.038** (-2.39)	-0.019* (-1.89)
$\hat{\lambda}$	-0.066* (-1.82)	0.253** (1.85)	-0.056 (-0.19)
_cons	1.926* (1.00)	13.710*** (5.20)	-5.446*** (-4.48)
样本量	526	526	526
VIFs（多重共线性检验）			
T_{it}	3.89	3.89	3.89
$\hat{\lambda}$	3.17	3.17	3.17

资料来源：笔者通过 Stata 软件计算得到。

综上所述，为了验证银行系金融科技公司对商业银行的影响，本节在基础回归模型的基础上，分别采取 PSM-DID 模型、Heckman 两阶段模型等方法进行稳健性检验，在一定程度上解决了基础回归模型可能包含的内生性问题，并提高了结果的稳健性和可靠性。通过实证分析发现：银行系金融科技公司的成立显著提高了商业银行经营效率，对商业银行信用风险和净利润的影响还不显著。且在不考虑商业银行自选择偏差的情况下，将低估银行系金融科技公司对银行经营效率的影响。

此外，商业银行经营效率与银行系金融科技公司之间存在明显的双向因果关系。即：经营效率高的商业银行设立金融科技公司的概率更大；银行系金融科技公司的成立进一步提高了商业银行的经营效率。为了检验成立银行系金融科技公司对商业银行经营效率的单方向影响，第三节将进一步分析银行系金融科技公司对商业银行的影响机制。

第三节　银行系金融科技公司对商业银行绩效与风险的影响机制

基于预算软约束理论，银行系金融科技公司通过硬化技术创新预算约束影响商业银行绩效和风险，本节主要对这一影响机制进行实证检验与分析。研究发现：银行系金融科技公司显著提高了商业银行知识产权数量及单位研发投入创造的知识专利数量，表明银行系金融科技公司使商业银行技术创新预算约束硬化，提高了商业银行技术创新能力；技术创新能力的提高又显著提高了商业银行经营效率，并降低了信用风险。

一、技术创新两阶段模型构建及变量说明

现阶段银行系金融科技公司对商业银行的影响是一个典型的两阶段模型，即"银行研发组织变革→硬化技术创新嵌入性预算约束、提高技术创新→提高商业银行经营绩效"。假设 T_{it} 代表银行系金融科技公司成立导致

的研发组织创新；RD_{it}表示商业银行技术创新。商业银行原来的技术创新生产函数为$g(x)$，且受到上一期技术创新的影响。

第一阶段，商业银行成立银行系金融科技公司，研发组织创新对技术创新函数产生了整体影响，故可以表示为：

$$RD_{it} = A(T_{it})g(x)RD_{i(t-1)} \qquad (7-10)$$

第二阶段，商业银行技术创新RD_{it}作为新的生产要素，影响商业银行生产函数，可以表示为：

$$(Loan_{it}, Profit_{it}, Risk_{it}) = f(Deposit_{it}, Labour_{it}, Fixed_{it}, RD_{it}) \qquad (7-11)$$

为了分析简单，假设商业银行生产函数是柯布-道格拉斯函数形式，$A(T_{it})$为幂函数。经过代入、取对数等整理，得到技术创新两阶段模型为：

$$\ln RD_{it} = \rho \ln T_{it} + \sigma \ln RD_{i(t-1)} + \theta X_{it} \qquad (7-12)$$

$$\ln Y_{it} = \alpha \ln Deposit_{it} + \beta \ln Labour_{it} + \gamma \ln Fixed_{it} + (\lambda - \alpha - \beta - \gamma)\ln RD_{it} \qquad (7-13)$$

需要特别说明的是，本部分将技术创新作为新的生产要素，直接放入商业银行生产函数中，主要是因为：一是现阶段银行系金融科技公司对存款、劳动力、固定资产等生产要素的影响较小；二是假设技术创新可以影响其他生产要素，最终分析结果与模型（7-13）基本一致。最终，银行系金融科技公司技术创新两阶段模型为：

$$\ln RD_{it} = \beta_1 T_{it} + \beta_2 \ln RD_{i(t-1)} + \theta Control_{it} + \varepsilon_{it} \qquad (7-14)$$

$$\ln Y_{it} = \alpha_0 + \alpha_1 \ln RD_{it} + \alpha_2 \ln Deposit_{it} + \alpha_3 \ln Labour_{it} + \alpha_4 \ln Fixed_{it} + \gamma Control_{it} + \varepsilon_{it}$$
$$(7-15)$$

其中，被解释变量$\ln RD_{it}$代表商业银行当期技术创新能力，本节分别使用商业银行申请的专利数量（$Patent_{it}$）及商业银行单位研发投入创造的专利数量（P/RD_{it}）进行衡量，并进行稳健性检验。

商业银行拥有的专利数量为$Patent_{it}$。过去商业银行自主研发能力不足，对技术研发与专利申请的重视程度不够，导致商业银行拥有的专利数量较少。近年来，商业银行开始重视金融科技发展，将拥有自主知识产权的研发项目及科研成果申请专利。因此，专利数量可以较好地反映商业银行自主研发成功的项目情况，衡量商业银行内部研发部门或银行系金融科技公司的技术创新能力。数据来源主要是国家知识产权局和 BVD-Orbis Intellectual Property 全球知识产权数据库。

商业银行单位研发投入创造的专利数量为 P/RD_{it}。其中，研发投入（RD_{it}）代表商业银行内部研发软件和外购软件，以及专利所有权资产净值；P 代表商业银行申请的专利数量。因此，P/RD_{it} 可以反映商业银行单位研发投入产生的自主研发项目。如果该指标越大，表明商业银行内部止损机制越健全，投资到"高质量项目"的概率越大，则技术创新预算软约束程度越低。

$\ln Y_{it}$ 代表商业银行投入产出效率、风险承担水平及净利润；T_{it} 代表第 i 家商业银行在第 t 期是否成立银行系金融科技公司，若未成立则取值为 0，若成立则取值为 1。研究样本与第三节基础回归模型一致。

通过检验，若 β_1 和 α_1 均显著，表明银行系金融科技公司通过技术创新渠道影响商业银行绩效和风险；若 β_1 显著、α_1 不显著，表明银行系金融科技公司可以促进商业银行技术创新，但技术创新还未显著影响商业银行绩效和风险；若 β_1 不显著、α_1 显著，表明银行系金融科技公司成立还未显著硬化商业银行技术创新预算约束。

二、第一阶段回归结果及分析

使用 Hausman 检验判断回归模型研究方法。通过检验，Prob.>chi2 较小，需要拒绝原假设，使用固定效应模型。回归结果见表 7-9。其中，列（1）和列（2）为被解释变量 $Patent_{it}$ 的回归结果，列（3）和列（4）为被解释变量 P/RD_{it} 的回归结果。通过回归可以发现：银行系金融科技公司成立之后，商业银行技术创新能力明显提高，申请的专利数量大幅提升，且每单位研发投入创造的专利数量明显提高。由于专利代表商业银行研发成功的项目，两个核心解释变量能够反映商业银行对研发项目的事前筛选和事后止损机制，证实了银行系金融科技公司的成立可以显著硬化商业银行技术创新预算约束。

表7-9 第一阶段回归结果

变量	(1)	(2)	(3)	(4)
T_{it}	134.952*** (5.74)	160.432*** (6.18)	18.091*** (5.74)	21.327*** (6.10)
$RD_{i(t-1)}$	4.945 (0.89)	1.131 (0.15)	0.621 (0.84)	0.157 (0.15)
$Deposit_{it}$	-20.055 (-0.77)	-8.544 (-0.21)	-2.733 (-0.78)	-1.026 (-0.18)
$Labour_{it}$	4.146 (0.24)	-78.593*** (-2.61)	0.208 (0.09)	-11.144*** (-2.76)
$Fixed_{it}$	2.800 (0.25)	1.552 (0.09)	0.451 (0.30)	0.360 (0.16)
$Asset_{it}$	20.508 (0.86)	-59.080 (1.07)	3.181 (1.01)	-7.477 (-1.00)
ROA_{it}	20.490 (0.98)	-8.311 (-0.35)	2.733 (0.98)	-1.063 (-0.34)
LEV_{it}	-553.993 (-1.05)	908.942 (1.39)	-78.987 (0.98)	116.628 (1.32)
$Share_{it}$	1.322*** (3.53)	-1.104 (-1.34)	0.180*** (3.62)	-0.145 (1.31)
GDP_{it}	-10.028*** (-2.61)	-14.393* (-1.88)	-1.414*** (-2.74)	-1.949* (-1.89)
CPI_{it}	4.617 (0.39)	5.774 (0.24)	0.547 (0.34)	0.507 (0.16)
$Interest_{it}$	-0.510 (-0.08)	-50.719 (-1.19)	-0.016 (-0.02)	-6.991 (-1.22)
$Money_{it}$	1.984 (0.83)	-6.858 (-1.01)	0.266 (0.83)	-0.855 (-0.93)
个体固定效应	N	Y	N	Y
时间固定效应	N	Y	N	Y
_cons	412.575 (0.87)	941.278 (1.40)	59.828 (0.95)	132.211 (1.46)
R^2	0.5088	0.4976	0.5306	0.5102
样本量	540	540	540	540

资料来源：笔者通过 Stata 软件计算得到。

其他变量也具有一定的经济含义。例如，$Labour_{it}$ 的系数显著为负，表明商业银行总体员工数量的增长，不利于商业银行技术创新能力的提高，而应当进一步关注金融科技人才的培养。GDP_{it} 的系数显著为负，表明国家经济增长速度放缓时，商业银行希望通过提高技术创新能力获得新的竞争优势。

三、第二阶段回归结果及分析

回归结果见表7-10，其中，列（1）、列（3）和列（5）表示解释变量为 $Patent_{it}$ 的回归结果，列（2）、列（4）和列（6）表示解释变量为 P/RD_{it} 的回归结果。若被解释变量为 TFP_{it}，解释变量 $Patent_{it}$ 和 P/RD_{it} 的系数均显著为正，商业银行专利数量每增加一个百分比，商业银行投入产出效率增加0.001个百分点；商业银行单位科研投入创造的专利数量每增加一个百分点，商业银行投入产出效率增加0.005个百分点，说明商业银行技术创新确实有利于提高经营效率。

表7-10 第二阶段回归结果

被解释变量 解释变量	TFP_{it}		NPL_{it}		$Profit_{it}$	
	(1)	(2)	(3)	(4)	(5)	(6)
$Patent_{it}$	0.001*** (6.28)		-0.000* (-1.69)		0.000 (1.07)	
P/RD_{it}		0.005*** (6.06)		-0.004* (-1.71)		0.001 (1.10)
$Deposit_{it}$	-0.122 (-1.47)	-0.124 (-1.49)	0.937*** (4.04)	0.937*** (4.04)	-0.335*** (-3.06)	-0.335*** (-3.07)
$Labour_{it}$	-0.153** (-2.57)	-0.154** (-2.57)	-0.424** (-2.54)	-0.426** (-2.54)	0.174** (2.21)	0.174** (2.21)
$Fixed_{it}$	-0.234*** (-6.71)	-0.234*** (-6.69)	0.166* (1.70)	0.166* (1.70)	-0.006 (-0.14)	-0.006 (-0.14)
$Asset_{it}$	0.395*** (3.60)	0.392*** (3.57)	-1.102*** (-3.59)	-1.101*** (-3.59)	1.186*** (8.21)	1.186*** (8.21)

续表

解释变量 \ 被解释变量	TFP_{it} (1)	TFP_{it} (2)	NPL_{it} (3)	NPL_{it} (4)	$Profit_{it}$ (5)	$Profit_{it}$ (6)
ROA_{it}	0.172*** (3.65)	0.172*** (3.63)	-1.022*** (-7.72)	-1.021*** (-7.72)	1.164*** (18.70)	1.164*** (18.70)
LEV_{it}	-7.314*** (-6.00)	-7.284*** (-5.96)	-4.505 (-1.32)	-4.517 (-1.32)	0.142 (0.09)	0.144 (0.09)
$Share_{it}$	0.009*** (5.21)	0.009*** (5.19)	0.016*** (3.31)	0.016*** (3.31)	-0.010*** (-4.55)	-0.010*** (-4.55)
GDP_{it}	-0.032* (-1.90)	-0.033* (-1.91)	0.022 (0.47)	0.022 (0.47)	0.029 (1.27)	0.029 (1.27)
CPI_{it}	0.044 (0.99)	0.045 (1.01)	0.085 (0.68)	0.084 (0.68)	-0.075 (-1.29)	-0.075 (1.29)
$Interest_{it}$	0.095 (1.09)	0.093 (1.07)	-0.387 (-1.59)	-0.387 (-1.59)	-0.018 (-0.16)	-0.018 (0.16)
$Money_{it}$	-0.011 (-0.61)	-0.011 (-0.65)	-0.105** (-2.12)	-0.105** (-2.12)	0.017 (0.71)	0.017 (0.71)
个体固定效应	Y	Y	Y	Y	Y	Y
时间固定效应	Y	Y	Y	Y	Y	Y
_cons	6.851*** (5.82)	6.890*** (5.84)	13.515*** (4.10)	13.524*** (4.10)	-5.865*** (-3.78)	-5.872*** (-3.78)
R^2	0.3330	0.3293	0.4275	0.4276	0.9463	0.9463
样本量	540	540	540	540	540	540

资料来源:笔者通过 Stata 软件计算得到。

若被解释变量为 NPL_{it},解释变量 $Patent_{it}$ 和 P/RD_{it} 的系数均显著为负,商业银行专利数量每增加 1 个百分点,商业银行不良贷款率降低 0.000 个百分点;商业银行单位科研投入创造的专利数量每增加 1 个百分点,商业银行不良贷款率降低 0.004 个百分点,说明商业银行技术创新有利于降低信用风险。结合银行系金融科技公司成立并未对商业银行信用风险产生明显影响,可能的原因在于:银行系金融科技公司的研发重点还未涉及具体信贷业务及相关风险管理,主要针对商业银行组织架构和操作系统进行技术研发。案例部分将进一步分析。

若被解释变量为 $Profit_{it}$，解释变量 $Patent_{it}$ 和 P/RD_{it} 的系数均不显著，表明技术创新对商业银行盈利能力提高还未产生显著的影响。

四、稳健性检验

除了使用两个核心解释变量之外，本部分还采取两种方式进行稳健性检验：一是更改样本银行，去掉 7 家农村商业银行，新的样本银行为 47 家商业银行；二是使用新的被解释变量，使用当年投入产出效率变动率代替投入产出效率累计值，使用流动性风险 L/D_{it} 代替信用风险 NPL_{it}，主要适用于第二阶段。得到的回归结果见表 7-11，回归结果与表 7-9 和表 7-10 基本一致，表明上述回归结果具有稳健性。

表 7-11　技术创新两阶段回归模型稳健性检验

变量	\multicolumn{4}{c}{第一阶段}			
	(1)	(2)	(3)	(4)
T_{it}	135.275*** (5.31)	152.648*** (5.44)	18.214*** (5.34)	20.341*** (5.40)
个体固定效应	Y	Y	Y	Y
时间固定效应	Y	Y	Y	Y
_cons	291.436 (0.53)	1128.599 (1.49)	40.757 (0.55)	156.101 (1.53)
R^2	0.5139	0.4933	0.5342	0.5067
样本量	470	470	470	470

变量	稳健性检验一			稳健性检验二		
	(1)	(2)	(3)	(4)	(5)	(6)
$Patent_{it}$	0.001*** (5.53)	-0.001* (-1.82)	0.000 (1.38)	0.001*** (6.73)	0.002*** (10.96)	-0.000 (-0.39)
个体固定效应	Y	Y	Y	Y	Y	Y
时间固定效应	Y	Y	Y	Y	Y	Y

续表

变量	第二阶段					
	稳健性检验一			稳健性检验二		
	(1)	(2)	(3)	(4)	(5)	(6)
_cons	7.679*** (5.98)	12.543*** (3.68)	-6.637*** (-3.85)	0.438 (0.38)	2.788* (1.71)	5.424*** (4.76)
R^2	0.3600	0.4395	0.9467	0.1572	0.2548	0.4346
样本量	470	470	470	540	540	540

资料来源：笔者通过 Stata 软件计算得到。

第四节 案例分析：银行系金融科技公司运营实践

银行系金融科技公司面临双重的预算软约束问题。从技术创新角度来看，银行系金融科技公司在助力商业银行数字化转型的同时，不断健全对研发项目的决策权和市场筛选机制，及时终止低质量项目；从非技术创新角度来看，银行系金融科技公司前期盈利能力较弱，需要商业银行持续的资金支持。从二者的关系来看，商业银行对银行系金融科技公司的资金投入，有力支撑了技术创新预算约束的硬化。因此，本节主要从银行系金融科技公司盈利能力和技术创新两个角度进行分析。

一、研究设计

各家银行系金融科技公司与商业银行的互动机制各异，因此本节采取多案例比较研究方法，以具有代表性的 4 家银行系金融科技公司为研究对象，分析其在股权结构、组建方式、研发投入等维度与商业银行的协同创新情况，探讨银行系金融科技公司对商业银行经营绩效的多种影响机制。

基于案例的代表性及数据的可获取性，本节对兴业数字金融服务（上海）股份有限公司（以下简称"兴业数金"）、建信金融科技有限责任公司（以下简称"建信金科"）、光大科技有限公司（以下简称"光大科技"）、龙盈智达（深圳）科技有限公司（以下简称"龙盈智达"）4家银行系金融科技公司进行重点分析。

兴业数金成立于2015年，是我国第一家银行系金融科技公司，也是我国唯一一家采取合资模式进行组建的银行系金融科技公司。在成立之初，兴业数金确定了多元的股东结构，除兴业银行和员工持股平台以外，还引入了三家金融科技公司作为战略股东。[①]

建信金科成立于2018年，是我国唯一一家将原有商业银行科研部门集中剥离成立的银行系金融科技公司，也是目前我国研发实力较强、对内赋能与对外输出同步发展的银行系金融科技公司。中国建设银行将原总行研发力量整体剥离出来成立建信金科，中国建设银行不再设有单独的研发部门，这种模式使建信金科与中国建设银行之间存在独特的业务往来和合作。

光大科技成立于2016年，最初属于光大银行的子公司；2018年进行股权调整，由光大集团直接控股，成为光大银行的兄弟公司。光大科技依托光大集团的业务布局和战略发展，开展了多元化的技术赋能生态，与光大银行形成了多渠道的协同创新模式。

龙盈智达成立于2018年，是华夏银行金融科技发展布局中的"一环"。除了龙盈智达之外，华夏银行内部还成立了开发中心等6个研究部门，与银行系金融科技公司形成了密切配合、合作研发的协同创新格局。

在数据搜集方面，银行系金融科技公司市场公开信息较少，且商业银行或所在集团年度报告中未发布其具体信息。此外，商业银行对内部信息严格保护，使此次调研形式和调研内容受到了限制，因此未进行大规模的问卷调研和人员访谈。本节主要根据BVD-Oriana亚太企业分析库中披露的银行系金融科技公司财务数据和经营数据、国家知识产权局和BVD-Orbis Intellectual Property全球知识产权数据库中涉及的专利数据及网络公开数据，结合实地访谈和调研进行分析，所得研究结论基本能够反映4家银

[①] 主要包括高伟达软件服务有限公司、福建新大陆云商股权投资企业（有限合伙）和深圳市金证科技股份有限公司。后期，兴业数金的股权结构进行了调整。

行系金融科技公司与商业银行的互动与影响机制。

二、银行系金融科技公司初始股权结构与盈利能力

尽管银行系金融科技公司被普遍称为"金融科技子公司",但在股权结构方面,"子公司"具有不同的内涵。在4家银行系金融科技公司中,建信金融科技有限公司(以下简称建信金科)、兴业数字金融服务股份有限公司(以下简称兴业数金)和光大科技有限公司(以下简称光大科技)分别代表独资型、合资型、集团型三类初始股权模式。初始股权结构对金融科技公司的战略定位和经营目标产生了影响(见图7-2)。但是随着后期发展,银行系金融科技公司股权结构相继进行了调整,呈现出以"独资型"为主的发展趋势。

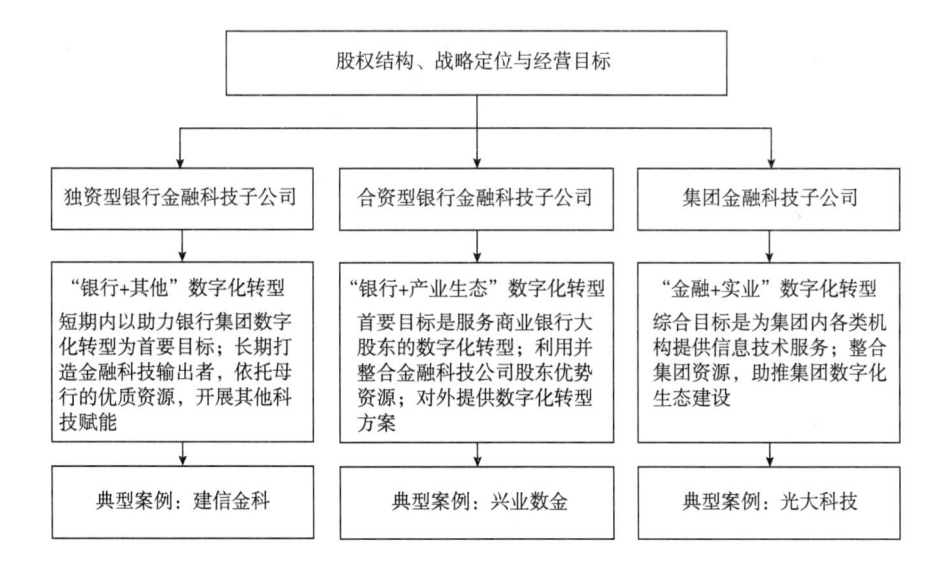

图 7-2 银行系金融科技公司股权结构、战略定位与经营目标

资料来源:笔者根据银行系金融科技公司公开信息及实地调研绘制而成。

1. 建信金科:依托中国建设银行优质资源开展业务合作,对内对外双线发展

建信金科由中国建设银行全资持有,是银行系金融科技公司的典型股

权结构。从战略定位来看，建信金科确定了四大业务范围：整合技术资源、服务社会大众、服务金融同业、服务建行集团。成立初期，建信金科主要为中国建设银行提供线上化技术支撑和数字金融解决方案，助力银行数字化转型。随着技术产品的成熟及运营模式的转变，建信金科一方面开展同业技术输出，与云南省农村信用社、中国农业发展银行等机构建立了合作，利用银行信用和品牌优势，将较为成熟的技术产品推广到其他商业银行；另一方面利用中国建设银行与地方政府的合作优势，将智慧政务作为主要业务之一，为全国省、市、县等各级政府搭建智慧政务综合服务平台，打造建信金科的特色业务。

由于建信金科成立初期主要依靠母行优势资源开展业务，营业收入受母行数字化转型进程和投入的影响较大；加之内部需要持续的投入，同业业务和智慧政务服务的盈利周期较长，建信金科自成立之后一直处于亏损状态（见表7-12）。建信金科成立初期，与中国建设银行开展了大规模的业务线上化技术支持合作，营业收入达到45.19亿元；随着母行线上化建设的初步完成，2019年营业收入大幅下降，仅为32.31亿元；随着其他业务的拓展，2020年营业收入反弹，增长到56.64亿元。从盈利情况来看，2018年、2019年、2020年建信金科连续亏损，当期损益分别为-2.55亿元、-4.69亿元、-2.65亿元，这对中国建设银行整体盈利水平造成了负面影响。建信金科营业收入的不稳定及净利润亏损，反映了独资型银行系金融科技公司成立初期面临的普遍问题。

表7-12 2018—2020年建信金科主要财务数据[①]

财务指标	2018年	2019年	2020年
营业收入（亿元）	45.19	32.31	56.64

---

① BVD-Oriana亚太企业分析库中，建信金科财务数据的单位为美元，并给出了财务核算日汇率。按照该汇率，将其业绩表现转化为以人民币计价，这与建信金科2020年7月公布的增资公告中的数据有细微差异，但是整体较为吻合。故本文采用亚太企业分析库中披露的数据。

续表

财务指标	2018年	2019年	2020年
当期损益[①]（亿元）	-2.55	-4.69	-2.65
资产总计（亿元）	41.84	28.76	17.56
股东权益（亿元）	6.11	8.66	13.35
偿付比率（%）	14.60	30.11	76.03

资料来源：BVD-Oriana亚太企业分析库。

在此背景下，建信金科2021年启动了第一轮外部融资，引入了中央国债登记结算有限责任公司等三家公司作为战略股东，与其在核心技术、场景生态等方面发挥协同作用和互补作用。在不稀释中国建设银行控股权的条件下，建信金科引入战略股东一方面能够增加资本规模，将资金用于业务拓展与研发活动；另一方面能够利用股东的优势资源开展外部合作，开拓业务范围，提高建信金科的持续经营能力和协同创新能力。

2. 兴业数金：服务兴业银行数字化转型的同时，建立了开放的金融科技生态环境

兴业数金是我国第一家银行系金融科技公司，在成立之初确立了多元的股东结构，使兴业数金的战略定位和经营目标具有"多元化""开放性"的特点。目前，兴业数金确定了三大发展主线：集团研发、数字金融创新、数金云对外输出。其中，集团研发主要服务兴业银行数字化转型，在客户洞察、产品服务、支付交易、渠道服务、经营管理和支持保障等方面提供多层次技术支撑。兴业数金在成立之初确定了同业技术输出与对外赋能的经营思路，一方面将兴业银行的先进模式推广到其他中小金融机构中，另一方面也将非银行金融机构、政企客户作为主要服务对象，构建金融科技共赢生态，形成多元化的业务模式和盈利来源。

兴业银行在年度报告中没有披露兴业数金的经营情况和财务数据，从

---

① 基于权益法的投资损益。

其他股东披露的数据来看,兴业数金已经实现了一定的盈利,但经营状况不稳定。根据高伟达公布的年度报告,兴业数金2018年全年经审计的营业收入为3.17亿元,净利润为1840.09万元。根据金证金科公布的年报,兴业数金2018年净利润为1637.30万元,2019年上半年净亏损为15387.40万元(见表7-13)。尽管两家战略股东披露的数据略有差异,但可以发现:多元化股东结构在一定程度上推动了兴业数金初期的业务开展和技术研发,在2016年便实现了盈利;但是金融科技公司具有"持续高投入、产出见效慢"的特点,且与战略股东的协同创新作用很难充分发挥,兴业数金无法维持营业收入和净利润的稳定增长,难以满足股东对盈利的要求。2019年,兴业数金分别与高伟达、金证科技和新大陆签署股权回购协议,将回购股权注销并减少注册资本,兴业银行的持股比重上升到72.86%。至此,兴业数金由初始的多元化合资股东,转变为由兴业银行和员工持股的独资型金融科技子公司。

表7-13 金证股份投资兴业数金情况

财务指标	2016年	2017年	2018年	2019年上半年
期初余额(万元)	5000	5155.80	4935.28	5099.01
投资损益[①](万元)	155.80	-220.52	163.73	-1538.74
期末余额(万元)	5155.80	4935.28	5099.01	3560.27
兴业数金当期净利润(万元)	1558.00	-2205.20	1637.30	-15387.40

资料来源:金证股份2016—2019年上半年年度报告。

3. 光大科技:以服务集团数字化转型为目标,与光大银行形成多渠道赋能机制

光大科技经历了"从银行子公司到集团子公司"的转变,战略定位和经营目标也随之发生了较大的调整。光大科技与光大银行同属光大集团,

---

① 基于权益法的投资损益。

战略定位上升为"光大集团数字化转型"。光大集团既包括银行、证券、保险、信托、资产管理等金融板块，也包括其他实业板块。光大科技作为集团内部的金融科技子公司，通过科技手段形成了"金融+实业"数字化发展新模式。光大科技开展的主要服务包括生态协同解决方案、智慧金融解决方案、智慧养老解决方案等。2018年光大银行转变为集团子公司之后，由于较高的战略定位及丰富的业务资源，光大科技2019年便实现了盈利，营业收入也实现了大幅增长（见表7-14）。

表7-14 2017—2019年光大科技主要财务数据

财务指标	2017年	2018年	2019年
营业收入（万元）	—	550.31	2244.28
当期损益（万元）	—	-315.72	366.85
资产总计（万元）	306.01	3186.78	3851.87
股东权益（万元）	305.85	2575.46	2527.79
ROE（%）	-0.42	-17.81	0.02

资料来源：BVD-Oriana亚太企业分析库。

这种模式使光大科技对光大银行的经营效率产生了多重影响机制。目前，光大科技和光大银行的业务合作主要包括三个方面：一是直接向光大银行提供科技创新服务，在集团框架内开展市场化合作，助力光大银行数字化转型；二是光大银行和光大科技合资成立光大云缴费子公司，通过打造数字化便民缴费平台，拓展多场景、全行业、各类机构的缴费服务，促进了光大银行业务开展和盈利水平的提高；三是光大科技通过金融科技手段将光大集团内部的银行、保险、证券、资产管理等各类资源进行整合，为光大银行建立一个良好的发展生态，助力光大银行打造各类"银行+"服务（见图7-3）。

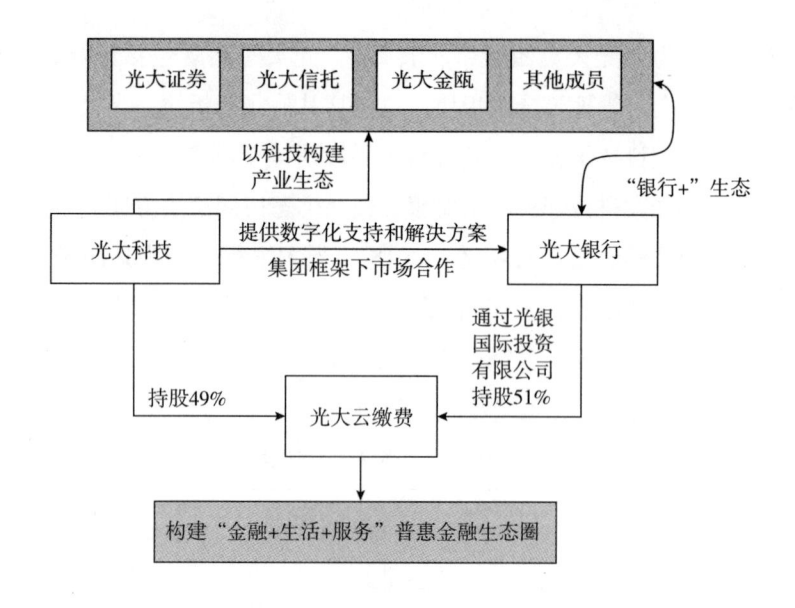

图 7-3　光大科技与光大银行协同创新模式

资料来源：笔者根据光大科技与光大银行公开资料及内部调研绘制而成。

三、银行系金融科技公司组建模式与研发能力

我国银行系金融科技公司主要有两种组建方式：一是以建信金科为代表的"原有研发部门彻底剥离市场化组建模式"；二是以龙盈智达为代表的"金融科技多点驱动型组建模式"。组建方式直接影响了银行系金融科技公司的研发能力及与商业银行的市场化业务模式。

1. 建信金科：彻底剥离型组建模式，为中国建设银行提供全方位、可持续的技术支撑

建信金科是我国第一家，也是唯一一家将商业银行内部科研部门全部剥离出来、进行市场化运作的银行系金融科技公司。这种组建模式保证了建信金科成立初期具备较强的研发能力和充足的研发人员，能够迅速开展内部赋能与外部输出业务，但是也存在一些问题与难点。

从效果来看，尽管建信金科成立时间较晚，但已成为我国注册资本最

多、研发能力最强的银行系金融科技公司。2011年，中国建设银行将总行与分行主要的研究人员集合起来，启动集团"新一代核心系统"建设，对业务模式、组织架构和研发模式进行优化。2017年，核心系统建设完成之后，中国建设银行将集合的研发人员整体划入建信金科，从而保证了建信金科成立初期的人员配置和研发能力。因此，建信金科除了能够满足中国建设银行数字化转型之外，外界合作与技术输出也处于行业领先地位。

从业务开展情况来看，2018年建信金科主要为中国建设银行企业业务线上化提供技术支持；2019年研发并推出BCTrade2.0区块链贸易金融平台，开始为其他银行提供金融服务解决方案；2020年进一步拓展外界合作和技术服务，重点推出了智慧政务综合服务平台，并将其打造成为中国建设银行与政府数字化合作的重点内容；2021年在国家战略的引导下，拓展数字化普惠金融业务，与母行共同打造农业供应链平台（见表7-15）。

表7-15 建信金科2018—2021年主要业务活动

年份	主要业务
2018	母行企业业务线上化技术支持
2019	研发并推出BCTrade2.0区块链贸易金融平台，推出"银保云"平台
2020	联合推广智慧政务综合服务平台；推出"企业线上经营工具箱"，提供一键式在线金融服务；推出"建融智合"企业智能撮合平台，为企业提供在线经营管理服务；创新数字展馆云平台，提供一揽子数字化展览服务解决方案
2021	与母行各地分行推出场景化普惠金融服务平台，建设农业供应链平台

资料来源：笔者根据建信金科官方数据披露和公开资料收集。

整体来看，建信金科能够为中国建设银行提供全面的技术支撑，但仍然受到诸多限制：一是建信金科作为独立财务核算的公司法人，自身面临持续发展、业务拓展等需求；二是监管部门对商业银行与银行系金融科技公司之间的关联交易有明确的规定，要求将其纳入业绩评价范围，并建立问责机制。虽然这是银行系金融科技公司面临的普遍性难题，但建信金科独特的组织模式使这一问题更加突出。

2. 龙盈智达：多点驱动型组建模式，与华夏银行内部研发部门协同创新

目前华夏银行形成了"6+1"的金融科技组织架构，"6"是指六大研发中心，"1"是指一家银行系金融科技公司，即龙盈智达（北京）科技有限公司①。这种组建方式导致龙盈智达的初始规模较小，需要通过人员招聘、技术引进、外部合作等方式加强研发能力。在短期内，龙盈智达的主要任务是强化自身研发实力，与银行内部研发部门在市场规则下进行业务往来，对同业机构的技术赋能需要一定时间。目前，龙盈智达的业务主要围绕华夏银行数字化转型，对外部的赋能及输出还较少（见图7-4）。

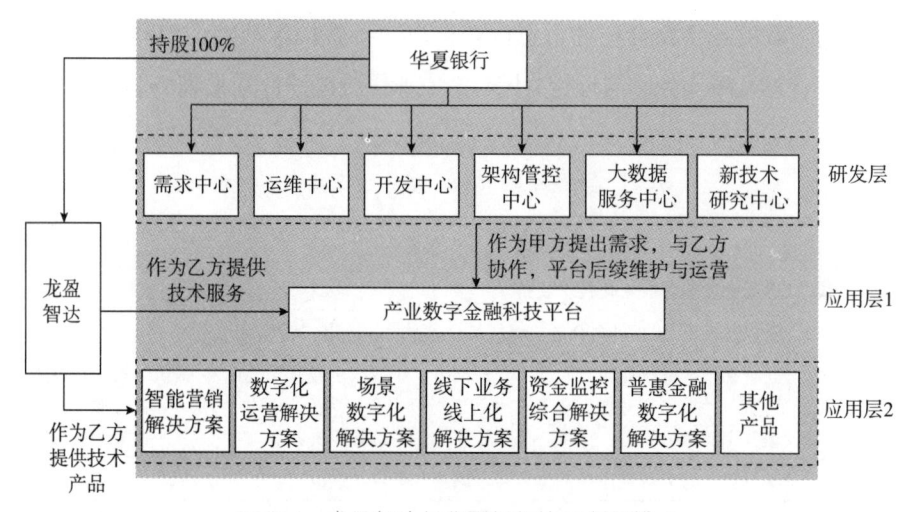

图 7-4 龙盈智达与华夏银行协同创新模式

资料来源：笔者根据龙盈智达与华夏银行公开资料绘制而成。

四、知识产权专利与银行系金融科技公司技术创新能力

知识产权专利能够反映企业技术创新能力及研发的重点领域。长期以

---

① 原为龙盈智达（深圳）科技有限公司，2020年股权调整后更名为龙盈智达（北京）科技有限公司。

来，商业银行对知识产权专利的重视程度普遍不够，目前只有中国工商银行、中国建设银行、中国银行、中国农业银行4家商业银行申请的专利数量超过1000件。银行系金融科技公司的定位是科技公司，对技术研发和知识产权专利的重视程度较高。从实践来看，内向服务型金融科技公司专注母行数字化转型，对知识产权专利的要求不高；外向服务型金融科技公司在技术输出过程中，需要进行市场化竞争，市场主体对其知识产权提出了一定的要求，自身也需要加强产权保护。目前建信金科、上海壹账通金融科技有限公司、工银科技有限公司、光大科技4家外向服务型金融科技公司申请的知识产权专利数量较多（见表7-16）。

表7-16 我国银行系金融科技公司申请专利情况

商业银行	银行系金融科技公司	银行专利数量	金融科技公司专利数量	合作专利数量
兴业银行	兴业数字金融服务（上海）股份有限公司	27	25	37
平安银行	上海壹账通金融科技有限公司	1698	176	0
招商银行	招银云创（深圳）信息技术有限公司	254	76	0
光大银行	光大科技有限公司	335	105	7
中国建设银行	建信金融科技有限责任公司	5856	2416	1345
民生银行	民生科技有限公司	137	0	0
华夏银行	龙盈智达（北京）科技有限公司	27	0	0
中国工商银行	工银科技有限公司	8450	278	278
北京银行	北银金融科技有限责任公司	25	31	0
中国银行	中银金融科技有限公司	6912	312	0
中国农业银行	农银金融科技有限责任公司	2462	1	0
交通银行	交银金融科技有限公司	214	0	0

资料来源：国家知识产权专利检索及分析系统。

建信金科在同业技术输出与对外赋能方面，处于行业领先地位。通过知识产权专利申请情况，可以发现建信金科与中国建设银行协同创新形式发生了明显的变化。根据国家知识产权数据库，截至2022年10月30日，建信金科独立或联合申请3761件专利，主要呈现出以下特点：

一是技术研发从联合申请到独立申请，建信金科的技术研发逐渐自主化。建信金科于2018年4月正式成立，2019年6月开始申请专利，历经一年整合工作进入实质性技术研发阶段。在2020年9月之前，建信金科与中国建设银行联合申请专利，且第一申请人是中国建设银行；在2020年9月之后，建信金科开始独立或与建信金融租赁有限公司等集团内子公司联合申请专利，第一申请人为建信金科。这表明建信金科从服务中国建设银行数字化转型到市场化独立研发的转变。

二是目前建信金科的研发重点是新技术系统改进和设备更新，信贷系统、核心系统和风险管理等领域的专利较少。根据公开披露的信息，建信金科目前研发的重点是新技术基础能力储备与科技应用，重点是分布式架构和国产化技术平台。通过对建信金科所有专利进行关键词检索，发现建信金科的专利更多体现在"操作层面"，侧重系统或设备的处理、测试、识别等环节，目的是提高组织架构和管理流程的效率（见表7-17）。

表7-17 建信金科技术研发主要领域

领域	关键词及频数
操作层面	处理（299）、测试（83）、识别（56）、任务（32）
技术层面	分布式（26）、区块链（32）、云（9）、物联网（12）、智能（23）、自动（26）
风险层面	风险（27）、合规（2）、风控（4）、安全（17）
业务层面	信用（5）、贷款（19）、投资（4）、保险（9）、支付（12）、资产（17）、资金（11）
财务管理	报表（17）、报文（15）、表格（5）、表单（3）、文本（7）、语句（4）、图表（2）
数据层面	数据（332）、信息（57）

资料来源：国家知识产权专利检索及分析系统。

三是与国内成熟的金融科技公司相比，建信金科的人才基础和科研能力依然较弱，仅依靠自主研发很难在短期内取得突破性进展，在技术输出过程中也不具有核心竞争力。为此，建信金科与国内市场化金融科技公司开展了广泛的科研合作，通过协同创新提升自我研发能力。例如，中国建设银行是高伟达的第一大客户，来自中国建设银行的收入占比普遍在30%以上。[①] 2014年，高伟达参与了中国建设银行"新一代"核心系统建设。2018年之后，中国建设银行与高伟达的合作主要通过建信金科进行，规模处于大幅增长态势（见图7-5）。

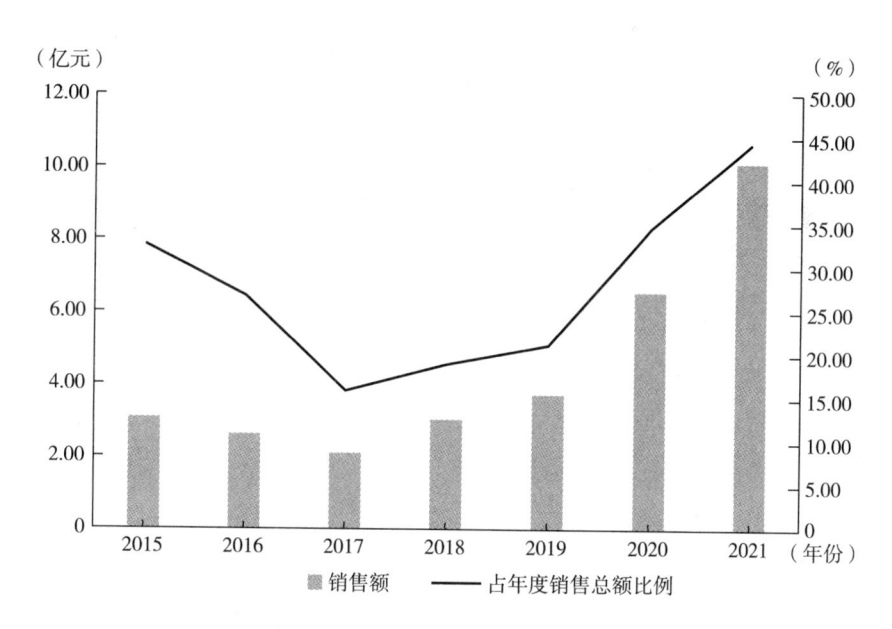

图7-5 高伟达对中国建设银行的销售额及占比情况

资料来源：高伟达官网公布的历年年度报告。

五、小结

银行系金融科技公司在战略定位、经营绩效、科研实力、人员配备等方面存在显著的差异，本节主要总结了4家银行系金融科技公司对商业银行绩效与风险的影响机制。

建信金科建立在集团内部技术资源整合基础上，研发能力较强，通过

[①] 高伟达公布的历年年度报告以及官网新闻。高伟达年度报告中仅公布公司第一名营业收入及占公司全部营业收入的比例，本书将其作为高伟达对于中国建设银行的销售额和占比。

为中国建设银行数字化转型提供技术支持，促进了商业银行经营效率提升；前期科研投入较大，2020年处于亏损状态，对商业银行净利润具有负面影响；技术研发还未涉及信贷系统、核心系统和风险管理等领域，对中国建设银行信用风险的影响有限。

兴业数金成立初期利用多元化股东优势，建立了金融科技生态圈，助力兴业银行数字化转型和外部合作，并加强了对信息技术人员的引进力度，促进商业银行经营效率提升。但兴业数金盈利能力较弱使战略股东无法获得稳定回报，2019年上半年兴业数金回购了三家战略股东所持股份。2020年6月完成减资工商信息变更。

光大科技通过多种渠道影响了光大银行的数字化建设和业务模式，显著提升了光大银行的经营效率；大力推进"金融+实业"生态圈建设，尽管生效过程较慢，但对光大银行业务开展及经营效率提高将发挥重要的作用。

龙盈智达通过与华夏银行六大研发部门的合作，共同开发定制化的技术产品和服务；双线条开展技术研发，能够在提高华夏银行自主研发能力的同时，提前进行战略布局，根据金融科技发展趋势逐步拓展龙盈智达的业务范围。

第五节　本章小结

结合实证分析和案例分析，银行系金融科技公司构建了商业银行与研发部门、业务与技术之间的硬预算约束机制，改善了商业银行技术创新能力，进而显著提高了商业银行经营效率。银行系金融科技公司具有一定的独立性，能够及时终止低质量研发项目，显著提高商业银行申请的专利数量和每单位研发投入创造的专利数量。此外，监管部门对商业银行与银行系金融科技公司之间的关联交易有明确的规定，并将其纳入业绩评价范围，建立问责机制，有助于进一步降低商业银行的技术创新和技术应用风险。

从实证分析结果来看，银行系金融科技公司对商业银行净利润和信用风险的影响还不显著。通过案例分析和实地调研，可能的原因包括：一是银行系金融科技公司，尤其是独资型金融科技公司主要依靠母行优势资源开展业务，营业收入受母行数字化转型进程和研发投入的影响较大；加之前期需要持续的资金支持，截至2020年底，银行系金融科技公司普遍处于亏损状态，[①]对商业银行净利润的综合影响具有不确定性。二是银行系金融科技公司的研发重点还未涉及信贷系统、核心系统和风险管理等领域，侧重于商业银行线上系统建设，对信用风险的影响有限。

结合第五章商业银行协同创新决策实证分析结果，商业银行经营效率与银行系金融科技公司之间存在双向因果关系，即"经营效率较高的商业银行成立银行系金融科技公司的概率更高，银行系金融科技公司成立会进一步促进商业银行经营效率提高"。这意味着商业银行与银行系金融科技公司之间形成了一个良好的金融科技生态循环，但也导致银行业内部进一步分化。因此，需要监管政策、银行管理层等其他因素介入，进一步推动银行系金融科技公司的规范发展。

综合来看，商业银行与银行系金融科技公司协同创新发挥了硬化技术创新预算约束的作用，是商业银行进行数字化转型和应对外界互联网企业竞争的一个较好选择。在具体设计时，需要结合自身战略定位和资源禀赋，在股东、科研、组建、人员等方面进行设计并深入探讨，从长期可持续发展角度提高自身的盈利能力和自主技术创新能力。

---

① 《证券日报》系列策划"金融机构数字化三年变革系列报道"，以及笔者通过公开资料得到的初步判断。

第八章　商业银行与银行科技服务商协同创新模式研究

基于预算软约束理论，商业银行购买银行科技服务商提供的技术产品或解决方案可以降低技术研发和技术应用风险。从实践来看，技术产品具有多种功能，商业银行协同创新存在多重目标的优先次序问题。研究发现：银行科技服务商对商业银行的影响具有明显的时间异质性。以2016年金融科技发展为节点，银行科技服务商对银行业劳动力规模的影响，经历了从"促进"到"替代"的转变；先后提升了商业银行的操作风险和信用风险，导致技术应用风险依然存在。2016年后，商业银行将"信贷业务拓展、完成预期业务增速"作为主要目标，显著促进了商业银行投入产出效率，但这种外部协同创新模式难以支撑商业银行经营效率的持续提高。基于门限回归模型，未来需要进一步提高商业银行的资本充足率，强化商业银行的技术吸收能力。

第一节　理论分析与研究假设

银行科技服务商为了服务商业银行信息技术应用与数字化转型，推出了渠道、管理、业务等各类技术产品和解决方案，对商业银行的要素投入、要素产出、经营方式、风险管理等各方面都产生了影响。

首先，技术进步导致一些需要手工劳动的传统行业发生变化，简单劳动者被替代，复杂劳动者需求增加，对劳动力的整体供需及结构都产生了影响。基于工作内容和部门，将商业银行劳动力生产要素分为信息技术人员和非信息技术人员。[①] 商业银行购买技术产品和解决方案，实质上是将一部分研发职能转移给银行科技服务商，降低对信息技术人员的需求。银行科技服务商提供的技术产品和解决方案简化了银行工作流程，提高了金融服务数字化与智能化水平，减少了对柜员、营销人员等岗位的人力投入。此外，在信息技术人员市场上，商业银行和银行科技服务商存在竞争关系。为此，本章 H1：银行科技服务商对商业银行劳动力生产要素具有替代作用，但对信息技术人员的替代作用不利于商业银行技术创新能力的提高。

其次，银行科技服务商提供的各类技术产品和解决方案，赋能商业银行的机制有所不同（见图 8-1）。渠道类解决方案包括直销银行等新型渠道的建设方案及传统渠道的升级改造方案，从而帮助商业银行提高业务处理效率、降低运营成本，提高对客户的服务质量。业务类解决方案包括商业银行信贷业务、中间业务等各类业务的拓展与经营，利用数字手段开拓市场、触达长尾人群，并提高盈利能力。管理类解决方案主要关注两个方面：一是信用风险管理，提高商业银行对信贷资产的管理能力；二是操作风险管理，简化商业银行内部管理流程，降低运营成本、提高运营效率。基础技术及平台解决方案围绕云计算、大数据、分布式架构等核心技术，提供相关的产品或平台，提高商业银行数字化水平。咨询服务类解决方案，主要为商业银行数字战略发展和数字化转型提供详细的规划建议书，并提供后续的具体服务。为此，本章 H2：银行科技服务商提供的技术产品和解决方案，对商业银行信贷业务、风险管理和技术创新等方面都会产生影响，最终目的是提高商业银行投入产出效率。

最后，从风险角度来看，银行科技服务商市场存在着商业银行个体最优选择与集体非理性现象。根据第四章和第五章的分析，单个银行购买银行科技服务商的解决方案在短期内是最优决策，但倾向于购买高风险技术产品。目前，银行科技服务商提供的技术产品和解决方案面临准确性与科

[①] 各家商业银行对员工的分类标准不同，信息技术人员也称金融科技人员、信息和运维人员等；非信息技术人员主要包括管理人员和业务人员。

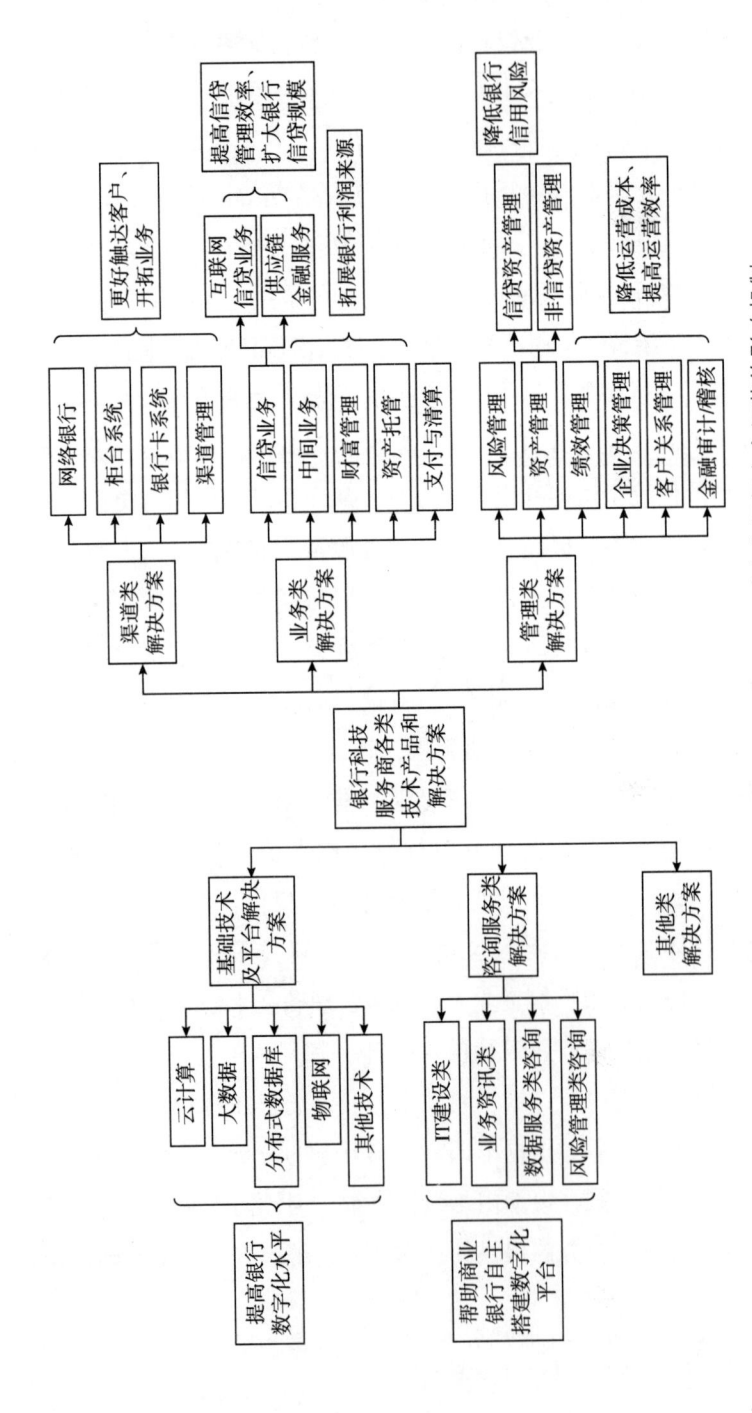

图 8-1 银行科技服务商各类技术产品和解决方案对商业银行生产经营的影响机制

资料来源：笔者通过调研，搜集公开资料等途径获得信息绘制而成。

学性问题。从通识性技术的发展来看，人工智能、大数据等数字技术的准确率仍然存在一些问题；银行科技服务商自身的算法和数据也参差不齐，具有一定的误差。基于上述分析，本章 H3：银行科技服务商行业发展，可能会加大商业银行的风险承担水平。

第二节　研究方法

数字经济发展背景下，产业数字化和数字化产业相互影响，商业银行数字化转型与银行科技服务商行业发展也具有相互关联、相互推动的耦合关系。本节基于已有研究，结合商业银行与银行科技服务商协同创新实践，提出本章的解释变量、研究样本和回归模型。

一、核心解释变量及说明

本章的研究难点主要是数据问题。本节提出三个解释变量衡量我国商业银行与银行科技服务商协同创新程度，并将其作为稳健性检验方法。

由于银行科技服务商非上市公司公布的数据较少，本章利用 Wind 数据库，以中国证券监督管理委员会行业分类中隶属软件和信息技术服务业的企业为基础，根据"主营业务和服务对象为商业银行"这一标准筛选出 2010—2021 年银行科技服务商上市公司（见附录3）。根据上市公司年度报告中的数据，估算历年银行科技服务商整体市场规模。

经统计，22家银行科技服务商上市公司 2021 年总营业收入达 694.30 亿元，各家上市公司科研投入占比均在 10% 左右。与大型商业银行相比，银行科技服务商科研投入绝对规模和相对规模都较高，掌握了大量的核心技术产品与解决方案。

此外，依据银行科技服务商上市公司的总营业收入，使用 Bain（1968）提出的行业集中比率 CR_n 以及 HHI 指数判断我国银行科技服务商市场集中度。由于本书统计的银行科技服务商市场只包括 22 家上市公司，且资产规模较大，因此 CR_n 和 HHI 指数可能会高于真实的市场水平。通过

表 8-1 发现：自 2016 年以来，我国银行科技服务商市场集中度一直处于下降趋势。可能的原因有：一是随着中小银行开始推进数字化转型，城市商业银行和农村商业银行逐渐成为银行科技服务商的重要客户；二是各领域的中小科技服务商纷纷成立，专注于某一技术产品的研发与服务。

表 8-1　2016—2021 年我国银行科技服务商市场集中度

市场集中度	2016 年	2017 年	2018 年	2019 年	2020 年	2021 年
CR_4	57.70%	54.87%	52.76%	52.07%	48.15%	46.60%
CR_8	77.06%	74.91%	74.46%	75.36%	74.34%	73.88%
HHI	1148	1025	960	958	876	852

资料来源：我国 22 家银行科技服务商上市公司年报数据，并经笔者计算。

此外，一些研究机构对银行科技服务商行业进行了长期的追踪和调研，定期公布银行业 IT 解决方案的市场规模及增速。目前，我国银行科技服务商上市公司普遍将 IDC 公布的历年中国银行业 IT 解决方案的市场份额作为行业发展数据。通过对比，两种口径下银行科技服务商市场规模都呈现出相似的增长趋势（见图 8-2）。

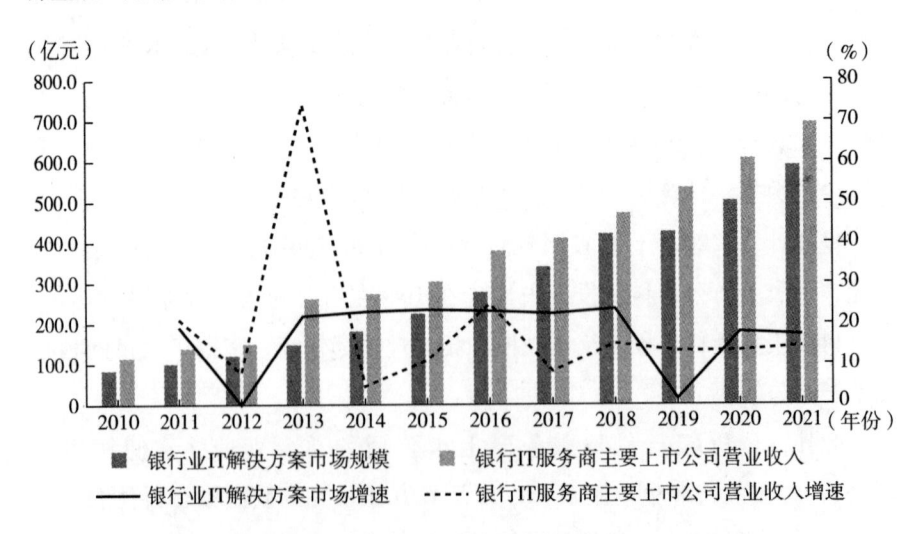

图 8-2　两种统计口径下我国银行科技服务商市场规模及增速

资料来源：我国 22 家银行科技服务商上市公司年报数据，并经作者计算。

基于此，本章提出三个核心解释变量衡量商业银行与银行科技服务商协同创新程度，并将其作为稳健性检验方法。一是各年度我国主要银行科技服务商上市公司的总营业收入，并取对数，代表商业银行购买技术产品和解决方案的总体规模，用变量 $ITProvider_{it}$ 表示；二是各年度我国主要银行科技服务商上市公司的总研发投入，并取对数，代表银行科技服务商对银行业的技术溢出效应，用变量 $Spillover_{it}$ 表示；三是第三方机构 IDC 统计的银行业 IT 解决方案市场规模，并取对数，用变量 $ITMarket_{it}$ 表示。

二、研究样本与回归模型

本章以连续发布 2010—2020 年年度报告的 54 家商业银行为研究样本，主要是因为：①54 家商业银行年度报告公布的数据较全，面板数据的缺失值最少；②54 家商业银行与银行科技服务商进行了长期、不同层次的合作，能够反映银行科技服务商在不同阶段对商业银行绩效与风险的影响。研究样本见表 5-1。

针对三个研究假设，本章提出以下实证分析模型，分别验证银行科技服务商对商业银行劳动力生产要素、投入产出和风险承担水平的影响（见表 8-2）。

表 8-2 描述性统计结果①

变量	Min	Max	AVERAGE	SD	N
$Labour_{it}$	6.71	13.14	9.16	1.49	594
$ITLabour_{it}$	3.97	11.06	7.76	1.55	200
TFP_{it}	0.12	4.05	1.02	0.22	540
$Loan_{it}$	4.32	12.11	7.94	1.68	594
$Profit_{it}$	-1.16	8.06	4.10	1.63	594
NPL_{it}	0.01	11.20	1.33	0.86	594

---

① 除百分比变量之外，其余变量均取对数，代表变量的增速，并且消除有可能的异方差等问题。

续表

变量	Min	Max	AVERAGE	SD	N
$Operating_{it}$	2.91	4656.09	440.14	847.17	486
$ITProvider_{it}$	23.17	24.83	24.09	0.54	594
$Spillover_{it}$	19.66	22.62	21.72	0.93	594
$ITMarket_{it}$	2.98	3.12	3.08	0.04	594
$Deposit_{it}$	4.90	12.43	8.48	1.50	594
$Fixed_{it}$	6.71	13.14	9.16	1.49	593
$Labour_{i(t-1)}$	0.27	7.84	3.49	1.71	594
$RD_{i(t-1)}$	-3.98	7.89	3.35	1.89	594
$Asset_{it}$	5.15	12.72	8.75	1.60	594
ROA_{it}	-0.58	2.82	0.99	0.33	594
LEV_{it}	0.76	0.99	0.93	0.02	593
$Share_{it}$	13.73	99.16	45.11	22.23	580
GDP_{it}	2.30	10.60	7.19	2.00	594
CPI_{it}	1.44	5.55	2.57	1.07	594
$Interest_{it}$	3.29	7.00	4.71	0.97	594
$Money_{it}$	6.99	18.95	12.17	3.59	594
$Employment_{it}$	7.06	7.22	7.16	0.05	594

资料来源：笔者根据公开资料整理所得。

$$\ln Labour_{it} = \beta_1 \ln Labour_{i(t-1)} + \beta_2 ITProvider_{it} \text{ 或 } Spillover_{it} \text{ 或 } ITMarket_{it} + \beta_3 Asset_{it} + \beta_4 Employment_{it} + \theta Control_{it} + \mu_{it} \quad (8-1)$$

$$Y_{it} = \alpha_1 + \alpha_2 ITProvider_{it} \text{ 或 } Spillover_{it} \text{ 或 } ITMarket_{it} + \alpha_3 Deposit_{it} + \alpha_4 Fixed_{it} + \alpha_5 RD_{i(t-1)} + \alpha_6 Labour_{i(t-1)} + \theta Control_{it} + \varepsilon_{it} \quad (8-2)$$

第三节 银行科技服务商对商业银行投入产出效率的影响及影响机制

提高经营效率是商业银行开展协同创新实践的最终目的。本节首先分析银行科技服务商对商业银行投入产出效率及分解指标的影响；其次从投入和产出两个视角分析银行科技服务商对商业银行投入产出效率的影响机制。研究发现：在2016年之后，银行科技服务商对商业银行"贷款余额增加"的正面促进作用小于"信用风险提高"的负面影响，但是劳动力生产要素替代作用逐渐显现，商业银行投入产出效率有所提升。整体来看，商业银行与银行科技服务商以"业务拓展"为主要目标的外部协同创新，难以支撑商业银行经营效率的持续提高。

一、银行科技服务商对商业银行投入产出效率的影响分析

通过 Hausman 检验，发现 Prob. >chi2 较小，需要拒绝原假设，故本部分采用双向固定效应模型进行分析（见表8-3）。通过回归发现，$ITProvider_{it}$、$Spillover_{it}$ 和 $ITMarket_{it}$ 的系数为负，但是不显著。从分解指标来看，银行科技服务商显著提高了商业银行的技术效率（EC），表明在现有技术水平下，通过存款、固定资产、劳动力等要素的协调配合，使商业银行既有技术水平的潜能得到更大程度释放，提高了要素的利用效率。进一步地，规模效率 SEC 显著为正，银行科技服务商较大程度地提高了商业银行的规模效率，对商业银行纯技术效率（PEC）未有显著影响。这表明银行科技服务商能够帮助商业银行拓展客户来源、扩大业务规模、提高产出规模。

表8-3 银行科技服务商对商业银行投入产出效率及分解指标影响的回归结果

被解释变量	TFP					
解释变量	(1)	(2)	(3)	(4)	(5)	(6)
$ITProvider_{it}$	-0.065 (-1.17)	-2.343 (-1.59)				
$Spillover_{it}$			-0.059 (-1.18)	-0.067 (-0.25)		
$ITMarket_{it}$					-1.251 (-1.17)	-1.419 (-0.25)

续表

被解释变量	TFP					
解释变量	(1)	(2)	(3)	(4)	(5)	(6)
个体固定效应	N	Y	N	Y	N	Y
时间固定效应	N	Y	N	Y	N	Y
R^2	0.5767	0.5907	0.5674	0.5828	0.5674	0.5828
样本量	594	594	594	594	594	594
被解释变量	EC			TC		
解释变量	(1)	(2)	(3)	(4)	(5)	(6)
$ITProvider_{it}$	0.305* (1.69)			-2.676*** (-4.25)		
$Spillover_{it}$		0.513*** (3.37)			-0.604*** (-2.75)	
$ITMarket_{it}$			10.813*** (3.37)			-12.724*** (-2.75)
个体固定效应	Y	Y	Y	Y	Y	Y
时间固定效应	Y	Y	Y	Y	Y	Y
R^2	0.3586	0.3579	0.3579	0.5995	0.5836	0.5836
样本量	594	594	594	594	594	594
被解释变量	PEC			SEC		
解释变量	(1)	(2)	(3)	(4)	(5)	(6)
$ITProvider_{it}$	0.172 (0.54)			0132* (1.80)		
$Spillover_{it}$		0.098 (0.89)			0.429*** (4.43)	
$ITMarket_{it}$			2.061 (0.89)			9.031*** (4.43)
个体固定效应	Y	Y	Y	Y	Y	Y
时间固定效应	Y	Y	Y	Y	Y	Y
R^2	0.2462	0.2457	0.2457	0.1946	0.1889	0.3489
样本量	594	594	594	594	594	594

资料来源：笔者通过 Stata 软件计算得到。

技术进步指数 TC 显著为负，表明银行科技服务商的发展，并未明显改善商业银行技术创新程度，甚至出现了一定的退步。在投入要素比例不变的情况下，商业银行采用银行科技服务商的技术解决方案，反而降低了产出。可能的原因在于：银行科技服务商提供的技术解决方案还不成熟，提升了商业银行不良贷款率，从而导致"坏"产出增加。这一影响机制将在下文得到进一步验证。

由于银行科技服务商在不同阶段的研发重点不同，对商业银行投入产出效率可能存在时期异质性。本部分将研究区间分为 2010—2015 年和 2016—2020 年，分别代表金融科技前和金融科技后，回归结果见表 8-4。通过回归发现，金融科技前阶段，银行科技服务商对商业银行投入产出效率的影响不显著；金融科技后阶段，银行科技服务商对商业银行投入产出效率的影响显著为正。列（4）表明：我国 22 家主要银行科技服务商上市公司的总营业收入每增加 1 个百分点，54 家主要商业银行投入产出效率增加 0.817 个百分点。主要原因在于：一是随着协同创新程度的提高，银行科技服务商对商业银行经营效率的促进作用逐渐显现；二是 2016 年之后，银行科技服务商提供的技术产品和解决方案开始全面渗透并影响商业银行的实际经营和业务，而不仅局限于辅助支撑作用。下部分将从投入要素和产出要素两个角度分析其具体影响机制。

表 8-4　银行科技服务商对商业银行投入产出效率的异质性影响

时期	金融科技前阶段		金融科技后阶段	
变量	(1)	(2)	(3)	(4)
$ITProvider_{it}$	0.031 (0.33)	0.075 (0.70)	0.703*** (2.80)	0.817** (2.41)
$Spillover_{it}$	0.041 (0.33)	0.098 (0.70)	0.486*** (2.80)	0.565** (2.41)
$ITMarket_{it}$	0.883 (0.33)	2.102 (0.70)	10.881*** (2.80)	12.649** (2.41)
个体固定效应	N	Y	N	Y

续表

时期	金融科技前阶段		金融科技后阶段	
时间固定效应	N	Y	N	Y
样本量	324	324	270	270

资料来源：笔者通过 Stata 软件计算得到。

此外，本部分对研究区间也进行了其他划分，例如，2010—2014 年和 2015—2020 年及 2010—2016 年和 2017—2020 年，分别进行了回归分析，均得到了类似的研究结论。下文分析时间异质性时均采用了同样的方法，故不再赘述。

二、投入要素影响机制分析

在多重因素叠加下，当前银行业整体员工人数出现了放缓趋势，银行科技服务商在其中发挥了怎样的作用？通过实证回归模型，本部分重点分析银行科技服务商对商业银行劳动力生产要素的整体性、异质性影响。

1. 整体性影响

通过 Stata 软件对模型 8-1 进行回归分析，回归结果见表 8-5。其中，列（1）、列（3）和列（5）表示使用 GLS 随机效应的回归结果，列（2）、列（4）和列（6）表示使用双向固定效应模型的回归结果。使用随机效应模型和固定效应模型的回归系数差别不大，且都在 1% 的水平下显著，故不再进行 Hausman 检验。

表 8-5 被解释变量为总体劳动力的回归结果

变量	(1)	(2)	(3)	(4)	(5)	(6)
$Labour_{i(t-1)}$	0.915*** (54.98)	0.868*** (24.51)	0.914*** (54.93)	0.868*** (24.51)	0.915*** (54.98)	0.868*** (24.51)
$ITProvider_{it}$	-0.087*** (-5.93)	-0.110*** (-2.84)				

续表

变量	(1)	(2)	(3)	(4)	(5)	(6)
$Spillover_{it}$			-0.065***	-0.072***		
			(-6.07)	(-2.84)		
$ITMarket_{it}$					-1.397***	-1.541***
					(-6.04)	(-2.84)
$Asset_{it}$	0.059***	0.105***	0.060***	0.105***	0.060***	0.105***
	(3.84)	(2.77)	(3.91)	(2.77)	(3.89)	(2.77)
$Employment_{it}$	0.239*	0.445**	0.403***	0.556***	0.407***	0.556***
	(1.71)	(2.30)	(2.71)	(2.77)	(2.73)	(2.77)
_cons	0.704	-0.211	-1.154	-2.098	1.700*	1.088
	(0.72)	(-0.15)	(-1.16)	(-1.53)	(1.68)	(0.66)
个体固定效应	N	Y	N	Y	N	Y
时间固定效应	N	Y	N	Y	N	Y
R^2	0.9914	0.9913	0.9914	0.9913	0.9914	0.9913
样本量	594	594	594	594	594	594

资料来源：笔者通过 Stata 软件计算得到。

考虑个体固定效应和时间固定效应，$ITProvider_{it}$、$Spillover_{it}$、$ITMarket_{it}$ 三个解释变量的系数均在 1% 的置信水平下显著为负。我国 22 家银行科技服务商上市公司的总营业收入每增加 1 个百分点，54 家主要商业银行的员工数量减少 0.110 个百分点；研发支出每增加 1 个百分点，54 家主要商业银行的员工数量减少 0.072 个百分点；银行 IT 解决方案市场规模每增加 1 个百分点，54 家主要商业银行的员工数量减少 1.541 个百分点。这说明银行科技服务商的发展对商业银行总体劳动力生产要素起到了替代作用。

其他大部分变量的回归系数具有经济学含义，且符合预期假设。$Labour_{i(t-1)}$、$Asset_{it}$ 和 $Employment_{it}$ 的系数均显著为正，表明我国商业银行员工数量的增长受到已有员工基础、资产规模和整体劳动力就业人数的显著正向影响。由于本节对"商业银行与银行科技服务商协同创新"这一核心解释变量采取了多个变量进行验证，故不再使用其他方法进行稳健性检验。

2. 异质性影响

本部分主要基于类型、时间和结构三个维度，分析银行科技服务商对商业银行劳动力生产要素的异质性影响。

（1）银行类型异质性分析。

不同类型的商业银行与银行科技服务商的合作类型和规模存在较大的差异，本部分重点分析银行业内部存在的异质性问题（见表8-6）。对于大型商业银行（包括国有商业银行和股份制商业银行）而言，$ITProvider_{it}$、$Spillover_{it}$、$ITMarket_{it}$三个解释变量的系数显著为负；对于中小型商业银行，$ITProvider_{it}$、$Spillover_{it}$、$ITMarket_{it}$三个解释变量的系数不显著。其中，我国22家主要银行科技服务商上市公司的总营业收入每增加1个百分点，大型商业银行的员工数量减少0.313个百分点。这说明我国大型商业银行率先进行信息技术应用和数字化转型，并加强与银行科技服务商的外部合作，通过技术引进和外部合作等方式，对劳动力的替代程度较高；以城市商业银行和农村商业银行为代表的中小银行，与银行科技服务商的合作规模较小，对员工数量的影响还不显著。

表8-6 银行异质性回归结果

类型	大型商业银行			中小型商业银行		
变量	(1)	(2)	(3)	(4)	(5)	(6)
$ITProvider_{it}$	-0.313** (-2.43)			0.010 (0.28)		
$Spillover_{it}$		-0.204** (-2.43)			0.006 (0.28)	
$ITMarket_{it}$			-4.395** (-2.43)			0.138 (0.28)
个体固定效应	Y	Y	Y	Y	Y	Y
时间固定效应	Y	Y	Y	Y	Y	Y
R^2	0.9755	0.9755	0.9755	0.9724	0.9724	0.9724
样本量	176	176	176	418	418	418

资料来源：笔者通过Stata软件计算得到。

（2）时间异质性分析。

回归结果见表8-7。2010—2015年，$ITProvider_{it}$、$Spillover_{it}$、$ITMarket_{it}$三个解释变量的系数均在10%的水平上显著为正，表明金融科技前阶段，商业银行在采用银行科技服务商提供的技术和解决方案时，对劳动力生产要素的需求大大增加。可能的原因：一是这一时期银行科技服务商提供的技术和解决方案，更多侧重于商业银行管理模式和绩效考核，还未涉及对简单人力岗位的替代；二是这一时期商业银行处于技术吸收能力快速积累阶段，导致需要投入大量的劳动力要素。

表8-7 时间异质性回归结果

时间段	金融科技前阶段			金融科技后阶段		
变量	(1)	(2)	(3)	(4)	(5)	(6)
$ITProvider_{it}$	0.214* (1.91)			-0.057 (-0.36)		
$Spillover_{it}$		0.110* (1.91)			-0.057 (-0.36)	
$ITMarket_{it}$			2.380* (1.91)			-1.289 (-0.36)
个体固定效应	Y	Y	Y	Y	Y	Y
时间固定效应	Y	Y	Y	Y	Y	Y
R^2	0.9948	0.9948	0.9948	0.9817	0.9817	0.9817
样本量	324	324	324	270	270	270

资料来源：笔者通过Stata软件计算得到。

2016—2020年，$ITProvider_{it}$、$Spillover_{it}$、$ITMarket_{it}$三个解释变量的系数为负，但是不显著。可能的原因是：一是研究区间缩短导致研究样本量减少，系数显著性也受到了影响；二是银行科技服务商对商业银行劳动力生产要素的替代作用逐渐显现，但是需要一定的时间才能真正发挥作用。

综合来看，随着银行科技服务商的研发重点从传统互联网信息技术拓展到新兴数字技术，对商业银行劳动力生产要素的影响经历了从"促进"

到"替代"的转变,在中间节点发生了突变。当前,银行科技服务商已经成为商业银行一种"间接性、协作性、非雇佣性"的隐性劳动力生产要素。

(3) 结构异质性分析。

目前,在年度报告中连续公布信息技术人员、金融科技人员等信息的商业银行较少。通过整理各家商业银行的年度报告,本部分挑选了公布信息技术人员数量或比重的 22 家商业银行,得到一个不平衡面板数据。研究样本以大中型商业银行为主,虽然样本量较小,但基本可以满足样本数量要求。回归结果与理论假设基本符合,可以作为一定的参考。

若被解释变量为信息技术人员,通过 Hausman 检验,得到 Prob. >chi2 较小,需要拒绝原假设,故本部分使用固定效应模型进行分析,回归结果见表 8-8。列 (1)、列 (3) 和列 (5) 表明,在不考虑个体固定效应和时间固定效应的情况下,$ITProvider_{it}$、$Spillover_{it}$、$ITMarket_{it}$ 三个解释变量的系数在 5% 的水平下显著为正,表明银行科技服务商的市场规模和研发投入扩大,促进了商业银行信息技术人员的增加。列 (2)、列 (4) 和列 (6) 中,考虑个体固定效应和时间固定效应,银行科技服务商对商业银行信息技术人员的影响不再显著,但系数仍然为正。

表 8-8　被解释变量为信息技术人员的回归结果

变量	(1)	(2)	(3)	(4)	(5)	(6)
$ITProvider_{it}$	0.094** (2.58)	0.127 (0.84)				
$Spillover_{it}$			0.063** (2.38)	0.072 (0.84)		
$ITMarket_{it}$					1.355** (2.36)	1.527 (0.84)
_cons	0.983 (0.42)	-3.598 (-0.82)	2.889 (1.26)	-1.168 (-0.37)	0.116 (0.05)	-4.296 (-0.86)
个体固定效应	N	Y	N	Y	N	Y
时间固定效应	N	Y	N	Y	N	Y

续表

变量	(1)	(2)	(3)	(4)	(5)	(6)
R^2	0.9809	0.9495	0.9808	0.7995	0.9808	0.9495
样本量	200	200	200	200	200	200

资料来源：笔者通过 Stata 软件计算得到。

若被解释变量为非信息技术人员，使用随机效应和固定效应两种方法的回归结果基本一致（见表8-9），$ITProvider_{it}$、$Spillover_{it}$、$ITMarket_{it}$ 三个解释变量的系数在1%的水平下显著为负，说明银行科技服务商的市场规模和研发投入扩大，显著减少了商业银行非信息技术人员的增加。银行科技服务商提供的各类技术产品和解决方案，主要是对柜员、业务人员、中后台人员等传统岗位的替代，降低了商业银行劳动力生产要素投入。

表8-9 被解释变量为非信息技术人员的回归结果

变量	(1)	(2)	(3)	(4)	(5)	(6)
$ITProvider_{it}$	-0.112*** (-4.36)	-0.253*** (-3.88)				
$Spillover_{it}$			-0.093*** (-4.40)	-0.230*** (-3.88)		
$ITMarket_{it}$					-2.049*** (-4.40)	-5.024*** (-3.88)
_cons	2.586 (1.50)	3.911* (1.96)	0.911 (0.57)	0.960 (0.53)	5.173** (2.53)	11.438*** (3.48)
个体固定效应	N	Y	N	Y	N	Y
时间固定效应	N	Y	N	Y	N	Y
R^2	0.9939	0.9805	0.9939	0.9805	0.9939	0.9805
样本量	200	200	200	200	200	200

资料来源：笔者通过 Stata 软件计算得到。

综合上述分析可知，银行科技服务商对商业银行劳动力生产要素内部构成具有不同的影响机制：对非信息技术人员具有较显著的替代作用，且主要是对大型商业银行的非信息技术人员的替代；对信息技术人员的促进作用还较小。由于大型商业银行披露的信息技术人员数据相对较全，研究表明：大型商业银行并未完全依赖银行科技服务商的技术研发，它们开始加强信息技术人员的培养和引进，有利于提高技术吸收能力和自主研发能力。

三、产出要素影响机制分析

银行科技服务商的市场定位和产品创新，围绕"助力商业银行提质增效、提高经营效率"而展开。从实践来看，银行科技服务商的技术产品和解决方案具有多种功能，且存在优先次序问题。本部分基于技术产品和解决方案的三大功能，分析银行科技服务商对商业银行产出要素的影响机制。

1. 产出目标一：银行科技服务商对商业银行信贷业务的影响

商业银行贷款余额既是商业银行最主要的"好产出"之一，也与"坏产出"中的信用风险息息相关，是测算商业银行投入产出效率的重要变量。根据调研，随着银行科技服务商不断完善信贷系统及相关衍生业务的研发，技术产品和解决方案不再局限于商业银行内部信贷管理，开始与信贷渠道、信贷数据、信贷风控等核心业务联系在一起。商业银行开始关注技术在促进信贷业务增长方面的作用。

将商业银行贷款余额作为被解释变量，回归结果见表8-10。将2016年作为时间节点，发现银行科技服务商对商业银行贷款余额的影响从"不显著"到"显著促进"。2016年之后，即金融科技后阶段银行科技服务商提供的技术产品和解决方案显著提高了商业银行贷款余额，其中我国22家主要银行科技服务商上市公司的总营业收入每增加1个百分点，54家商业银行贷款余额增加1.875个百分点。银行科技服务商为商业银行提供包括场景、数据等在内的技术产品和解决方案，切实能够帮助商业银行拓展信贷业务。

表 8-10　银行科技服务商对商业银行贷款余额影响的回归结果

时期 变量	金融科技前阶段		金融科技后阶段	
	(1)	(2)	(3)	(4)
$ITProvider_{it}$	0.379 (1.14)	0.562 (1.53)	0.414 (0.87)	1.875*** (2.88)
$Spillover_{it}$	0.496 (1.14)	0.736 (1.53)	0.286 (0.87)	1.296*** (2.88)
$ITMarket_{it}$	10.686 (1.14)	15.842 (1.53)	6.403 (0.87)	29.018*** (2.88)
个体固定效应	N	Y	N	Y
时间固定效应	N	Y	N	Y
样本量	324	324	270	270

资料来源：笔者通过 Stata 软件计算得到。

根据调研，商业银行贷款余额增速具有一定的"锚"特征，即各家商业银行将"维持去年贷款规模增速，并在此基础上有所增加"作为与银行科技服务商合作的首要目标。2011—2021 年，我国金融机构本外币信贷收支中各项贷款余额同比增速均在 11% 以上，且这一增速具有一定的黏性（见图 8-3）。

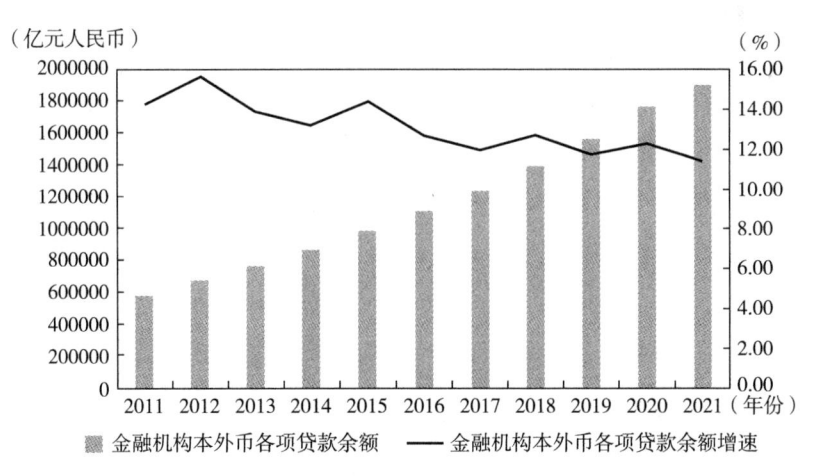

图 8-3　2011—2021 年我国金融机构本外币各项贷款余额及同比增速

资料来源：中国人民银行官网。

为了验证商业银行贷款余额增速的黏性特征，本部分将商业银行预期贷款余额增速（$Growth_{it}$）作为被解释变量，以商业银行"去年贷款余额增速+n%"作为该行在本年度想要达到的贷款余额增速，n%分别取1%、3%和5%，记作$Growth1_{it}$、$Growth2_{it}$和$Growth3_{it}$。这种方法损失了部分数据，样本量有所减少，但整体数量可以满足统计要求（见表8-11）。

表8-11 银行科技服务商对商业银行预期贷款余额增速影响的回归结果

变量	$Growth1_{it}$	$Growth2_{it}$	$Growth3_{it}$
$ITProvider_{it}$	0.1049** (2.12)	0.1060** (2.15)	0.1070** (2.18)
$Spillover_{it}$	0.0788 (1.60)	0.0801 (1.64)	0.0813* (1.67)
$ITMarket_{it}$	1.7132 (1.61)	1.7405 (1.64)	1.7669* (1.68)
个体固定效应	Y	Y	Y
时间固定效应	Y	Y	Y
R^2	0.9523	0.9542	0.9526
样本量	540	540	540

资料来源：笔者通过Stata软件计算得到。

通过回归可知，银行科技服务商三个解释变量在解释$Growth3_{it}$时，都显著为正，且回归系数明显大于$Growth1_{it}$和$Growth2_{it}$。这在一定程度上表明了商业银行购买银行科技服务商的技术产品和解决方案，期望能够在去年贷款余额增速的基础上增加5%。$ITProvider_{it}$的系数在5%的水平下显著为正，表明银行科技服务商上市公司的总营业收入对商业银行开展信贷业务、扩大贷款余额具有显著的影响，商业银行期望采用各类技术方案达到预期增速的目标。

2. 产出目标二：银行科技服务商对商业银行风险承担的影响

基于预算软约束理论，商业银行与银行科技服务商协同创新能够降低商业银行研发风险及高风险技术产品应用失败导致的其他风险；但在决策阶段，商业银行更倾向于直接购买高风险技术产品。由于技术产品与解决方案主要影响商业银行信用风险和操作风险，本部分检验银行科技服务商对商业银行不良贷款率（NPL_{it}）和操作风险（$Operating_{it}$）的影响。

技术产品和解决方案对商业银行信用风险的影响具有不确定性。一方面，技术产品和解决方案在显著提高商业银行预期贷款余额的同时，由于技术存在不确定性，导致商业银行可能忽略对信用风险的控制；另一方面，银行科技服务商提供的信贷风险管理方案，在一定程度上有助于提高商业银行的风险管理能力。

回归结果见表8-12。银行科技服务商对商业银行信用风险的影响经历了从"不显著"到"显著促进"的转变。尤其是在2016年之后，银行科技服务商提供的技术产品和解决方案显著提高了商业银行不良贷款率，银行业信贷风险显著增加。其中，我国22家主要银行科技服务商上市公司的总营业收入每增加1个百分点，54家商业银行的不良贷款率增加2.858个百分点。可能的原因在于：不同阶段银行科技服务商提供的技术产品和解决方案有所不同。在2016年之前，银行科技服务商以提供硬件IT基础设施为主，对商业银行信贷业务的直接影响较小；在2016年之后，随着数字技术的应用与普及，银行科技服务商开始利用算法和数据涉足信贷领域，但是技术产品准确性存在较大的弹性和人为操作空间，从而导致商业银行信用风险增加。

表 8-12 银行科技服务商对商业银行信用风险影响的回归结果

时期	金融科技前阶段		金融科技后阶段	
变量	(1)	(2)	(3)	(4)
$ITProvider_{it}$	-0.133 (-0.68)	0.135 (0.62)	-0.087 (-0.11)	2.858** (2.42)
$Spillover_{it}$	-0.174 (-0.68)	0.177 (0.62)	-0.060 (-0.11)	1.975** (2.42)
$ITMarket_{it}$	-3.753 (-0.68)	3.804 (0.62)	-1.345 (-0.11)	44.215** (2.42)

续表

时期	金融科技前阶段		金融科技后阶段	
变量	(1)	(2)	(3)	(4)
个体固定效应	N	Y	N	Y
时间固定效应	N	Y	N	Y
样本量	324	324	270	270

资料来源：笔者通过 Stata 软件计算得到。

对于操作风险，银行科技服务商提供的一系列技术产品和解决方案，能够规范内部操作流程、完善内部管理机制。但商业银行频繁出现的操作风险事件，表明了技术应用的局限性。为了便于分析，本部分主要采取巴塞尔委员会提出的基本指标法①对商业银行操作风险（$Operating_{it}$）进行测算，即：$Operating_{it} = \alpha GI$。

回归结果见表 8-13。银行科技服务商对商业银行操作风险的影响呈现出从"显著"到"不显著"的变化。尤其是在 2016 年之前，银行科技服务商提供的技术产品和解决方案显著提高了商业银行的操作风险。其中，我国 22 家主要银行科技服务商上市公司的总营业收入每提高 1 个百分点，54 家商业银行操作风险就增加 0.270 个百分点。可能的原因在于：在 2016 年之前，银行科技服务商主要提供企业级、管控型的绩效管理系统，以及相关的 IT 硬件基础设施，提高商业银行线上化管理水平的同时，但也导致内部员工操作风险加大。随着银行内部管理系统的不断完善以及管理机制的健全，2016 年之后，银行科技服务商对商业银行操作风险的影响不再显著。

表 8-13　银行科技服务商对商业银行操作风险影响的回归结果

时期	金融科技前阶段		金融科技后阶段	
变量	(1)	(2)	(3)	(4)
$ITProvider_{it}$	0.318*** (4.29)	0.270*** (3.39)	0.668 (0.57)	-0.810 (-0.48)

① 基本指标法是将商业银行前三年总营业收入的算术平均值乘以 15% 来计提操作风险资本。

续表

时期	金融科技前阶段		金融科技后阶段	
变量	(1)	(2)	(3)	(4)
$Spillover_{it}$	0.420***	0.357***	0.462	-0.560
	(4.29)	(3.39)	(0.57)	(-0.48)
$ITMarket_{it}$	8.918***	7.586***	10.334	-12.531
	(4.29)	(3.39)	(0.57)	(-0.48)
个体固定效应	N	Y	N	Y
时间固定效应	N	Y	N	Y
样本量	324	324	270	270

资料来源：笔者通过 Stata 软件计算得到。

整体来看，银行科技服务商并未显著降低商业银行风险承担水平，反而在不同阶段起到了一定的促进作用。在 2016 年之前，银行科技服务商主要提供互联网信息技术产品，显著提升了商业银行操作风险；在 2016 年之后，银行科技服务商主要提供数字技术产品，显著提升了商业银行信用风险。

3. 产出目标三：银行科技服务商对商业银行技术创新的影响

商业银行与银行科技服务商协同创新，本质上是利用外部市场化创新机制降低内部研发风险，并在此基础上加以吸收与利用。本部分将商业银行无形资产净值占总资产比重 RD_{it} 和商业银行专利数量（$Patent_{it}$）、单位研发投入创造的专利数量（P/RD_{it}）作为被解释变量，分别衡量商业银行研发投入水平和自主创新能力，回归结果见表 8-14。

表 8-14　银行科技服务商对商业银行技术创新影响的回归结果

时期	金融科技前阶段			金融科技后阶段		
变量	(1)	(2)	(3)	(1)	(2)	(3)
$ITProvider_{it}$	0.562	49.221**	6.781**	1.875***	260.738	33.255
	(1.53)	(2.55)	(2.61)	(2.88)	(1.48)	(1.38)
$Spillover_{it}$	0.736	64.435**	8.878**	1.296***	180.225	22.986
	(1.53)	(2.55)	(2.61)	(2.88)	(1.48)	(1.38)

续表

时期	金融科技前阶段			金融科技后阶段		
变量	(1)	(2)	(3)	(1)	(2)	(3)
$ITMarket_{it}$	15.842 (1.53)	1386.968** (2.55)	191.090** (2.61)	29.018*** (2.88)	4034.407 (1.48)	514.548 (1.38)
个体固定效应	Y	Y	Y	Y	Y	Y
时间固定效应	Y	Y	Y	Y	Y	Y
样本量	324	324	324	270	270	270

资料来源：笔者通过 Stata 软件计算得到。

以商业银行无形资产净值占总资产比重 RD_{it} 作为被解释变量，银行科技服务商对商业银行研发投入的影响呈现出从"不显著"到"显著为正"的变化。尤其是在 2016 年之后，银行科技服务商的发展显著提高了商业银行研发投入。其中，我国 22 家主要银行科技服务商上市公司总营业收入每增加 1 个百分点，54 家商业银行研发投入增加 1.875 个百分点。这说明目前一些商业银行研发投入的主要去向是直接购买银行科技服务商的技术产品和解决方案，且银行业内部两极分化明显。

以商业银行专利数量（$Patent_{it}$）和单位研发投入创造的专利数量（P/RD_{it}）作为被解释变量，银行科技服务商对商业银行自主创新能力的影响呈现出从"显著为正"到"不显著"的变化。在 2016 年之前，我国 22 家主要银行科技服务商上市公司总营业收入每增加 1 个百分点，我国 54 家商业银行的专利数量增加 49.221 个百分点；但在 2016 年之后，$ITProvider_{it}$、$Spillover_{it}$、$ITMarket_{it}$ 三个解释变量的系数均不显著。这说明银行科技服务商对商业银行的技术溢出效应逐渐减弱。近年来，商业银行直接应用银行科技服务商提供的技术产品和解决方案，加之知识产权专利保护强度不断加大，商业银行很难在其基础上加以创新与再创新，导致自主创新能力不足。

综合来看，银行科技服务商对商业银行三大产出目标的影响具有明显的时间异质性。2016 年之后，银行科技服务商的发展有利于商业银行拓展信贷业务，但提升了商业银行的信用风险；增加了商业银行研发支出，但自主创新能力不足。金融科技后阶段，银行科技服务商对商业银行"贷款余额增加"的正面影响小于"信用风险提高"的负面影响,但是劳动力生产要素替代作用逐渐凸显,商业银行投入产出效率有所提升。

尤其值得关注的是,随着技术的发展,银行科技服务商先后导致了商业银行操作风险和信用风险的提高,且仍然存在应用高风险技术产品的问题。一方面,无论是互联网技术,还是数字技术,都难以从根本上消除风险,且技术应用的复杂性可能会产生新的风险点;另一方面,技术是中性的,但商业银行利用技术产品和解决方案想要达到的目标各异,最终导致效果不同。因此,商业银行与银行科技服务商协同创新并未显著降低商业银行的技术应用风险,高风险技术产品应用导致的预算软约束问题依然存在。随着信用风险的负面影响逐渐加深,以"业务拓展"为主要目标的协同创新模式难以持续支撑商业银行经营效率的提高。

第四节 基于门限回归模型的进一步分析

为了验证银行科技服务商对商业银行经营绩效和风险承担的影响是否存在跳跃或突变的情况,本节使用 Hansen 门限回归模型,分别选取银行科技服务商总营业收入($ITProvider_{it}$)、商业银行资本充足率(CAR_{it})、国家知识产权保护强度($IPProtect_{it}$)为门限变量,分析主体特征和外部制度环境对协同创新绩效与风险的影响。研究发现:银行科技服务商行业发展程度越高,协同创新对商业银行贷款余额的促进作用越大,但对其他产出目标未产生直接的影响;资本充足率越高,商业银行对技术产品的吸收能力和利用效率越高,有利于盈利能力的增强;国家对知识产权的保护强度越大,导致商业银行模仿创新的难度增加,对商业银行盈利能力具有负面影响。

一、门限回归模型及门限变量说明

在门限回归模型的基础上,借鉴邵帅等(2013)、江曙霞和陈玉婵(2012)等的研究,选取银行科技服务商总营业收入($ITProvider_{it}$)、商业银行资本充足率(CAR_{it})、国家知识产权保护强度($IPProtect_{it}$)作为门限变量，核心解释变量为商业银行与银行科技服务商协同创新程度（$ITProvider_{it}$），分析主体特征和制度环境对商业银行经营绩效和风险承担的非线性影响。建立的单门限和双门限两种情况下的门限回归模型如下：

$$Y_{it} = \alpha_0 + \alpha_1 Deposit_{it} + \alpha_2 Fixed_{it} + \alpha_3 RD_{i(t-1)} + \alpha_4 Labour_{i(t-1)} + \alpha_5 ITProvider_{it} \times$$
$$I(ITProvider_{it} \text{ 或 } CAR_{it} \text{ 或 } IPProtect_{it} \leq \gamma) + \alpha_6 ITProvider_{it} \times$$
$$I(ITProvider_{it} \text{ 或 } CAR_{it} \text{ 或 } IPProtect_{it} > \gamma) + \theta Control_{it} + u_i + \tau_t + \varepsilon_{it} \quad (8-3)$$

$$Y_{it} = \alpha_0 + \alpha_1 Deposit_{it} + \alpha_2 Fixed_{it} + \alpha_3 RD_{i(t-1)} + \alpha_4 Labour_{i(t-1)} + \alpha_5 ITProvider_{it} \times$$
$$I(ITProvider_{it} \text{ 或 } CAR_{it} \text{ 或 } IPProtect_{it} \leq \gamma_1) + \alpha_6 ITProvider_{it} \times I(\gamma_1 <$$
$$ITProvider_{it} \text{ 或 } CAR_{it} \text{ 或 } IPProtect_{it} \leq \gamma_2) + \alpha_7 ITProvider_{it} \times I(ITProvider_{it}$$
$$\text{ 或 } CAR_{it} \text{ 或 } IPProtect_{it} > \gamma_2) + \theta Control_{it} + u_i + \tau_t + \varepsilon_{it} \quad (8-4)$$

其中，$ITProvider_{it}$、CAR_{it}、$IPProtect_{it}$为门限变量，γ、γ_1、γ_2为需要确定的门限值。$I(\cdot)$为指示函数，取值为1或者0。通过判断α_5和α_6（以及α_7）的大小与显著性，判断是否存在门限效应。此外，本节主要通过测算LR指数方法来判断门限值的真实性。

银行科技服务商行业的发展程度，对商业银行经营绩效和风险承担可能存在非线性影响。银行科技服务商总营业收入（$ITProvider_{it}$）代表商业银行与银行科技服务商协同创新程度，既作为解释变量，也作为门限变量。

商业银行资本充足率（CAR_{it}）可以反映商业银行抵御风险的能力及风险偏好，反映金融审慎监管下的商业银行风险行为。将商业银行资本充足率（CAR_{it}）作为门限变量，考察银行科技服务商对不同风险抵御能力和风险偏好的商业银行是否存在异质性影响。

国家知识产权保护强度（$IPProtect_{it}$）是衡量国家对银行科技服务商技术研发专利的保护程度，既影响银行科技服务商的技术研发与知识保护，也影响商业银行模仿创新与自主创新行为。其数据主要来自国家知识产权局知识产权发展研究中心公布的数据[①]。

[①] 现有研究大多在Ginarte和Park（1997）的基础上，构建知识产权保护强度指标体系，进行区域指标衡量。本书主要使用国家知识产权局知识产权发展研究中心发布的《2020年中国知识产权发展状况评价报告》中历年全国知识产权保护指数。

二、门限值估计结果及检验

对模型是否存在门限效应进行检验，回归结果见表 8-15。以商业银行投入产出效率、贷款余额、净利润和不良贷款率分别作为被解释变量，以银行科技服务商协同创新程度（$ITProvider_{it}$）为门限变量的模型中，被解释变量为贷款余额和净利润时存在单门限效应，门限值分别是 24.4373 和 24.1363。以商业银行资本充足率（CAR_{it}）为门限变量的模型中，被解释变量为净利润时存在单门限效应，被解释变量为不良贷款率时存在双门限效应。以国家知识产权保护强度（$IPProtect_{it}$）为门限变量的模型中，被解释变量为投入产出效率时存在双门限效应，被解释变量为贷款余额时存在单门限效应，被解释变量为净利润时存在双门限效应。

表 8-15 门限值估计结果及检验

被解释变量	门限变量	类型	门限值	均方误差	F 统计量	P 值
TFP_{it}	$ITProvider_{it}$	单门限	不存在	0.0243	6.22	0.127
		双门限	不存在	0.0242	1.99	0.130
	CAR_{it}	单门限	不存在	0.0244	3.69	0.793
		双门限	不存在	0.0242	4.70	0.493
	$IPProtect_{it}$	单门限	212.7000	0.0243	6.22	0.067
		双门限	209.5000 和 212.7000	0.0242	1.81	0.087
		三门限	不存在	0.0242	0.23	0.757
$Loan_{it}$	$ITProvider_{it}$	单门限	24.4373	0.0101	34.77	0.000
		双门限	不存在	0.0100	6.23	0.280
	CAR_{it}	单门限	不存在	0.0105	15.14	0.120
		双门限	不存在	0.0104	4.98	0.633
	$IPProtect_{it}$	单门限	232.9000	0.0101	34.77	0.000
		双门限	不存在	0.0102	-3.82	1.000
$Profit_{it}$	$ITProvider_{it}$	单门限	24.1363	0.0573	7.02	0.083
		双门限	不存在	0.0570	2.17	0.113
	CAR_{it}	单门限	10.7500	0.0554	25.50	0.003
		双门限	不存在	0.0552	1.64	0.977

续表

被解释变量	门限变量	类型	门限值	均方误差	F统计量	P值
$Profit_{it}$	$IPProtect_{it}$	单门限	212.7000	0.0573	7.02	0.073
		双门限	149.4000 和 314.8000	0.0570	2.17	0.037
		三门限	不存在	0.0570	0.00	1.000
NPL_{it}	$ITProvider_{it}$	单门限	不存在	0.3263	2.75	0.573
		双门限	不存在	0.3257	1.03	0.397
	CAR_{it}	单门限	不存在	0.3239	6.64	0.363
		双门限	10.4700 和 10.4800	0.3127	19.04	0.007
		三门限	不存在	0.3086	7.04	0.220
	$IPProtect_{it}$	单门限	不存在	0.3263	2.75	0.513
		双门限	不存在	0.3257	1.03	0.357

注：p值为采取自抽样法反复抽样300次的结果；对门限两端变量的值进行5%缩尾处理，置信水平为95%。

资料来源：笔者通过Stata软件计算得到。

三、门限效应显著性检验

表8-16代表以银行科技服务商总营业收入为门限变量的回归结果。列（1）、列（2）分别表示被解释变量为商业银行贷款余额和净利润的门限效应回归结果。列（1）表明，银行科技服务商协同创新程度越高，对商业银行贷款余额的影响越大。当协同创新程度小于或等于24.4373时，银行科技服务商总营业收入每提高1个百分点，商业银行贷款余额就提高0.075个百分点；当协同创新程度高于24.4373时，银行科技服务商总营业收入每提高1个百分点，商业银行贷款余额就提高0.078个百分点。列（2）表明，银行科技服务商协同创新程度，对商业银行净利润的影响不显著。

表8-16 以银行科技服务商总营业收入为门限变量的回归结果

被解释变量	(1)	(2)
$Loan_{it}(ITProvider_{it} \leqslant 24.4373)$	0.075** (1.99)	

续表

被解释变量	(1)	(2)
$Loan_{it}(ITProvider_{it} > 24.4373)$	0.078** (2.05)	
$Profit_{it}(ITProvider_{it} \leq 24.1363)$		0.058 (0.60)
$Profit_{it}(ITProvider_{it} > 24.1363)$		0.063 (0.65)
控制变量	Y	Y
个体固定效应	Y	Y
时间固定效应	Y	Y
R^2	0.9853	0.9546
样本量	594	594

资料来源：笔者通过 Stata 软件计算得到。

表8-17代表以商业银行资本充足率为门限变量的回归结果。列（1）表明，当商业银行资本充足率小于或等于10.7500%时，商业银行与银行科技服务商协同创新程度每提高1个百分点，商业银行净利润增加0.150个百分点；当商业银行资本充足率高于10.7500%时，商业银行与银行科技服务商协同创新程度每提高1个百分点，商业银行净利润就增加0.161个百分点。这说明：商业银行资本充足率越高，对技术产品的吸收能力和利用效率越高，越有可能实现较高的盈利水平。列（2）表明，当商业银行资本充足率介于14.4700%和14.4800%之间时，商业银行与银行科技服务商协同创新程度越高，对商业银行信用风险的提升作用越明显。可能的原因在于：若资本充足率较高，表明商业银行对风险的偏好程度较低，倾向于采用银行科技服务商的低风险技术产品；若资本充足率较低，表明商业银行风险承担能力较低，则难以使用风险较高的技术产品。

表8-17 以商业银行资本充足率为门限变量的回归结果

被解释变量	(1)	(2)
$Profit_{it}(CAR_{it} \leq 10.7500\%)$	0.150* (1.77)	

续表

被解释变量	(1)	(2)
$Profit_{it}(CAR_{it} > 10.7500\%)$	0.161* (1.91)	
$NPL_{it}(CAR_{it} \leq 14.4700\%)$		0.445** (2.22)
$NPL_{it}(14.4700\% < CAR_{it} \leq 14.4800\%)$		0.567*** (2.81)
$NPL_{it}(CAR_{it} > 14.4800\%)$		0.449** (2.24)
控制变量	Y	Y
个体固定效应	Y	Y
时间固定效应	Y	Y
R^2	0.9576	0.3899
样本量	594	594

资料来源：笔者通过 Stata 软件计算得到。

表 8-18 代表以国家知识产权保护强度（$IPProtect_{it}$）为门限变量的回归结果。列（1）和列（2）的回归结果不显著，表明虽然存在门限值，但是银行科技服务商对商业银行投入产出效率和贷款规模未产生非线性的显著影响。列（3）表明，当国家知识产权保护强度低于 149.4000 时，银行科技服务商对商业银行净利润的影响不显著；当国家知识产权保护强度介于 149.4000 和 314.8000 之间时，协同创新程度每提高 1 个百分点，商业银行净利润减少 0.393 个百分点；当国家知识产权保护强度大于 314.8000 时，协同创新程度每提高 1 个百分点，商业银行净利润减少 0.475 个百分点。这说明：国家知识产权保护强度越大，商业银行模仿创新难度越大，技术溢出效应越弱，从而导致商业银行盈利能力下降。

表 8-18 以国家知识产权保护强度为门限变量的回归结果

被解释变量	(1)	(2)	(3)
$TFP_{it}(IPProtect_{it} \leq 209.5000)$	0.067 (1.01)		

续表

被解释变量	(1)	(2)	(3)
$TFP_{it}(209.5000 < IPProtect_{it} \leq 212.7000)$	0.069 (1.02)		
$TFP_{it}(IPProtect_{it} > 212.7000)$	0.064 (0.96)		
$Loan_{it}(IPProtect_{it} \leq 232.9000)$		0.052 (1.43)	
$Loan_{it}(IPProtect_{it} > 232.9000)$		0.057 (1.57)	
$Profit_{it}(IPProtect_{it} \leq 149.4000)$			-0.327 (-1.55)
$Profit_{it}(149.4000 < IPProtect_{it} \leq 314.8000)$			-0.393* (-1.69)
$Profit_{it}(IPProtect_{it} > 314.8000)$			-0.475* (-1.81)
控制变量	Y	Y	Y
个体固定效应	Y	Y	Y
时间固定效应	Y	Y	Y
R^2	0.5775	0.9861	0.7389
样本量	594	594	594

资料来源：笔者通过 Stata 软件计算得到。

四、门限估计值真实性检验

借鉴 Hansen（1996）的研究，本部分主要采取极大似然法检验 $LR(\gamma)$ 门限估计值的真实性，通过 $LR(\gamma)$ 与水平线 $C(\alpha) = -2\ln(1-\sqrt{1-\alpha})$ 的比较，判断门限估计值的一致性。基于第三部分得到的门限效应显著性结果，本部分主要画出被解释变量为商业银行净利润、核心解释变量为商业银行资本充足率的直观图（见图8-4）。可知：对于存在的单门限效应，在5%的显著性水平下，当 LR 值为0时，对应的门限值为10.7500%，位于95%的置信区间内，因此通过了真实性检验；对于存在的双门限效应，在5%的显著性水平下，当 LR 值为0时，对应的门限值为14.4700%和

14.4800%，位于 95% 的置信区间内，因此通过了真实性检验。由于 $ITProvider_{it}$ 和 $IPProtect_{it}$ 变量数值较少，因此本部分不再进行真实性检验。

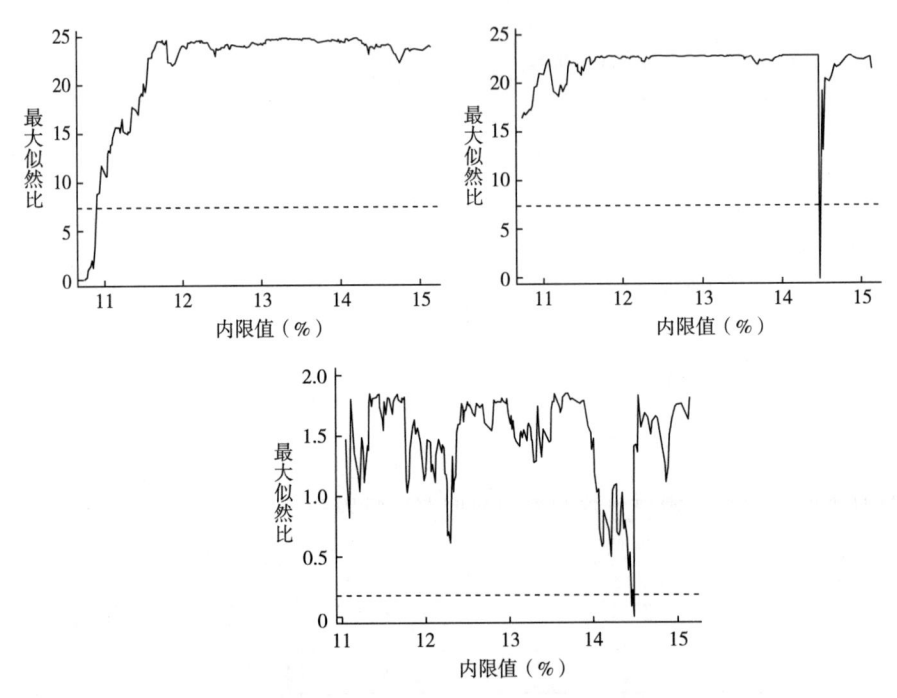

图 8-4　以资本充足率为门限变量的单门限效应（左）和
双门限效应（右）的似然比函数图

资料来源：笔者使用 Stata 作图得到。

综上所述，通过门限回归模型，本节主要得到以下三个方面的研究结论，证实了银行科技服务商对商业银行绩效与风险的非线性影响，也为今后进一步提高商业银行与银行科技服务商协同创新效率提出建议：一是银行科技服务商行业发展程度越高，外部协同创新对商业银行贷款余额的促进作用越大，但对其他产出目标难以产生直接的影响。二是商业银行资本充足率越高，技术吸收能力和利用效率越高，能够充分利用银行科技服务商提供的技术产品获得较高的收益；且商业银行资本充足率越高，越有利于降低银行科技服务商对商业银行不良贷款率的推动作用，合理控制信用风险。三是国家对知识产权的保护强度越大，越有利于保护银行科技服务商技术创新，同时，导致商业银行模仿创新难度增加、自主创新能力不足，从而对商业银行盈利能力具有负面影响。

第五节 本章小结

本章对商业银行与银行科技服务商协同创新模式进行了系统分析，重点研究银行科技服务商对商业银行要素投入、要素产出、经营效率的影响及影响机制；并通过门限回归模型，分析主体特征和制度环境对协同创新实际效果的非线性影响。

银行科技服务商在不同阶段关注的技术与研发重点不同。以2016年为节点，银行科技服务商在金融科技前阶段和金融科技后阶段对商业银行具有不同的影响。银行科技服务商对商业银行劳动力生产要素的影响，经历了从"促进"到"替代"的转变，尤其是对商业银行非信息技术人员具有较明显的替代作用。三大产出目标中，2016年后商业银行将"信贷业务拓展、完成预期业务增速"作为主要目标，将风险管理和技术创新放在次要位置。2016年前，银行科技服务商以提供互联网技术产品为主，显著增加了商业银行的操作风险；2016年之后以提供数字技术产品为主，显著增加了商业银行的信用风险。

2016年后，银行科技服务商对商业银行"贷款余额增加"的正面影响小于"信用风险提高"的负面影响，但劳动力生产要素替代作用逐渐凸显，从而使商业银行投入产出效率有所提升。随着信用风险的负面影响逐渐加深，以"信贷业务拓展"为主要目标的外部协同创新模式难以持续支撑商业银行经营效率的提高。

为了提高商业银行与银行科技服务商协同创新的效率，可以进一步提高银行科技服务商行业发展程度，尤其是提高商业银行资本充足率。从制度环境来看，加强国家知识产权保护强度，有利于促进银行科技服务商行业发展，但不利于商业银行盈利能力的提高，这就要求商业银行必须提高自主创新能力。

综合来看,商业银行与银行科技服务商外部协同创新模式能够缩短研发周期和研发成本,助力商业银行业务开展与经营效率的提高,但难以真正降低商业银行技术应用风险,第二章提到的技术创新预算软约束问题依然存在。未来需要进一步促进商业银行与银行科技服务商协同创新的效率最大化。

第九章 总结及展望

本书围绕商业银行与金融科技公司股东、银行系金融科技公司、银行科技服务商三种协同创新模式，从理论动因、决策分析、发展现状、影响及影响机制等角度，综合利用数理经济模型、计量经济模型和案例研究等方法，重点分析三种协同创新模式对商业银行技术创新、经营绩效与风险承担的影响和影响机制。本章对各章研究结果进行总结，提出对策建议及未来研究重点。

第一节 三种协同创新模式比较及分析

基于各章节分析，商业银行与金融科技公司股东、银行系金融科技公司、银行科技服务商三种协同创新模式的对比情况见图9-1。基于各章节研究结论，本节打破原有按照不同模式进行分析的逻辑，比较三种协同创新模式在促进商业银行技术创新、提高经营绩效、降低风险承担水平三个方面的异同点，既能够清楚地认识三种协同创新对商业银行的不同影响机制，也便于将全书研究串联起来，形成不同的研究视角。

一、三种协同创新模式对商业银行技术创新的影响

商业银行开展协同创新的出发点是解决技术研发与应用过程中的预算软约束问题，促进技术创新。但由于协同创新的复杂性，三种协同创新模式对商业银行技术创新的影响机制不同，导致最终效果存在差异。

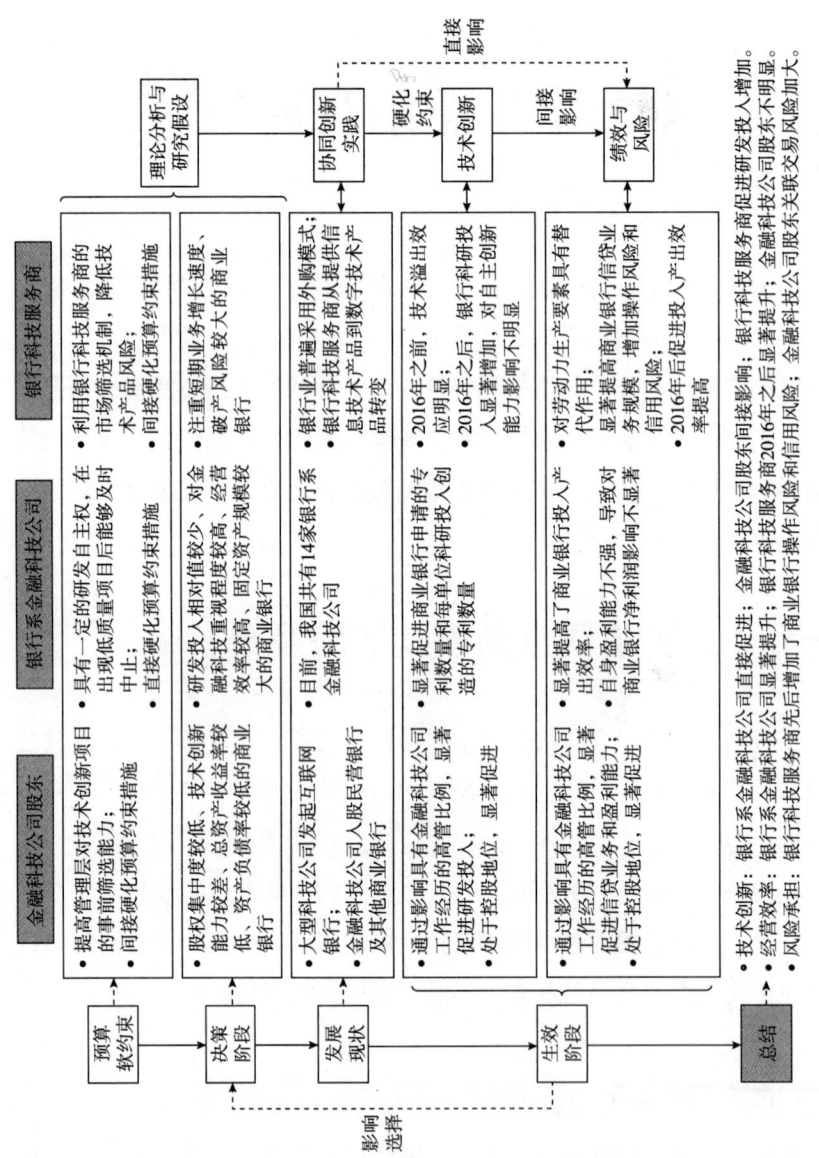

图 9-1 三种协同创新模式对比图

资料来源：笔者自绘。

从作用机制来看，在三种协同创新模式中，只有银行系金融科技公司是直接硬化技术创新预算约束的手段。其他两类协同创新模式都属于间接措施，对技术创新的影响具有多渠道、多方向和不确定性的特点。

从决策阶段来看，技术创新能力较差或研发投入相对值较少的商业银行更倾向于引入金融科技公司股东或成立银行系金融科技公司，即这些商业银行将技术创新作为协同创新决策的重要因素。商业银行与银行科技服务商协同创新更关注短期收益与风险偏好。

从金融科技公司角度来看，金融科技公司入股商业银行，具有获得银行牌照、拓展金融业务、获得信贷便利等多种诉求，因此金融科技公司股东对商业银行提供技术支持不具有必然性。银行系金融科技公司和银行科技服务商以服务商业银行数字化转型为主要目标，对商业银行的技术支撑力度更大。

基于实证检验，金融科技公司股东通过影响具有金融科技公司工作经验的高管比例，显著促进商业银行研发投入，且处于控股地位时才能促进银行技术创新。在2016年之前银行科技服务商对商业银行的技术溢出效应明显，2016年后仅显著提高商业银行研发投入。银行系金融科技公司初步构建了业务与技术、母公司与子公司的硬预算约束机制，有利于提高商业银行技术创新能力。

因此，从技术创新的角度来看，银行系金融科技公司明显优于其他两种协同创新模式。但技术创新不是商业银行经营的最终目的，也不是协同创新的全部内容。提高经营效率、降低经营风险、服务实体经济，是商业银行从事一切活动的最终目标。

二、三种协同创新模式对商业银行经营效率的影响

提高经营效率是商业银行开展创新活动的最终目的。本书使用全要素生产率衡量商业银行经营效率，基于生产函数 $(Loan_{it}, Profit_{it}, Risk_{it}) = f(Deposit_{it}, Labour_{it}, Fixed_{it})$，来分析三种协同创新模式对商业银行经营效率的影响及影响机制。

在决策阶段，总资产收益率较低的商业银行更倾向于引入金融科技公司股东，希望利用股东拥有的技术、数据、渠道等优势资源提高盈利能力。经营效率较高的商业银行设立银行系金融科技公司的概率更大，希望进一步提高投入产出效率。信贷业务增速较快的商业银行更希望与银行科技服务商开展合作，完成短期业务增长目标。因此，商业银行开展协同创新的具体目标存在明显的差异。

在生效阶段，商业银行与金融科技公司股东广泛开展各类合作，通过关联交易影响商业银行存贷业务（$Deposit_{it}$和$Loan_{it}$），通过风险偏好与风险管理影响商业银行信用风险（$Risk_{it}$），通过技术创新、组织创新、管理模式创新影响生产函数$f(\cdot)$形式，从而多渠道影响商业银行经营效率。银行系金融科技公司影响商业银行技术创新和生产函数形式，并产生了新的生产要素（RD_{it}）。银行科技服务商通过承担银行的一部分研发职能，进而影响商业银行劳动力（$Labour_{it}$），通过提供多样化的技术产品影响商业银行产出要素（$Loan_{it}$和$Risk_{it}$），改变商业银行生产方式影响生产函数$f(\cdot)$形式，从而对商业银行投入产出效率产生了多方面影响。

从实证分析结果来看，银行系金融科技公司和银行科技服务商（2016年后）显著提高了商业银行经营效率。由于样本量限制，本书没有分析金融科技公司股东对商业银行经营效率的影响，但处于控股地位的金融科技公司股东显著提高了商业银行盈利能力。

三、三种协同创新模式对商业银行风险承担的影响

基于理论分析，商业银行与金融科技公司开展协同创新能够降低内部研发风险与高风险技术产品应用概率，并通过技术创新降低商业银行风险承担水平。但从实际效果来看，协同创新对商业银行风险承担的影响具有不确定性。

在决策阶段，以提高短期经营业绩为目标、破产风险较大的商业银行采取外部协同创新模式的概率较大，希望通过高风险技术产品完成短期信贷业务增长的目标。在生效阶段，银行科技服务商2016年前后分别提升

了商业银行操作风险和信用风险。因此，外部协同创新模式不以"降低风险"为主要目标，反而提高了银行风险承担水平。

其他两种协同创新模式对商业银行风险承担的影响不显著。现阶段，银行系金融科技公司技术研发还未涉及信贷系统、核心系统和风险管理等领域，对信用风险的影响有限。金融科技公司股东对商业银行风险承担的影响不显著，但当金融科技公司处于参股的小股东地位时，"声誉作用"可能大于"实际作用"，这对商业银行技术支撑与风险管理难以产生实质性影响，但可以导致商业银行放松对信用风险的把控与管理。

第二节 主要研究结论

本书聚焦"商业银行与金融科技公司协同创新"问题，综合使用理论分析、实证检验和案例分析等方法，按照协同创新前、中、后的研究思路，对商业银行与金融科技公司股东、银行系金融科技公司、银行科技服务商三种协同创新模式进行深入分析和系统研究，初步得到以下五点研究结论：

一、商业银行与金融科技公司开展协同创新具有必然性

企业协同创新已经成为管理学的研究重点和普遍性实践。无论是纷繁复杂的金融科技发展，还是银行业数字化转型这一现实问题，都可以从协同创新这一角度切入，厘清商业银行未来发展趋势。通过理论模型和实践分析，商业银行与金融科技公司开展协同创新具有必然性。

基于理论分析，商业银行技术创新过程中普遍存在预算软约束症状，这导致商业银行具有应用高风险技术产品的激励和动机，且投资大量的低质量研发项目。商业银行直接购买（低风险的）技术产品和解决方案，能够利用市场筛选机制，降低技术应用的不确定性；引入金融科技公司股东，可以提高商业银行技术创新事前筛选机制的准确性；成立银行系金融科技公司，有助于建立技术与业务之间的硬预算约束机制，及时终止低质

量项目。因此，商业银行与金融科技公司协同创新，有利于降低预算软约束对技术创新的负面影响。

基于实践发展，商业银行为了加快推动数字化转型，解决自有研发能力薄弱、研发组织模式落后、金融科技人才稀缺等问题，对金融科技公司提出了各种合作诉求，并采用差异化的协同创新策略；金融科技公司在技术服务需求旺盛、监管趋严与规范要求、行业竞争加剧三重因素的推动下，强调其"技术服务金融业务"的职能，为商业银行技术应用提供支撑；金融监管机构为了降低商业银行技术应用风险，鼓励持牌机构与金融科技公司联合申请金融科技创新监管试点项目，提高了事先甄别机制的准确性。

二、协同创新给商业银行带来系统性变革与冲击

协同创新源于技术创新，但在具体实施过程中涉及技术创新、组织创新、业务创新等诸多内容，因此应当从商业银行金融科技生态的角度进行系统分析。一些协同创新领域的研究，只关注各类经济组织的外部协同，忽略了协同的本质和内涵。本书强调商业银行与金融科技公司在知识、资源、行为、绩效等领域的全面整合和配置，包括内部和外部协同创新两类，且包括多种具体模式。本书从技术创新预算软约束问题出发，全面分析了协同创新给商业银行带来的系统性变革与冲击，多渠道影响商业银行的技术创新、经营效率与风险承担。

金融科技公司股东有助于提高商业银行对技术创新的重视程度，并且依靠多年从业经验，提高技术创新事前筛选机制的准确性，降低投资和应用低质量项目的概率。此外，金融科技公司股东与商业银行开展渠道、数据、业务等方面的合作，为商业银行开展具体业务提供了便利。

银行系金融科技公司，现阶段主要通过强化研发项目事后筛选机制、提高技术创新能力，进而影响商业银行经营绩效，这是一个典型的两阶段技术创新模型。长期内，银行系金融科技公司开展市场化同业输出业务，为金融机构、政府部门、企业等提供技术产品与服务，从而提高了商业银

行的盈利能力和创新影响力。

银行科技服务商对商业银行要素投入、产出目标、经营效率等各方面均产生了影响。一是银行科技服务商承担商业银行的一部分研发职能，提供的技术产品和解决方案能够减少银行对简单劳动力的需求，从而对银行业劳动力生产要素具有整体替代作用；二是银行业与银行科技服务商行业之间具有技术溢出效应，银行科技服务商的技术投入为商业银行自主研发奠定了基础；三是各类技术产品和解决方案具有不同的功能，商业银行开展外部协同创新的具体目标也存在差异，如业务拓展、降低风险、技术创新等。

三、金融科技公司股东对商业银行的影响具有不确定性

基于公司治理角度，股东对公司价值具有"利益协同效应"和"隧道效应"两种影响。金融科技公司股东对商业银行的影响包括两个方面：一是正面收益，如以较低的成本建立技术合作、享受一定的价格优惠、业务与渠道合作等；二是负面影响，如金融科技公司股东基于自身利益最大化，做出不利于银行利益的经营决策，包括不合规关联交易、技术产品非市场化选择带来的机会成本等。

基于实证检验，金融科技公司股东对商业银行技术创新、业务拓展和风险管理的整体影响不显著。但金融科技公司股东通过影响具有科技公司工作经验的高管比例，进而提高商业银行技术创新能力、信贷业务规模和盈利水平。当金融科技公司处于控股地位时，对商业银行研发投入具有推进作用，且提高了商业银行盈利能力；当金融科技公司处于参股的小股东地位，则不利于商业银行增加研发投入，且显著提高了商业银行信用风险。

基于对17家民营银行的案例分析，金融科技公司股东帮助民营银行较早地确定了"互联网银行"的发展定位，有利于推进银行数字化转型。但民营银行过度依赖股东技术、渠道等资源，忽略了自主技术创新和自营渠道建设。民营银行受到的预算软约束程度最低，由于股东和管理者严格

把控信用风险和盈利状况，且股权变动频繁，综合来看，金融科技公司股东对商业银行的影响具有不确定性。

四、银行系金融科技公司是银行业未来金融科技发展的重点

三种协同创新模式中，银行系金融科技公司是硬化技术创新预算约束的直接手段，显著提高了商业银行的自主研发能力和经营效率，是推动数字化转型的长期最优选择。

在决策阶段，通过对我国100家商业银行进行实证检验发现：研发投入相对值较少、对金融科技重视程度较高、经营效率较高、固定资产规模较大的商业银行设立金融科技公司的概率更大。在生效阶段，综合使用基础回归模型、PSM-DID模型、Heckman两阶段模型等方法，发现银行系金融科技公司显著提高了商业银行投入产出效率，并证实了银行系金融科技公司通过硬化技术创新预算约束进而影响商业银行经营效率的机制。商业银行经营效率与银行系金融科技公司存在明显的双向因果关系，不仅形成了良性的金融科技生态环境，也导致了银行业内部严重分化。

目前，银行系金融科技公司普遍处于亏损状态，需要商业银行给予持续的资金支持，且仍然存在利润方面的预算软约束问题。由于银行系金融科技公司处于亏损状态，在一定程度上保证了技术创新预算约束的硬化，且符合科技型企业的普遍发展规律。综合来看，银行系金融科技公司不仅是未来商业银行技术创新的重要手段，也是金融科技产业中最重要的主体之一。

五、商业银行与银行科技服务商协同创新存在一些风险点

与银行科技服务商开展协同创新，是商业银行普遍采用的技术创新模式之一。但随着技术产品不确定性增加、技术与业务融合程度加深、技术创新风险偏好明显，商业银行与银行科技服务商协同创新存在一些风险点。

在决策阶段，基于短期信贷业务增长及偏好风险的商业银行，与银行科技服务商协同创新的概率更高。这类银行通过购买高风险技术产品达到

拓展业务的目标，从而在决策阶段导致风险聚集。在生效阶段，银行科技服务商先后提升了我国银行业的操作风险和信用风险。尤其是2016年之后，随着数字技术的应用与普及，银行科技服务商开始利用算法和数据涉足信贷领域，但技术产品的准确性具有较大弹性和人为操作空间，从而显著提高了银行业风险承担水平。

从实践来看，由于我国中小银行研发基础薄弱，内部协同创新周期长、整合慢，因此中小银行普遍通过外购技术产品和解决方案的方式来推动数字化转型。监管部门和学术研究开始关注银行科技服务商的风险，还未有系统的理论支撑和实证检验。本书基于理论分析和实证检验，证实了商业银行与银行科技服务商协同创新存在"业务导向性""技术产品高风险性""自主创新能力不足"等问题。因此，规范商业银行外部协同创新模式是未来的监管重点。

第三节 建议与展望

基于研究结论，结合本书写作过程中遇到的问题，本节主要从金融监管、协同创新绩效、中小银行发展三个方面进行思考和展望，并提出具体的发展建议。这三个问题也是未来协同创新研究需要重点关注和解决的问题。

一、完善金融科技监管体系，对协同创新进行有效监管

关于商业银行与金融科技公司协同创新的监管，分散在信息技术外包监管办法、商业银行股权管理办法、金融控股公司管理办法等监管政策中。我国金融科技监管体系仍处于调整与完善的过程中，但强化对金融科技和金融科技公司的"机构监管+功能监管+行为监管"已经成为共识（李扬[①]，2020；吴晓灵、丁安华，2021）。在此基础上，需要重点关注商

---

① 中国社会科学院学部委员、国家金融与发展实验室理事长李扬在2020年11月14日"第11届财新峰会：重建全球信任"上表示，下一步对金融科技公司监管的改革方向要全面转向功能监管和行为监管。

业银行与金融科技公司协同创新问题。

一是完善机构监管，明确金融科技公司或相关主体的界定与分类。目前，金融科技公司、科技公司、大型科技公司、科技服务商等概念具有一定的交叉，在业务模式和风险方面又各有特点，与商业银行形成不同的协同创新模式。因此，应当对金融科技公司或相关概念（如金融科技企业）进行界定，与中国人民银行发布的两版《金融科技发展规划》相对应，进一步厘清金融科技公司的边界及分类，进而明确监管主体和监管职责。

二是强化功能监管，对商业银行与金融科技公司协同创新实现监管全覆盖。对于外部协同创新，由于无法明确区分技术产品和业务产品的界限，因此很难判断金融科技公司是否参与了银行核心信贷业务；对于内部协同创新，银行系金融科技公司从事技术同业输出、赋能其他经济组织的业务，也需要通过取得科技子公司牌照等监管手段进一步规范。强调金融科技功能监管，要求将各种类型的金融科技公司纳入到统一的监管框架中，全面覆盖协同创新涉及的各类风险。

三是突出行为监管，对协同创新行为进行严格规范。在商业银行与金融科技公司协同创新的过程中，涉及关联交易、投资者适当性、数据产权、隐私保护等各类问题。尤其是在数据隐私、数据保护、数据共享、数据安全等方面存在的问题突出，需要进一步完善监管政策。

二、强化商业银行技术吸收能力，提高内外部协同创新绩效

本书在构建商业银行协同创新评价体系时，强调"现状"，而非"能力"。但提高商业银行技术吸收和利用能力，是充分发挥协同创新优势与作用的关键，对提升商业银行协同创新绩效具有重要的作用。

对于内部协同创新模式，商业银行对金融科技公司股东的技术、数据、渠道等资源依赖度较高，丧失了一定的技术创新能力和业务主动权；银行系金融科技公司持续稳定运营，要求商业银行具备较强的资源整合能力和明确的金融科技发展战略。对于外部协同创新模式，商业银行基于自身发展战略、风险管理能力、技术认知水平等因素，选择具体合作的金融

科技公司。银行科技服务商提供的核心业务系统、高频交易等技术产品,对商业银行的风险识别和风险管理能力提出了较高的要求。无论哪种协同创新模式,都要求商业银行对前沿技术及应用有充分的了解,并具备较强的技术吸收能力。

针对本书第六章、第七章和第八章三种协同创新模式存在的具体问题和风险,需要采取针对性的措施加以解决。一是进一步规范商业银行和金融科技公司股东的关联交易,强化关联交易委员会的职能和作用,建立信贷类关联交易的严格审批机制和技术类关联交易的风险隔离机制;加强技术创新与自营渠道建设,降低渠道类产品的风险集中度。二是从长期发展来看,银行系金融科技公司可以通过规范关联交易业务、拓展同业技术输出业务、打造特色服务模式等手段,聚焦技术研发与知识产权保护,逐步提高盈利能力和市场竞争力。三是建立银行科技服务商评价标准或服务商数据库,推行金融科技产品认证体系和标准化建设,加强商业银行对银行科技服务商和技术产品风险的识别和监测。尤其是对银行科技服务商推出的信贷类技术产品和解决方案,需要经过完整的检验与认证再进行市场化推广。

三、正确认识数字化转型,重点关注中小银行协同创新问题

随着客户对线上化、便捷化、个性化金融服务的需求日益加强,中小银行原有的地缘优势在逐步减弱。大型商业银行业务不断下沉,中小银行面临的竞争压力空前增加。在需求端和供给端的双重冲击下,中小银行数字化转型出现了明显的分化。一些中小银行积极推动整体数字化转型,但自主创新能力不足,主要依赖金融科技公司的技术支持;一些中小银行在组织、人才、资金、技术等方面存在诸多困难,采取了最易推进、成本较低、见效最快的互联网贷款业务模式;一些中小银行尚未进行数字化转型,IT基础设施落后,客户流失严重。

通过调研发现,大部分中小银行难以开展自主创新,普遍采取外部协同创新模式进行数字化转型,依赖金融科技公司的技术、渠道和数据等资

源开展线上化业务。一些中小银行对"数字化转型"的认识存在偏差，过度追求线上化业务和大数据信贷模式，弱化了原有的特色化经营战略，缺少核心竞争力。

  无论技术如何创新，中小银行的核心优势都是"面向基层、服务当地、服务小微"。尽管中小银行可以通过技术创新来优化经营管理流程、升级银行服务理念，但是其信贷业务的开展不能过度依赖互联网技术和数字技术，且数字技术信贷产品的准确性仍然需要进行持续的检验。此外，中小银行技术研发能力不强，知识吸收和转化能力较弱，盲目开展协同创新很容易丧失核心风控能力，仅成为"资金的提供者"。因此，中小银行协同创新的重点并不是引流获客、拓展业务，而应当聚焦基础设施、服务理念和组织架构，最终提高扎根基层、服务当地的能力。

参考文献

英文

[1] Ackermann, P. L. S. and Van Ravesteyn, L. J. (2006), "Relationship Marketing: The Effect of Relationship Banking on Customer Loyalty in the Retail Business Banking Industry in South Africa", *Southern African Business Review*, 10 (3): 149-167.

[2] Adeleye, B. C., Annansingh, F. and Nunes, M. B. (2004), "Risk Management Practices in IS Outsourcing: An Investigation into Commercial Banks in Nigeria", *International Journal of Information Management*, 24 (2): 167-180.

[3] Aghion, P. and Tirole, J. (1994), "The Management of Innovation", *The Quarterly Journal of Economics*, 109 (4): 1185-1209.

[4] Allen, F. and Gale, D. (1994), "*Financial Innovation and Risk Sharing*", MIT Press.

[5] Arner, D. W., Barberis, J. and Buckley, R. P. (2015), "The Evolution of Fintech: A New Post-crisis Paradigm", *Georgetown Journal of International Law*, 47, 1271.

[6] Arora, A. and Merges, R. P. (2004), "Specialized Supply Firms, Property Rights and Firm Boundaries", *Industrial and Corporate Change*, 13

(3): 451-475.

[7] Arun, T. G. and Turner, J. (2009), "Corporate Governance of Banks in Developing Economies: Concepts and Issues", *Corporate Governance and Development*, Edward Elgar Publishing.

[8] Baldwin, L. P., Irani, Z. and Love, P. E. (2001), "Outsourcing Information Systems: Drawing Lessons from a Banking Case Study", *European Journal of Information Systems*, 10 (1): 15-24.

[9] Bazarbash, Majid (2019), "Fintech in Financial Inclusion: Machine Learning Applications in Assessing Credit Risk (May 2019)". *IMF Working Paper*, No. 19/109.

[10] Beck, T., Levine, R. and Levkov, A. (2010), "Big Bad Banks? The Winners and Losers from Bank Deregulation in the United States", *The Journal of Finance*, 65 (5): 1637-1667.

[11] Benston, G. J. (1965), "Branch Banking and Economies of Scale", *The Journal of Finance*, 20 (2): 312-331.

[12] Berglof, Erik and Roland Gerard (1998), "Soft Budget Constraints and Banking in Transition Economics", *Journal of Comparative Economics*, 26 (1): 18-40.

[13] Bertay, A. C., Demirgüç-Kunt, A. and Huizinga, H. (2015), "Bank Ownership and Credit over the Business Cycle: Is Lending by State Banks Less Procyclical?", *Journal of Banking & Finance*, 50: 326-339.

[14] Bhattacharya, S. and Guriev, S. (2006), "Patents VS Trade Secrets: Knowledge Licensing and Spillover", *Journal of the European Economic Association*, 4 (6): 1112-1147.

[15] Bhattacharya, S. and Nanda, V. (2000), "Client Discretion, Switching Costs, and Financial Innovation", *The Review of Financial Studies*, 13 (4): 1101-1127.

[16] Blundell, R., Duncan, A., McCrae, J. and Meghir, C. (2000),

"The Labour Market Impact of the Working Families' Tax Credit", *Fiscal Studies*, 21 (1): 75-104.

[17] Bordignon, M., Manasse, P. and Tabellini, G. (2001), "Optimal Regional Redistribution under Asymmetric Information", *American Economic Review*, 91 (3): 709-723.

[18] Boyd, J. H. and Runkle, D. E. (1993), "Size and Performance of Banking Firms: Testing the Predictions of Theory", *Journal of Monetary Economics*, 31 (1): 47-67.

[19] Branstetter, L. and Sakakibara, M. (1998), "Japanese Research Consortia: A Microeconometric Analysis of Industrial Policy", *The Journal of Industrial Economics*, 46 (2): 207-233.

[20] Brei, M. and Schclarek, A. (2013), "Public Bank Lending in Times of Crisis", *Journal of Financial Stability*, 9 (4): 820-830.

[21] Bresnahan, T. F., Brynjolfsson, E. and Hitt, L. M. (2002), "Information Technology, Workplace Organization, and the Demand for Skilled Labor: Firm-level Evidence", *The Quarterly Journal of Economics*, 117 (1): 339-376.

[22] Brusco, S. and Panunzi, F. (2005), "Reallocation of Corporate Resources and Managerial Incentives in Internal Capital Markets", *European Economic Review*, 49 (3): 659-681.

[23] Chandler, A. D. (1992), "Organizational Capabilities and the Economic History of the Industrial Enterprise", *Journal of Economic Perspectives*, 6 (3): 79-100.

[24] Cheng, M. and Qu, Y. (2020), "Does Bank FinTech Reduce Credit Risk? Evidence from China", *Pacific-Basin Finance Journal*, 63: 101-398.

[25] Chesbrough, H. W. (2003), "*Open Innovation: The New Imperative for Creating and Profiting from Technology*", Harvard Business Press.

[26] Chiu, I. H. (2016), "Fintech and Disruptive Business Models in Financial Products, Intermediation and Markets-policy Implications for Financial Regulators", *Journal of Technology Law & Policy*, 21: 55.

[27] Clarke, G. R., Cull, R. and Shirley, M. M. (2005), "Bank Privatization in Developing Countries: A Summary of Lessons and Findings", *Journal of Banking & Finance*, 29 (8-9): 1905-1930.

[28] Coe, D. T. and Helpman, E. (1995), "International R&D Spillovers", *European Economic Review*, 39 (5): 859-887.

[29] Dadoukis, A., Fiaschetti, M. and Fusi, G. (2021), "IT Adoption and Bank Performance during the Covid-19 Pandemic", *Economics Letters*, 204, 109904.

[30] Thomas Dapp (2014), "Fintech—The Digital Revolution in the Financial Sector", *Deutsche Bank Research*, 11: 1-39.

[31] D'Aspremont, C. and Jacquemin, A. (1988), "Cooperative R&D in Duopoly with Spillovers", *American Economic Review*, 78 (5): 1133-1137.

[32] Dewatripont, M. and Maskin, E. (1995), "Credit and Efficiency in Centralized and Decentralized Economies", *The Review of Economic Studies*, 62 (4): 541-555.

[33] Drasch, B. J., Schweizer, A. and Urbach, N. (2018), "Integrating the 'Troublemakers': A Taxonomy for Cooperation Between Banks and Fintechs", *Journal of Economics and Business*, 100: 26-42.

[34] Du, J. and Li, D. D. (2007), "The Soft Budget Constraint of Banks", *Journal of Comparative Economics*, 35 (1): 108-135.

[35] Elyasiani, E. and Mehdian, S. M. (1990), "A Nonparametric Approach to Measurement of Efficiency and Technological Change: The Case of Large US Commercial Banks", *Journal of Financial Services Research*, 4 (2): 157-168.

[36] Enriques, L. and Ringe, W. G. (2020), "Bank-Fintech Part-

nerships, Outsourcing Arrangements and the Case for a Mentorship Regime", *Capital Markets Law Journal*, 15 (4): 374-397.

[37] Fahlenbrach, R. and Stulz, R. M. (2011), "Bank CEO Incentives and the Credit Crisis", *Journal of Financial Economics*, 99 (1): 11-26.

[38] Finnerty, J. D. (1988), "Financial Engineering in Corporate Finance: An Overview", *Financial Management*, 17 (4): 14-33.

[39] Finnerty, J. D. (2001), "Debt Management", Harvard Business School Press.

[40] Freeman, C. (1991), "Networks of Innovators: A Synthesis of Research Issues", *Research Policy*, 20 (5): 499-514.

[41] Fritsch, M. and Lukas, R. (2001), "Who Cooperates on R&D?", *Research Policy*, 30 (2): 297-312.

[42] Frost, J., Gambacorta, L., Huang, Y., Shin, H. S., and Zbinden, P. (2019), "BigTech and the Changing Structure of Financial Intermediation", *Economic Policy*, 34 (100): 761-799.

[43] Gewald, H. and Dibbern, J. (2009), "Risks and Benefits of Business Process Outsourcing: A Study of Transaction Services in the German Banking Industry", *Information & Management*, 46 (4): 249-257.

[44] Ginarte, J. C. and Park, W. G. (1997), "Determinants of Patent Rights: A Cross-National Study", *Research Policy*, 26 (3): 283-301.

[45] Gloor P. A. (2006), "*Swarm Creativity: Competitive Advantage Through Collaborative Innovation Networks*", Oxford University Press.

[46] Goodhart, C. A. and Huang, H. (1998), "Time Inconsistency in a Model with Lags, Persistence, and Overlapping Wage Contracts", *Oxford Economic Papers*, 50 (3): 378-396.

[47] Greenbaum, S. I. and Haywood, C. F. (1971), "Secular Change in the Financial Services Industry", *Journal of Money, Credit and Banking*, 3 (2): 571-589.

［48］Grima, S., Romanova, I., Bezzina, F. and Chetcuti Dimech, F. (2016), "Alternative Investment Fund Managers Directive and Its Impact on Malta's Financial Service Industry".

［49］Gulati, R., Nohria, N. and Zaheer, A. (2000), "Strategic Networks", *Strategic Management Journal*, 21 (3): 203-215.

［50］Haken, H. (1976), "Synergetics", *Europhysics News*, 7 (7-8): 9-12.

［51］Hannan, T. H. and McDowell, J. M. (1984), "Market Concentration and the Diffusion of New Technology in the Banking Industry", *The Review of Economics and Statistics*, 686-691.

［52］Hansen, B. E. (1996), "Inference When a Nuisance Parameter is not Identified under the Null Hypothesis", *Econometrica: Journal of the Econometric Society*, 413-430.

［53］Harrison, J. S., Hitt, M. A., Hoskisson, R. E. and Ireland, R. D. (1991), "Synergies and Post-acquisition Performance: Differences Versus Similarities in Resource Allocations", *Journal of Management*, 17 (1): 173-190.

［54］Hart, O., Shleifer, A. and Vishny, R. W. (1997), "The Proper Scope of Government: Theory and an Application to Prisons", *The Quarterly Journal of Economics*, 112 (4): 1127-1161.

［55］Heckman, J. J. (1979), "Sample Selection Bias as a Specification Error", *Econometrica: Journal of the Econometric Society*, 153-161.

［56］Hitt, M. A., Bierman, L., Shimizu, K. and Kochhar, R. (2001), "Direct and Moderating Effects of Human Capital on Strategy and Performance in Professional Service Firms: A Resource-based Perspective", *Academy of Management Journal*, 44 (1): 13-28.

［57］Huang, Haizhou and Xu, Chenggang (1998), "Financing Mechanisms and R&D Investment", FMG Discussion Paper, *London Shool of Economics*.

［58］Jagtiani, J. and Lemieux, C. (2018), "Do Fintech Lenders Penetrate Areas that are Underserved by Traditional Banks?", *Journal of Economics and Business*, 100: 43-54.

[59] Jerneck, M. (2020), "When Soft Budget Constraints Promote Innovation: Kornai Meets Schumpeter in Japan", *Industrial and Corporate Change*, 29 (6): 1415-1430.

[60] Jewkes, John, Sawers, David and Stillerman, Richard (1969), "The Sources of Invention", London: Macmillan.

[61] Jones, G. R. and Hill, C. W. (1988), "Transaction Cost Analysis of Strategy-Structure Choice", *Strategic Management Journal*, 9 (2): 159-172.

[62] Koenker, R. and Bassett Jr. G. (1978), "Regression Quantiles", *Journal of the Econometric Society*, 46: 33-50.

[63] Kornai, J. (1980), "Economics of Shortage", Amsterdam: North-Holland.

[64] Kornai, J. (2009), "The Soft Budget Constraint Syndrome in the Hospital Sector", *Society and Economy*, 31 (1): 5-31.

[65] Kornai, J., Maskin, E. and Roland, G. (2003), "Understanding the Soft Budget Constraint", *Journal of Economic Literature*, 41 (4): 1095-1136.

[66] Lancellotti, P., Troisfontaines, P., Toussaint, A. C. and Pierard, L. A. (2003), "Prognostic Importance of Exercise-Induced Changes in Mitral Regurgitation in Patients with Chronic Ischemic Left Ventricular Dysfunction", *Circulation*, 108 (14): 1713-1717.

[67] Lee, David Kuo Chuen and Teo, Ernie G. S. (2015), "Emergence of FinTech and the LASIC Principles", *Journal of Financial Perspectives*, 3 (3).

[68] Lerner, J. and Malmendier, U. (2005), "Contractibility and the Design of Research Agreements", *Working Paper*.

[69] Li, D. D. and Liang, M. (1998), "Causes of the Soft Budget Constraint: Evidence on Three Explanations", *Journal of Comparative Economics*, 26 (1): 104-116.

[70] Markevich, A. and Zhuravskaya, E. (2011), "M-form Hierarchy with Poorly-Diversified Divisions: A Case of Khrushchev's Reform in Soviet Russia", *Journal of Public Economics*, 95 (11-12): 1550-1560.

[71] Maskin, E., Qian, Y. and Xu, C. (2000), "Incentives, Information, and Organizational Form", *The Review of Economic Studies*, 67 (2): 359-378.

[72] Melville, N., Kraemer, K. and Gurbaxani, V. (2004), "Information Technology and Organizational Performance: An Integrative Model of IT Business Value", *MIS Quarterly*, 28 (2): 283-322.

[73] Milgrom, P. R. (1988), "Employment Contracts, Influence Activities, and Efficient Organization Design", *Journal of Political Economy*, 96 (1): 42-60.

[74] Mitchell, J. (1997), "Strategic Creditor Passivity, Regulation, and Bank Bailouts", *William Davidson Institute Working Papers Series*.

[75] Molyneux, P. and Shamroukh, N. (1996), "Diffusion of Financial Innovations: The Case of Junk Bonds and Note Issuance Facilities", *Journal of Money, Credit and Banking*, 28 (3): 502-522.

[76] Mundra, S. S. (2017), "Banks & FinTech Competition, Collaboration or Competitive Collaboration", In NAMCABS Seminar Organized by College of Agricultural Banking, Mumbai, 20.

[77] Nelson, Richard R., Peck, Merton, J. and Kalachek, Edward D. (1967), "Technology, Economic Growth and Public Policy", Washington: Brookings Institution.

[78] Niehans, J. (1983), "Financial Innovation, Multinational Banking, and Monetary Policy", *Journal of Banking & Finance*, 7 (4): 537-551.

［79］ Nolan, R. L. (1979), "Managing Crises of Data Processing", *Harvard Business Review*, 3 (4).

［80］ North, D. C. (1990), "*Institutions, Institutional Change and Economic Performance*", Cambridge University Press.

［81］ Pierri, M. N. and Timmer, M. Y. (2020), "Tech in Fin before Fintech: Blessing or Curse for Financial Stability?", *International Monetary Fund*.

［82］ Prowse, S. (1997), "Corporate Control in Commercial Banks", *Journal of Financial Research*, 20 (4): 509-527.

［83］ Pu, R., Teresiene, D., Pieczulis, I., Kong, J. and Yue, X. G. (2021), "The Interaction Between Banking Sector and Financial Technology Companies: Qualitative Assessment—A Case of Lithuania", *Risks*, 9 (1): 21.

［84］ Qian, Y. and Xu, C. (1998), "Innovation and Bureaucracy under Soft and Hard Budget Constraints", *The Review of Economic Studies*, 65 (1): 151-164.

［85］ Rogers, E. M. (1983), "Diffusion of Innovations", *Simon and Schuster*.

［86］ Romānova, I. and Kudinska, M. (2016), "Banking and Fintech: A Challenge or Opportunity?", *Emerald Group Publishing Limited*.

［87］ Rosenbaum, P. R. and Rubin, D. B. (1983), "The Central Role of the Propensity Score in Observational Studies for Causal Effects", *Biometrika*, 70 (1): 41-55.

［88］ Rumelt, R. P. (1982), "Diversification Strategy and Profitability", *Strategic Management Journal*, 3 (4): 359-369.

［89］ Samiran Banerjee and Lin, P. (2003), "Downstream R&D, Raising Rivals' Costs, and Input Price Contracts", *International Journal of Industrial Organization*, 21 (1): 79-96.

［90］ Sealey Jr, C. W. and Lindley, J. T. (1977), "Inputs, Outputs, and a Theory of Production and Cost at Depository Financial Institutions", *The Journal of Finance*, 32 (4): 1251-1266.

[91] Scherer, F. M. (1992), "Schumpeter and Plausible Capitalism", *Journal of Economic Literature*, 30 (3): 1416-1433.

[92] Schueffel, P. (2016), "Taming the Beast: A Scientific Definition of Fintech", *Journal of Innovation Management*, 4 (4): 32-54.

[93] Scheel, H. (2001), "Undesirable Outputs in Efficiency Valuations", *European Journal of Operational Research*, 132: 400-410.

[94] Synnott, W. R. (1987), "*The Information Weapon: Winning Customers and Markets with Technology*", John Wiley & Sons Press.

[95] Tayauova, G. (2012), "Advantages and Disadvantages of Outsourcing: Analysis of Outsourcing Practices of Kazakhstan Banks", *Procedia-Social and Behavioral Sciences*, 41: 188-195.

[96] Thakor, A. V. (2020), "Fintech and Banking: What Do We Know?", *Journal of Financial Intermediation*, 41, 100833.

[97] Titman, S. and Tsyplakov, S. (2007), "A Dynamic Model of Optimal Capital Structure", *Review of Finance*, 11 (3): 401-451.

[98] Lerner, J., Shane, H. and Tsai, A. (2003), "Do Equity Financing Cycles Matter? Evidence from Biotechnology Alliances", *Journal of Financial Economics*, 67 (3): 411-446.

[99] Tufano, P. (2003), "Financial Innovation", *Handbook of the Economics of Finance*, 1: 307-335.

[100] Wildasin, D. E. (2004), "The Institutions of Federalism: Toward an Analytical Framework", *National Tax Journal*, 57 (2): 247-272.

[101] Williamson, O. E. (1975), "Markets and Hierarchies: Analysis and Antitrust Implications: A Study in the Economics of Internal Organization", *University of Illinois at Urbana-Champaign's Academy for Entrepreneurial Leadership Historical Research Reference in Entrepreneurship*.

中文

［1］艾里克·马斯金，许成钢、王信（2000）：《预算软约束理论：从中央计划到市场》，《经济社会体制比较》，第4期。

［2］奥古斯丁·卡斯滕斯、斯泰恩·克莱森斯、费尔南多·莱斯特伊（2021）：《大型科技公司的金融监管》，《中国金融》，第22期。

［3］鲍丹（2008）：《金融创新的协同机制及实现过程》，《财经问题研究》，第1期。

［4］蔡宁、潘松挺（2008）：《网络关系强度与企业技术创新模式的耦合性及其协同演化——以海正药业技术创新网络为例》，《中国工业经济》，第4期。

［5］曹玉平、徐宏亮（2019）：《股权结构对商业银行非利息业务发展的影响——基于预算软约束视角的研究》，《当代财经》，第11期。

［6］陈斌彬（2007）：《银行服务外包风险监管的国际比较及借鉴》，《南方金融》，第12期。

［7］陈岱孙、厉以宁（1991）：《国际金融学说史》，中国金融出版社。

［8］陈劲、阳银娟（2012）：《协同创新的理论基础与内涵》，《科学学研究》，第2期。

［9］陈俊龙（2017）：《声誉、预算软约束与混合所有制经济发展》，《财经问题研究》，第5期。

［10］陈启斐、王晶晶、岳中刚（2015）：《研发外包是否会抑制我国制造业自主创新能力？》，《数量经济技术经济研究》，第2期。

［11］陈生强（2017）：《金融科技的全球视野与实践》，《中国银行业》，第5期。

［12］程炼（2021）：《数字经济时代大型互联网平台的治理》，《社会科学战线》，第9期。

[13] 程文（2021）:《人工智能、索洛悖论与高质量发展：通用目的技术扩散的视角》,《经济研究》,第 10 期。

[14] 崔之元（1999）:《"看不见的手"范式的悖论》,经济科学出版社。

[15] 戴小平、王玉兴（2015）:《我国民营银行的市场定位及经营模式研究》,《上海金融学院学报》,第 1 期。

[16] 狄金华、黄伟民（2017）:《组织依附、双边预算约束软化与清末轮船招商局的发展——基于轮船招商局与清政府关系的分析》,《开放时代》,第 6 期。

[17] 丁蔚（2016）:《数字金融：商业银行的未来转型发展之路》,《清华金融评论》,第 4 期。

[18] 董昀、李鑫（2019）:《中国金融科技思想的发展脉络与前沿动态：文献述评》,《金融经济学研究》,第 5 期。

[19] 丁宁、任亦侬、左颖（2020）:《绿色信贷政策得不偿失还是得偿所愿？——基于资源配置视角的 PSM-DID 成本效率分析》,《金融研究》,第 4 期。

[20] 方明月、孙鲲鹏（2019）:《国企混合所有制能治疗僵尸企业吗？——一个混合所有制类啄序逻辑》,《金融研究》,第 1 期。

[21] 方意、王琦、张蔓严（2021）:《大科技公司的金融风险隐患和监管》,《学习与实践》,第 8 期。

[22] 费方械、李靖、郑育家、蒋士成（2009）:《企业的研发外包：一个综述》,《经济学（季刊）》,第 3 期。

[23] 菲利普·莫利纽克斯、尼达尔·沙姆洛克（1999）:《金融创新》,中国人民大学出版社。

[24] 傅瑜、隋广军、赵子乐（2014）:《单寡头竞争性垄断：新型市场结构理论构建——基于互联网平台企业的考察》,《中国工业经济》,第 1 期。

[25] 高良谋、马文甲（2014）:《开放式创新：内涵、框架与中国情

境》,《管理世界》,第 6 期。

[26] 龚强、王俊、贾坤（2011）:《财政分权视角下的地方政府债务研究:一个综述》,《经济研究》,第 7 期。

[27] 郭金良、于骁骁（2021）:《民营银行股东责任界定及构成研究》,《金融监管研究》,第 4 期。

[28] 郭树清（2020）:《一些科技公司"过度采集"用户数据,从事金融"跨业经营"》,《经济导刊》,第 6 期。

[29] 郝阳、龚六堂（2017）:《国有、民营混合参股与公司绩效改进》,《经济研究》,第 3 期。

[30] 何靖（2016）:《延付高管薪酬对银行风险承担的政策效应》,《中国工业经济》,第 11 期。

[31] 侯鑫、尹振涛（2019）:《银行金融科技子公司潮起》,《金融博览（财富）》,第 7 期。

[32] 胡滨、范云朋（2021）:《互联网联合贷款:理论逻辑、潜在问题与监管方向》,《武汉大学学报（哲学社会科学版）》,第 3 期。

[33] 胡滨、杨涛、程炼、郑联盛、尹振涛（2021）:《大型互联网平台的特征与监管》,《金融评论》,第 3 期。

[34] 胡晓瑾、解学梅（2010）:《基于协同理念的区域技术创新能力评价指标体系研究》,《科技进步与对策》,第 2 期。

[35] 黄海洲、许成钢（1999）:《金融制度、风险扩散和金融危机》,《经济社会体制比较》,第 7 期。

[36] 蒋海、朱滔、李东辉（2010）:《监管、多重代理与商业银行治理的最优激励契约设计》,《经济研究》,第 4 期。

[37] 江曙霞、陈玉婵（2012）:《货币政策、银行资本与风险承担》,《金融研究》,第 4 期。

[38] 江曙霞、罗杰、黄君慈（2006）:《信贷集中与扩张、预算软约束竞争和银行系统性风险》,《金融研究》,第 4 期。

[39] 蒋晓妍、刘爽、占晓杰、史贞（2019）:《民营企业融资困境的

解决机制研究——以新常态下民营银行的发展为背景》,《经济问题》,第 7 期。

[40] 金永红、吴江涛（2007）:《金融服务业务外包监管的国际比较及其启示》,《上海金融》,第 10 期。

[41] 科斯、盛郁（1990）:《企业、市场与法律》,上海三联书店。

[42] 李广子（2014）:《跨区经营与中小银行绩效》,《世界经济》,第 11 期。

[43] 李广子（2020）:《金融与科技的融合：含义、动因与风险》,《国际经济评论》,第 3 期。

[44] 李明肖（2019）:《银行与金融科技公司合作类业务存在的问题及监管思路》,《中国银行业》,第 12 期。

[45] 李山、李稻葵（1998）:《企业兼并与资本结构的理论分析及政策建议》,《改革》,第 1 期。

[46] 李涛（2005）:《国有股权、经营风险、预算软约束与公司业绩：中国上市公司的实证发现》,《经济研究》,第 7 期。

[47] 李文红、蒋则沈（2017）:《金融科技（FinTech）发展与监管：一个监管者的视角》,《金融监管研究》,第 3 期。

[48] 李维安、曹廷求（2003）:《商业银行公司治理：理论模式与我国的选择》,《南开学报（哲学社会科学版）》,第 1 期。

[49] 李小荣、刘行（2012）:《CEO vs CFO：性别与股价崩盘风险》,《世界经济》,第 12 期。

[50] 李岩玉、廖贝妮、董运佳（2019）:《银行金融科技子公司发展趋势》,《中国金融》,第 11 期。

[51] 李扬（2021）:《加快构建包容审慎的金融科技治理机制》,《农村金融研究》,第 11 期。

[52] 李志辉、王珏（2014）:《商业银行信息科技外包风险管理研究——基于 Excel 逻辑函数的应用》,《国际金融研究》,第 3 期。

[53] 林光彬（2011）:《市场经济与软约束——对市场经济微观基础

的反思》,《政治经济学评论》,第3期。

[54] 林毅夫、李志赟（2004）：《政策性负担、道德风险与预算软约束》,《经济研究》,第2期。

[55] 林毅夫、刘培林（2001）：《自生能力和国企改革》,《经济研究》,第9期。

[56] 刘春航、廖媛媛、王梦熊、王广龙、史佳乐、李育峰（2017）：《金融科技对金融稳定的影响及各国应关注的金融科技监管问题》,《金融监管研究》,第9期。

[57] 刘孟飞、张晓岚、张超（2012）：《我国商业银行业务多元化、经营绩效与风险相关性研究》,《国际金融研究》,第8期。

[58] 刘敏、刘金山、李雨培（2016）：《母国投资动机、东道国制度与企业对外直接投资区位选择》,《经济问题探索》,第8期。

[59] 刘明勇（2010）：《信息技术对于加快银行业务流程再造的重要作用》,《金融理论与实践》,第8期。

[60] 刘生龙（2008）：《教育和经验对中国居民收入的影响——基于分位数回归和审查分位数回归的实证研究》,《数量经济技术经济研究》,第4期。

[61] 刘述忠、党全荣、曹燕玲（2016）：《银行信息科技外包风险管理》,《中国金融》,第20期。

[62] 刘思明、侯鹏、赵彦云（2015）：《知识产权保护与中国工业创新能力——来自省级大中型工业企业面板数据的实证研究》,《数量经济技术经济研究》,第3期。

[63] 刘英姿、吴昊、林伟（2004）：《企业信息化阶段的发展模式及阶段特征分析》,《科技管理研究》,第2期。

[64] 刘岳平、许德友（2020）：《德国金融科技公司与银行合作的原因、模式和启示》,《金融理论与教学》,第2期。

[65] 鲁继通（2015）：《京津冀区域协同创新能力测度与评价——基于复合系统协同度模型》,《科技管理研究》,第24期。

［66］陆岷峰、周军煜（2019）：《金融科技嵌入商业银行生态系统的战略思考》，《农村金融研究》，第2期。

［67］马骏、刘亚平（2005）：《中国地方政府财政风险研究："逆向预算软约束"理论的视角》，《学术研究》，第11期。

［68］孟雪（2011）：《反向服务外包对我国生产率的影响——生产性服务业的实证分析》，《国际贸易问题》，第7期。

［69］宁光杰、林子亮（2014）：《信息技术应用、企业组织变革与劳动力技能需求变化》，《经济研究》，第8期。

［70］潘卫东（2018）：《开放共享：探索金融科技发展新模式》，《金融电子化》，第11期。

［71］庞家任、周桦、王玮（2018）：《上市公司成立并购基金的影响因素及财富效应研究》，《金融研究》，第2期。

［72］彭恒文、林琳、邵皖宁（2020）：《大型科技公司涉足金融业务的影响与监管对策》，《金融纵横》，第9期。

［73］齐岳、孙信明（2015）：《预算软约束、企业成长及其效率》，《预测》，第2期。

［74］钱颖一（1995）：《企业的治理结构改革和融资结构改革》，《经济研究》，第1期。

［75］邵帅、范美婷、杨莉莉（2013）：《资源产业依赖如何影响经济发展效率？——有条件资源诅咒假说的检验及解释》，《管理世界》，第2期。

［76］沈华玉、吴晓晖、吴世农（2017）：《控股股东控制权与股价崩盘风险："利益协同"还是"隧道"效应?》，《经济管理》，第4期。

［77］沈满洪、张兵兵（2013）：《交易费用理论综述》，《浙江大学学报（人文社会科学版）》，第2期。

［78］施华强（2004）：《中国国有商业银行不良贷款内生性：一个基于双重预算软约束的分析框架》，《金融研究》，第6期。

［79］施华强、彭兴韵（2003）：《商业银行预算软约束与中国银行业

改革》,《金融研究》,第 10 期。

[80] 石书玲（2002）:《当代企业组织结构变革的基本趋势》,《天津商学院学报》,第 2 期。

[81] 唐未兵、傅元海、王展祥（2014）:《技术创新、技术引进与经济增长方式转变》,《经济研究》,第 7 期。

[82] 唐双宁（2001）:《21 世纪国际银行监管新趋势及其对我国的启示》,《金融研究》,第 1 期。

[83] 唐文雄、吴广谋、盛昭翰（2001）:《企业技术创新外部化问题的研究》,《管理工程学报》,第 3 期。

[84] 童中文、范从来、朱辰、张炜（2017）:《金融审慎监管与货币政策的协同效应——考虑金融系统性风险防范》,《金融研究》,第 3 期。

[85] 田利辉（2005）:《国有产权、预算软约束和中国上市公司杠杆治理》,《管理世界》,第 7 期。

[86] 汪莉、邵雨卉、汪亚楠（2021）:《网络结构与银行效率：基于时变"银行—股东"网络的研究》,《经济研究》,第 12 期。

[87] 王瀚、朱健刚（2021）:《预算软约束视角下的项目失灵——基于 L 区微项目的政策分析》,《公共行政评论》,第 3 期。

[88] 王鹤立（2008）:《我国金融混业经营前景研究》,《金融研究》,第 9 期。

[89] 王宏起、徐玉莲（2012）:《科技创新与科技金融协同度模型及其应用研究》,《中国软科学》,第 6 期。

[90] 王华（2011）:《更严厉的知识产权保护制度有利于技术创新吗?》,《经济研究》,第 12 期。

[91] 王晓燕（2000）:《信息技术外包策略在我国金融电子化进程中的应用探讨》,《金融电子化》,第 4 期。

[92] 王叙果、张广婷、沈红波（2012）:《财政分权、晋升激励与预算软约束》,《财政研究》,第 3 期。

[93] 王自力（2002）:《民营银行准入：目前还宜缓行——兼与部分

呼吁开放民营银行的同志商榷》,《金融研究》,第 11 期。

［94］魏成龙、刘建莉（2007）：《我国商业银行的多元化经营分析》,《中国工业经济》,第 12 期。

［95］温国华、盛宜韬（2018）：《模式决定未来——银行与科技企业开展合作的思考》,《金融电子化》,第 3 期。

［96］吴朝平（2018）：《商业银行与金融科技公司的联合创新探讨》,《新金融》,第 2 期。

［97］吴剑平（2014）：《道德逆向选择：国家创新战略实施中的政府俘获行为研究》,《科技进步与对策》,第 18 期。

［98］吴剑平（2018）：《预算软约束与风险偏好强化：非均衡式创新中的风险点识别研究》,《科技进步与对策》,第 10 期。

［99］吴军、白云霞（2009）：《我国银行制度的变迁与国有企业预算约束的硬化——来自 1999—2007 年国有上市公司的证据》,《金融研究》,第 10 期。

［100］吴彤（2000）：《论协同学理论方法——自组织动力学方法及其应用》,《内蒙古社会科学》,第 6 期。

［101］吴晓灵（2021）：《平台金融科技公司监管研究》,《清华金融评论》,第 7 期。

［102］吴晓灵、丁安华（2021）：《如何监管金融科技公司》,《财富时代》,第 11 期。

［103］肖梦（1999）：《预算软约束与经济学新理论——访伦敦经济学院许成钢教授》,《资本市场》,第 10 期。

［104］谢平、焦瑾璞（2002）：《中国商业银行改革》,经济科学出版社。

［105］解学梅、陈佳玲（2021）：《供应链多维协同创新与企业绩效：一项元分析的检验》,《管理工程学报》,第 11 期。

［106］解学梅、刘丝雨（2015）：《协同创新模式对协同效应与创新绩效的影响机理》,《管理科学》,第 2 期。

[107] 解学梅、左蕾蕾（2013）：《企业协同创新网络特征与创新绩效：基于知识吸收能力的中介效应研究》，《南开管理评论》，第3期。

[108] 谢作诗、李善杰（2015）：《预算软约束的原因与性质：一个改进的一般化模型》，《经济学（季刊）》，第2期。

[109] 邢会强、姜帅（2021）：《数字经济背景下我国金融控股公司信息共享机制的完善》，《金融评论》，第6期。

[110] 辛清泉、林斌（2006）：《债务杠杆与企业投资：双重预算软约束视角》，《财经研究》，第7期。

[111] 熊继洲、罗得志（2003）：《民营银行：台湾的经验与教训》，《金融研究》，第2期。

[112] 熊励、孙友霞、蒋定福、刘文（2011）：《协同创新研究综述——基于实现途径视角》，《科技管理研究》，第14期。

[113] 修永春、庞歌桐（2019）：《我国银行系金融科技公司发展问题探究》，《新金融》，第4期。

[114] 许成钢（2017）：《官僚体制中的激励机制问题》，《经济学报》，第4期。

[115] 许罗丹、梁志成（2000）：《预算软约束与社会主义国家的经济转轨——预算软约束理论二十年发展述评》，《经济科学》，第4期。

[116] 杨德勇、曹永霞（2007）：《中国上市银行股权结构与绩效的实证研究》，《金融研究》，第5期。

[117] 杨东（2018）：《监管科技：金融科技的监管挑战与维度建构》，《中国社会科学》，第5期。

[118] 杨记军、徐乙尹、黄皓月（2019）：《国有企业"事业部制"改革模式研究——基于"M型"组织理论新视角》，《经济学家》，第11期。

[119] 易先忠、张亚斌、刘智勇（2007）：《自主创新、国外模仿与后发国知识产权保护》，《世界经济》，第3期。

[120] 袁康、唐峰（2021）：《金融科技公司的风险防范与监管对

策》,《山东大学学报（哲学社会科学版）》, 第 5 期。

[121] 约瑟夫·熊彼特 (2009)：《经济发展理论》, 中国社会科学出版社。

[122] 曾刚、李广子 (2013)：《商业银行流动性影响因素研究》,《金融监管研究》, 第 10 期。

[123] 张捷 (2002)：《中小企业的关系型借贷与银行组织结构》,《经济研究》, 第 6 期。

[124] 张曙霄、戴永安 (2012)：《异质性、财政分权与城市经济增长——基于面板分位数回归模型的研究》,《金融研究》, 第 1 期。

[125] 张维迎 (1996)：《所有制、治理结构及委托代理关系——兼评崔之元和周其仁的一些观点》,《经济研究》, 第 9 期。

[126] 张雪兰、何德旭 (2012)：《货币政策立场与银行风险承担——基于中国银行业的实证研究 (2000—2010)》,《经济研究》, 第 5 期。

[127] 郑红亮 (1998)：《公司治理理论与中国国有企业改革》,《经济研究》, 第 10 期。

[128] 郑录军、曹廷求 (2005)：《我国商业银行效率及其影响因素的实证分析》,《金融研究》, 第 1 期。

[129] 周开国、卢允之、杨海生 (2017)：《融资约束、创新能力与企业协同创新》,《经济研究》, 第 7 期。

[130] 周立、赵玮 (2012)：《委托—代理、薪酬激励与商业银行治理》,《金融评论》, 第 1 期。

[131] 周雪光 (2005)：《"关系产权"：产权制度的一个社会学解释》,《社会学研究》, 第 3 期。

[132] 周月秋 (2019)：《商业银行经营的演进与发展》,《中国金融》, 第 17 期。

[133] 周月书、韩乔 (2016)：《农村商业银行股权结构、信贷行为与经营绩效——以江苏省为例》,《中国农村观察》, 第 1 期。

［134］祝继高、饶品贵、鲍明明（2012）：《股权结构、信贷行为与银行绩效——基于我国城市商业银行数据的实证研究》，《金融研究》，第7期。

［135］朱莉妍（2020）：《关于金融科技与传统银行之间关系的探讨》，《现代商业》，第31期。

附录1 协同创新网络图代码说明

代码	中文名	代码	中文名	代码	中文名	代码	中文名
B_1	中国工商银行	FT_1	360数科	FT_19	前海联合交易中心	FT_37	东岸科技
B_2	中国农业银行	FT_2	Airwallex空中云汇	FT_20	萨摩耶云	FT_38	洞见科技
B_3	中国银行	FT_3	百融云创	FT_21	三百云	FT_39	即科集团
B_4	中国建设银行	FT_4	冰鉴科技	FT_22	商汤科技	FT_40	见知数据
B_5	交通银行	FT_5	布比科技	FT_23	神州信息	FT_41	巨杉数据
B_6	中信银行	FT_6	达观数据	FT_24	苏宁金融	FT_42	氪信科技
B_7	光大银行	FT_7	度小满	FT_25	通联数据	FT_43	理财魔方
B_8	华夏银行	FT_8	恒生电子	FT_26	万向区块链	FT_44	牛投邦
B_9	民生银行	FT_9	金蝶信科	FT_27	深圳前海微众银行	FT_45	普洛斯金融
B_10	平安银行	FT_10	金融壹账通	FT_28	新希望金融科技	FT_46	天道金科
B_11	招商银行	FT_11	金山云	FT_29	信用算力	FT_47	新分享
B_12	广发银行	FT_12	金智维	FT_30	宇信科技	FT_48	星云Clustar
B_13	兴业银行	FT_13	来也科技	FT_31	云从科技	FT_49	寻汇SUNRATE
B_14	浦发银行	FT_14	乐信	FT_32	中企云链	FT_50	优卡科技
B_15	浙商银行	FT_15	联易融	FT_33	中证信用	FT_51	云扩科技
B_16	渤海银行	FT_16	陆金所控股	FT_34	众享比特	FT_52	云象区块链
B_17	恒丰银行	FT_17	马上消费	FT_35	比财集团	FT_53	质数斯达克
		FT_18	平安壹钱包	FT_36	大数金融		

资料来源：笔者自制。

附录 2　我国 100 家商业银行全要素生产率的测算及分析

本书使用全要素生产率衡量商业银行经营效率（投入产出效率），利用 Malmquist 综合生产率指数，测算 2010—2020 年我国 100 家商业银行全要素生产率，并进行分析。

一、Malmquist 综合生产率指数

Malmquist 综合生产率指数是测量全要素生产率（Total Factor Productivity, TFP）的方法之一，能够反映决策单元在时间中的动态效率变化。假设经济中有 M 家银行，根据 Fare（1997）的设定，第 k 家银行在第 t 期的投入导向距离函数为 $D_k^t(x^t, y^t)$，其中 x 为投入向量，y 为产出向量。投入导向距离函数可以看作是 (x^t, y^t) 向理想的最小投入点压缩的比例。如果 $D_k^t(x^t, y^t) = 1$，代表在生产前沿面上，生产在当前技术上是有效率的。$D_k^t(x^t, y^t)$ 为生产技术效率函数 $F_k^t(x^t, y^t)$ 的倒数，可以表示为：

$$D_k^t(x^t, y^t) = \{\theta: (x^t, y^t/\theta) \in L^t\} = 1/F_k^t(y^t, x^t/\theta)$$

基于投入导向距离函数 $D_k^t(x^t, y^t)$，第 t 期和第 $t+1$ 期 Malmquist 指数分别为：$M_t(x^{t+1}, y^{t+1}; x^t, y^t) = \dfrac{D_k^t(x^{t+1}, y^{t+1})}{D_k^t(x^t, y^t)}$，代表第 k 家银行以 t 期技术为参照生产技术效率的改进情况；$M_{t+1}(x^{t+1}, y^{t+1}; x^t, y^t) = \dfrac{D_k^{t+1}(x^{t+1}, y^{t+1})}{D_k^{t+1}(x^t, y^t)}$，代表第 k 家银行以 $t+1$ 期技术为参照生产技术效率的改

进情况。

第 t 期和第 $t+1$ 期的 Malmquist 指数的几何平均值即为 Malmquist 综合生产率指数，反映的是一段时期的动态变化，即为：

$$M_k(x^{t+1}, y^{t+1}; x^t, y^t) = \{M_t(x^{t+1}, y^{t+1}; x^t, y^t)M_{t+1}(x^{t+1}, y^{t+1}; x^t, y^t)\}^{\frac{1}{2}}$$

$$= \left\{\left[\frac{D_k^t(x^{t+1}, y^{t+1})}{D_k^t(x^t, y^t)}\right]\left[\frac{D_k^{t+1}(x^{t+1}, y^{t+1})}{D_k^{t+1}(x^t, y^t)}\right]\right\}^{\frac{1}{2}}$$

$$= \frac{D_k^{t+1}(x^{t+1}, y^{t+1})}{D_k^t(x^t, y^t)}\left[\frac{D_k^t(x^t, y^t)}{D_k^{t+1}(x^t, y^t)}\frac{D_k^t(x^{t+1}, y^{t+1})}{D_k^{t+1}(x^{t+1}, y^{t+1})}\right]^{\frac{1}{2}}$$

$$= TEC(x^{t+1}, y^{t+1}; x^t, y^t)TC(x^{t+1}, y^{t+1}; x^t, y^t)$$

$$TEC(x^{t+1}, y^{t+1}; x^t, y^t) = \frac{D_k^{t+1}(x^{t+1}, y^{t+1})}{D_k^t(x^t, y^t)} = \frac{D_k^{t+1}(x^{t+1}, y^{t+1}, S)}{D_k^t(x^t, y^t, S)}\frac{S_k^t(x^t, y^t)}{S_k^{t+1}(x^{t+1}, y^{t+1})}$$

$$= PECH(x^{t+1}, y^{t+1}; x^t, y^t)SC(x^{t+1}, y^{t+1}; x^t, y^t)$$

其中，技术效率 TEC 衡量商业银行在规模报酬不变时从 t 期到 $t+1$ 期的技术效率变化程度。TC 为技术进步指数，表示商业银行某一段时间内生产技术的变化情况。纯技术效率 $PECH$ 是指商业银行在最优规模时商业银行投入要素的生产效率；规模效率 SC 是指商业银行实际生产规模和最优规模之间的差距。

二、测算结果及分析

对于商业银行生产函数的具体形式，已有研究基于商业银行的性质和定位不同，对投入产出指标的分歧较大。[1] 本书认为：商业银行是一种特殊的金融企业，在追求利润最大化、服务实体经济发展、金融风险管理等

---

[1] 目前对于商业银行的定位主要有生产法、中介法和资产法三种观点。生产法是将商业银行看作是利用劳动力、设备及资本，生产不同存贷款账户的企业（Benston，1965），只将存款和贷款作为商业银行的产出，而未考虑其他的产出。中介法是指商业银行作为信用中介，生产要素包括资本、劳动力和实物资产，通过吸收存款获得可贷资金并将其转化为贷款、投资等盈利资产（Sealey and Lindley，1977）。资产法是指按照商业银行的资产负债表，将资产项目作为产出，将负债项目作为投入项（Elyasiani and Mehdian，1990）。目前，国内外很多研究都以中介法为主，并结合生产法，构造商业银行的投入和产出变量。

多重目标中寻找平衡，其最终目标是提高经营效率。商业银行具有信用中介和企业法人的双重性质，本书将存款余额（$Deposit_{it}$）、员工人数（$Labour_{it}$）、固定资产净值（$Fixed_{it}$）作为主要投入指标，将贷款余额（$Loan_{it}$）、税前净利润（$Profit_{it}$）、信用风险（$Risk_{it}$）作为主要产出指标。其中，贷款规模和税前净利润是"好"的产出，信用风险是"坏"的产出，这也是已有研究比较常见的做法。基于 Scheel（2001）、朱宁等（2015）的研究，坏产出即为负值产出，可以通过加法逆元法、投入法、转化法、乘法逆元法等间接方法进行处理。在数据处理过程中，本书使用 MaxDEA 软件，直接将"坏产出"作为负值测算全要素生产率。此外，$Loan_{it}$ 为扣除当期不良贷款余额之后的商业银行贷款余额。

$$(Loan_{it}, Profit_{it}, Risk_{it}) = f(Deposit_{it}, Labour_{it}, Fixed_{it})$$

本部分测算了 2010—2020 年我国 100 家商业银行的 Malmquist 综合生产率指数及分解指标，银行具体名单见表 5-1。由于 100 家商业银行中只有 53 家商业银行连续公布了 2010—2020 年的年度报告，故首先利用 53 家商业银行的平衡面板数据，测算 Malmquist 指数。53 家商业银行各投入产出变量见附表 1。

附表 1 投入产出变量描述性统计

投入变量	Min	Max	AVERAGE	SD	N
存款余额（单位：亿元）	134	251347	17902	38732	583
员工人数（单位：人）	779	510386	42164	102858	583
固定资产净值（单位：亿元）	1	2535	189	465	583
产出变量	Min	Max	AVERAGE	SD	N
贷款余额（单位：亿元）	75	181363	13113	28585	583
净利润（单位：亿元）	0.1	3177	259	565	583
不良贷款余额（单位：亿元）	0.1	3094.5	193.7	455.6	583

资料来源：商业银行发布的历年年度报告。

根据测算，2010—2020 年我国 53 家商业银行的全要素生产率变动率均值为 1.004，变动值和累计值均呈现明显的周期性波动特点（见附图1）。2015—2016 年全要素生产率变动率出现比较明显的最低值，之后开始出现明显的上升。本书测算的全要素生产率与已有一些研究趋势一致①，测算结果较为合理。由于全要素生产率主要衡量技术进步等无形因素的影响，本书认为，信息技术应用对商业银行全要素生产率的促进作用在逐渐减弱，新技术或者新管理方法的使用只能在某一时间段起到明显的促进作用。随着 2016 年之后金融科技的蓬勃发展，这可能是商业银行全要素生产率上升的原因之一，但仍需要进一步验证。

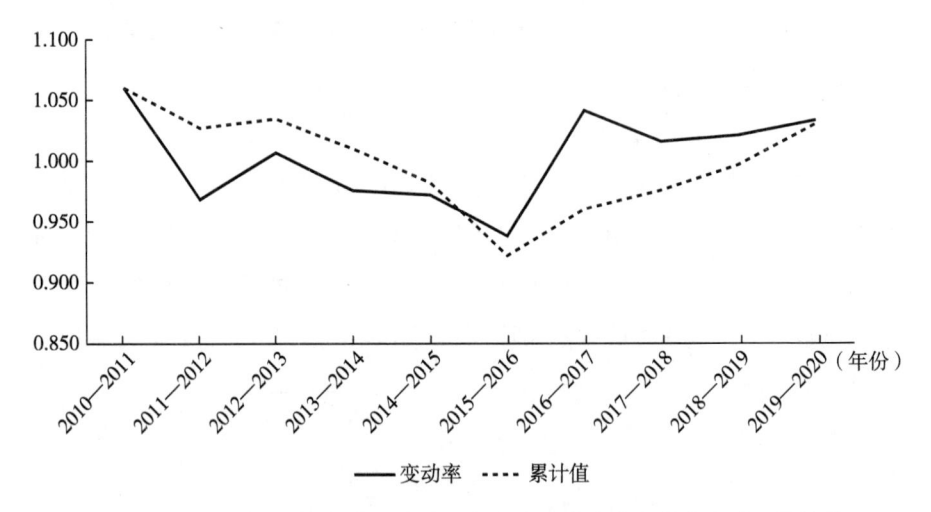

附图1　2010—2020 年我国 53 家商业银行全要素生产率年度变动及累计值

资料来源：笔者通过 MaxDEA 软件测算所得。

从分解指标来看，Malmquist 指数中技术进步指数为 1.010，技术效率指数为 0.995，说明 2010—2020 年信息技术、互联网技术、数字技术等各类技术显著推动了商业银行生产效率的提高，但商业银行对各类技术的利用效率还不高。进一步分解，纯技术效率指数为 0.997，规模效率指数均值为 0.998，说明商业银行的规模经济不明显，且对技术的利用效率不足。

---

① 由于在投入产出变量、研究样本、研究区间等方面存在差别，现有研究测算的全要素生产率存在一定的差异，但是基本上都呈现出了周期性的特点。本书测算结果与杨望等（2020）的测算结果基本一致，在 2015 年附近出现了明显的"低谷"。

可能的原因在于：我国商业银行对已有技术（如信息技术）利用率不高，一些银行在网上银行、ATM机、手机银行等方面仍不完善；伴随着消费者偏好的变化，商业银行通过增设物理网点、加大人员投入等手段很难进一步提高经营效率，需要探索新的发展模式（见附表2）。

附表2　2010—2020年我国53家商业银行全要素生产率及分解指标

年份	Malmquist	TEC	TC	PECH	SC
2010—2011	1.061	1.011	1.049	1.006	1.005
2011—2012	0.969	1.018	0.951	1.013	1.006
2012—2013	1.007	1.014	0.993	1.028	0.987
2013—2014	0.976	0.974	1.002	0.975	0.999
2014—2015	0.972	0.961	1.012	1.000	0.961
2015—2016	0.938	0.973	0.964	0.975	0.998
2016—2017	1.042	0.952	1.094	1.005	0.948
2017—2018	1.016	1.085	0.937	1.022	1.062
2018—2019	1.021	0.989	1.032	0.989	1.000
2019—2020	1.034	0.975	1.060	0.961	1.015
均值	1.004	0.995	1.010	0.997	0.998

资料来源：笔者通过MaxDEA软件测算所得。

进一步验证我国银行业整体经营效率，本书对2010—2020年100家商业银行的全要素生产率进行了测算（见附表3）。当加入更多商业银行之后，全要素生产率及分解指标均呈现出下降趋势。这主要是由于新加入的商业银行以中小银行为主，在组织架构、管理模式、技术应用等方面存在较多的问题，整体经营效率较差。

附表3　2010—2020年我国100家商业银行全要素生产率及分解指标

年份	TEC	PECH	SC
2010—2011	0.865	0.901	0.960
2011—2012	0.845	0.891	0.949
2012—2013	0.877	0.905	0.969
2013—2014	0.847	0.886	0.956

续表

年份	TEC	PECH	SC
2014—2015	0.780	0.835	0.935
2015—2016	0.804	0.849	0.947
2016—2017	0.676	0.745	0.907
2017—2018	0.653	0.743	0.879
2018—2019	0.713	0.786	0.907
2019—2020	0.645	0.771	0.836
均值	0.771	0.831	0.925

资料来源：通过 MaxDEA 软件测算所得。

将100家商业银行分成五种类型，分别测算全要素生产率。大型商业银行2010—2020年Malmquist指数平均值为1.041，技术进步对经营效率的促进作用非常显著，引进新物质技术的推动作用最大。股份制商业银行2010—2020年Malmquist指数平均值为1.001，纯技术效率与规模效率均超过1，经营效率的提升主要源于组织管理模式的优化以及规模经济。其他三类商业银行2010—2020年的Malmquist指数均值小于1。城市商业银行各个分解指标均小于1，主要是因为城市商业银行数量多、样本大，中小城市商业银行的经营效率较低。农村商业银行技术效率及分解指标均大于1，说明近年来农村商业银行生产效率的提升主要源于组织管理模式的优化及规模经济。民营银行2016—2020年的Malmquist指数均值小于1，且技术进步指数较低，仅为0.803，物质技术的引进对民营银行经营效率的提升未发挥显著作用，民营银行经营效率的提升主要源于经营规模的扩大（见附表4）。

附表4 2010—2020年五类商业银行全要素生产率及分解指标

类型	Malmquist	TEC	TC	PECH	SC
大型商业银行	1.041	1.003	1.037	1.005	0.998
股份制商业银行	1.001	1.005	0.996	1.004	1.001

续表

类型	Malmquist	TEC	TC	PECH	SC
城市商业银行	0.987	0.999	0.988	0.999	1.000
农村商业银行	0.960	1.004	0.955	1.002	1.003
民营银行	0.810	1.009	0.803	1.000	1.009

注：民营银行数据的测算区间为2016—2020年。
资料来源：笔者通过MaxDEA软件测算所得。

三、小结

综合来看，我国银行业全要素生产率呈现出"波动大、异质性强、周期性"等特点。连续发布2010—2020年年度报告的53家商业银行，代表我国经营时间最久、规模实力较强、经营模式较为成熟的商业银行。这53家商业银行经营效率大于1，表明技术进步对这部分银行经营效率的提升具有促进作用。将研究样本扩大到100家商业银行，银行业整体经营效率小于1，说明新加入的中小银行投入产出效率较低，技术进步还未影响其具体经营。技术进步对我国不同类型商业银行的影响和推动具有明显的异质性，从而为本书实证分析部分的异质性检验奠定了基础。

附录3 我国主要银行科技服务商上市公司

序号	银行科技服务商	特色产品	2021年总营业收入（亿元）	2021年研发投入占总营业收入比重（%）
1	顶点软件	中小银行预授信解决方案、中小银行精准营销解决方案、中小银行绩效管理解决方案	5.03	24.54
2	南天信息	银行服务网格核心系统、互联网核心系统、渠道数字化解决方案	55.93	7.93
3	恒生电子	财富管理业务、资产管理业务、资产托管业务、公司金融业务、基础设施与中间业务	54.97	38.92
4	宇信科技	信贷业务、信贷资产管理、智能渠道、核心系统、数据产品及解决方案、支付清算、监管合规、风险管理	37.26	11.67
5	神州信息	金融信创、场景金融、数据智能等	113.56	5.50
6	润和软件	新一代银行核心平台、互联网金融平台、小微金融服务平台、手机银行平台	27.59	13.74
7	长亮科技	核心业务系统解决方案、互联网金融业务、大数据业务及管理业务等	15.72	9.42
8	信雅达	金融软件、金融设备、金融服务、金融咨询等	15.37	31.38
9	柯蓝软件	分布式数据库、银行网点智能设备、电子银行系统、互联网金融类系统、网络安全系统以及银行线上线下一体化核心业务系统	12.98	14.58

附录3 我国主要银行科技服务商上市公司

续表

序号	银行科技服务商	特色产品	2021年总营业收入（亿元）	2021年研发投入占总营业收入比重（%）
10	高伟达	核心业务类解决方案、渠道类解决方案、管理类解决方案、金融服务平台	22.79	3.34
11	先进数通	分布式云数据中心解决方案、集中备份解决方案、企业级软件工厂等	39.14	2.56
12	安硕信息	"一揽子"信用风险管理整体解决方案，包括操作类系统和分析型系统	7.55	16.75
13	天源迪科	银行ODS、银行支付清算、金融智能催收解决方案、信贷风控云解决方案	56.14	6.58
14	用友金融	人力资源、交易级总账、共享服务、税务管理、绩效管理、资本管理等方案	5.13	26.40
15	东软集团	银行互联网业务开放平台、银行科技一体化开发平台、银行微服务支撑平台、资产托管系统、链财通（供应链金融平台）、金融日志运维、金融自动化测试方案、东软收易宝收款资金管理平台	85.35	11.18
16	华软科技	华软云技术资料管理平台、施工图数字化在线审查管理系统	39.42	0.64
17	银之杰	生物活体技术认证、文件电子化数字加密、用印远程实时监控、神经网络识别技术等智能设备	11.88	7.00
18	天维信息	银行绩效考核系统	1.63	8.60
19	金证股份	综合理财、资产管理、存管监管	66.46	8.92
20	赢时胜	资产管理托管，包括银行理财综合方案、供应链金融	10.30	43.55
21	四方精创	新一代分布式基础平台与基础架构研发	6.42	13.20
22	汇金科技	智慧银行网点重控解决方案、金融AI解决方案等	1.67	12.72

资料来源：笔者根据公开资料整理所得。